Adobe

Classroom in a Book

Adobe® Photoshop Elements 3.0

Adobe® Photoshop® elements 3.0

Markt+Technik

CLASSROOM IN A BOOK®

Die Deutsche Bibliothek verzeichnet diese Publikation in der Deutschen Nationalbibliografie; detaillierte bibliografische Daten sind im Internet über *http://dnb.ddb.de* abrufbar.

Umwelthinweis:
Dieses Buch wurde auf chlorfrei gebleichtem Papier gedruckt.

10 9 8 7 6 5 4 3 2 1
07 06 05

ISBN 3-8272-6882-6

Einbandgestaltung: Adobe Press
Lektorat: Cornelia Karl, ckarl@pearson.de
Herstellung: Philipp Burkart, pburkart@pearson.de
Übersetzung und Satz: Maik-Felix Gomm, Güby
Druck: Kösel, Krugzell (www.koeselbuch.de)
Dieses Buch wurde mit Adobe FrameMaker, Adobe Illustrator CS und Adobe Photoshop CS auf dem Macintosh sowie Adobe Photoshop Elements 3.0 für Windows erstellt.

Printed in Germany

Inhalt

Einführung **9**
Über dieses Buch 9
Vorbereitungen 10
Adobe Photoshop Elements 3.0 installieren 11
Die Classroom-in-a-Book-Dateien installieren 12
Zusätzliche Quellen 13
Adobe-Zertifizierung 14
Fehlende Dateien in einem Katalog erneut verbinden 14

Lektion 1 **Fotos laden und organisieren** **19**
Vorbereitungen 20
Fotos laden 21
Fotos im Organizer bearbeiten 33
Fotos per E-Mail verschicken 39
Drucken 42
Foto-Miniaturen betrachten 44
Fotos organisieren 49
Fragen 59
Anworten 59

Lektion 2 **Spielend mit Text umgehen** **63**
Vorbereitungen 65
Projekt 1: Bildunterschrift 66
Projekt 2: Sprechblasen erzeugen 80
Projekt 3: Text in ein Bild einprägen 86
Projekt 4: Ebenenstile und Verzerrungen 94
Projekt 5: Animation mit Hilfe von Ebenenstilen 104
Die fertigen Projektdateien organisieren 113
Fragen 116
Antworten 116

Lektion 3 **Farbe in Bildern korrigieren** **121**
Vorbereitungen 123
Fotos automatisch korrigieren 124

Projekt 1: Individuelle Auto-Einstellungen anwenden ... 128
Projekt 2: Methoden für Farbkorrektur vergleichen 131
Projekt 3: Augenfarbe in einem Bild ändern 136
Projekt 4: Farbe eines Bildobjekts ändern 142
Fertige Dateien speichern und organisieren 150
Farbige Fotos drucken 151
Fragen 153
Antworten 154

Lektion 4 **Belichtungsfehler korrigieren 157**
Vorbereitungen 158
Projekt 1: Unterbelichtetes Bild aufhellen 161
Projekt 2: Verblichene oder überbelichtete Bilder korrigieren 163
Projekt 3: Mit Einstellungsebenen arbeiten 174
Projekt 4: Bild teilweise korrigieren 179
Die fertigen Dateien speichern und organisieren 188
Fragen 189
Antworten 190

Lektion 5 **Fotos unterschiedlich nutzen 193**
Vorbereitungen 194
Projekt 1: Bilder aus einem PDF-Dokument importieren . 195
Projekt 2: Standbilder aus einem Video importieren 196
Projekt 3: Fotos zu einem Panorama zusammenfügen .. 198
Projekt 4: Album für Bildschirmbetrachtung erstellen ... 202
Über andere Kreationen 207
Projekt 5: Einen Kontaktabzug drucken 208
Die fertigen Dateien speichern und organisieren 209
Fragen 210
Antworten 210

Lektion 6 **Reparieren und Retuschieren 215**
Vorbereitungen 216
Wetterprojekt 1: Blau des Himmels intensivieren 217
Wetterprojekt 2: Sturm erzeugen 219
Wetterprojekt 3: Wolkenhimmel aufklaren 223

Wetterprojekt 4: Wetter als Stil zuweisen 227
Wetterprojekt 5: Einen Verlauf verwenden 229
Wetterprojekt 6: Filter als Himmel verwenden 233
Projekt 7: Falten und Flecken entfernen 237
Projekt 8: Ein beschädigtes Foto reparieren 242
Die fertigen Dateien speichern und organisieren 252
Fragen 253
Antworten 253

Lektion 7 **Akzente setzen 257**
Vorbereitungen 258
Bilder rahmen 259
Projekt 6: Aufmerksamkeit über Stile erzeugen 270
Projekt 7: Betonen durch Wiederholung 277
Die fertigen Dateien speichern und organisieren 286
Fragen 287
Antworten 287

Lektion 8 **Mehrere Bilder kombinieren 291**
Vorbereitungen 292
Projekt 1: Aus einem Bild in ein anderes kopieren 293
Projekt 2: Mehrere Fotos in einer Datei platzieren 295
Projekt 3: Bereiche mit Bildebenen löschen 302
Projekt 4: Verlaufender Beschneidungspfad 309
Die fertigen Dateien speichern und organisieren 320
Noch mehr lernen 321
Fragen 321
Antworten 322

Index 323

Einführung

Adobe® Photoshop® Elements 3.0 für Windows® verfügt über leistungsstarke und dennoch einfach anwendbare Werkzeuge für die Bildbearbeitung. Photoshop Elements 3.0 eignet sich für Heimanwender, für den professionellen Einsatz und für Fotografen – also für jeden, der Wert auf optimale Bilder und anspruchsvolle Grafiken für das Internet und den Druck legt.

Falls Sie noch über ältere Versionen von Photoshop Elements verfügen, werden Sie sofort feststellen, dass dieses *Classroom in a Book®* viele neue Techniken und innovative Möglichkeiten beinhaltet, die Adobe Systems in dieser aktuellen Programmversion verwirklicht hat. Wenn Sie mit Adobe Photoshop Elements 3.0 noch nicht vertraut sind, lernen Sie alle wichtigen Grundlagen und Möglichkeiten kennen, die Sie für die Beherrschung des Programms benötigen.

Über dieses Buch

Adobe Photoshop Elements 3.0 Classroom in a Book gehört zu den offiziellen Trainingsbüchern für Adobe-Grafik- und -Satzprogramme und wurde von Experten im Hause Adobe Systems entwickelt. Die Lektionen sind so angelegt, dass Sie Ihren Lernrhythmus selbst bestimmen können.

Das vorliegende Buch erinnert ein wenig an ein Kochbuch. Natürlich wissen auch Sie, dass es kein Kochbuch gibt, das jedes Rezept oder alle erdenklichen Küchengeräte beschreibt. Wenn Sie aber die Schritt-für-Schritt-Anweisungen in einem Kochbuch befolgen und anschließend das Ergebnis sehen und schmecken, haben Sie bereits sehr viel »von der Kunst zu kochen« mitbekommen – oder in unserem Fall – von der Arbeit mit digitalen Bildern in Photoshop Elements 3.0.

Im Gegensatz zu einem Kochbuch liefert *Adobe Photoshop Elements 3.0 Classroom in a Book* auch alle Zutaten für die Projekte. Sie finden sämtliche für die Projekte benötigten Bilder auf der CD zu diesem Buch.

Vorbereitungen

Bevor Sie mit den Lektionen in diesem Buch beginnen, sollten Sie die beiden nächsten Abschnitt sorgfältig durchlesen, damit Sie (und Ihr Computer) gut auf die Arbeit mit Photoshop Elements 3.0 vorbereitet sind.

Die Lektionen in diesem Buch sind in erster Linie für Windows 2000 oder Windows XP angelegt. Deshalb lassen sich einige Dateien, Schritte und Beschreibungen nicht auf Adobe Photoshop Elements 3.0 für Macintosh übertragen.

Festplattenspeicher

Sie benötigen etwa 150 Mbyte freien Speicherplatz auf Ihrer Festplatte für die Lektionsdateien und die Arbeitsdateien, die Sie selber erstellen. Die Lektionsdateien befinden sich auf der CD, die zu diesem Buch gehört. Die auf der CD gespeicherten Bilddateien sind Voraussetzung für das erfolgreiche Durcharbeiten der einzelnen Lektionen.

Voraussetzungen

Die Lektionen in *Adobe Photoshop Elements 3.0 Classroom in a Book* gehen davon aus, dass Sie mit Ihrem Computer und seinem Betriebssystem vertraut sind. Diese Kenntnisse kann Ihnen dieses Buch nicht vermitteln. Wenn Sie die folgenden Fragen mit *Ja* beantworten, sind Sie für die einzelnen Lektionen gut vorbereitet. Wir empfehlen, dass Sie die Lektionen nacheinander durcharbeiten und nicht wahllos hin- und herspringen.

- Wissen Sie Bescheid über die Microsoft-Windows-Start-Schaltfläche und die Windows-Taskleiste? Können Sie Menüs und Untermenüs öffnen und Befehle in diesen Menüs wählen?
- Können Sie den Arbeitsplatz, den Windows-Explorer oder den Internet Explorer für die Suche nach Dateien in Ordnern auf Ihrem Computer einsetzen?
- Haben Sie die Maus im Griff, um den Zeiger zu bewegen, Elemente zu wählen, zu ziehen und abzuwählen? Orientieren Sie sich in Kontextmenüs, die sich nach dem Klicken der rechten Maustaste öffnen?

- Sie arbeiten mit mehreren geöffneten Programmen. Wissen Sie, wie Sie zwischen den Programmen oder zum Windows-Desktop umschalten?
- Können Sie einzelne Fenster öffnen, schließen und minimieren oder diese an eine andere Stelle auf dem Bildschirm ziehen? Haben Sie schon einmal Fenstergrößen durch Ziehen verändert?
- Ist Ihnen bekannt, wie Sie Fenster senkrecht und waagerecht rollen, um den Rest eines Dokuments oder einer Seite zu sehen?
- Sind Sie mit Menüs von Programmen vertraut?
- Haben Sie bereits mit Dialogfeldern wie z.B. dem Drucken-Dialogfeld gearbeitet? Können Sie auf Pfeilsymbole klicken, um in einem Dialogfeld ein Popup-Menü zu öffnen?
- Können Sie eine Datei öffnen, speichern und schließen? Sind Sie mit der grundlegenden Textverarbeitung vertraut, wie Text eingeben, Wörter wählen, Rückschritt-Taste, löschen, kopieren, einfügen und Text ändern?
- Wissen Sie, wie Sie die Microsoft-Windows-Hilfe öffnen und hier Informationen finden?

Falls Sie noch Wissenlücken haben, informieren Sie sich in der Microsoft-Hilfe Ihrer Windows-Version. Oder fragen Sie einfach einen im Umgang mit Computern erfahrenen Freund.

Adobe Photoshop Elements 3.0 installieren

Sie müssen das Programm Adobe Photoshop Elements 3.0 gesondert erwerben und auf Ihrem Computer unter Windows 2000 oder Windows XP installieren. Hinweise über die Systemvoraussetzungen und für die Installation finden Sie in der Datei *Installationsanleitung* auf der Photoshop Elements 3.0-Programm-CD.

***Hinweis:** Halten Sie die Seriennummer bereit, wenn Sie mit der Programminstallation beginnen. Sie finden die Seriennummer auf der Registrierungskarte oder auf der Rückseite der CD-Hülle. Für das Kopieren von Dateien der Buch-CD auf Ihre Festplatte ist natürlich keine Seriennummer erforderlich.*

Die Classroom-in-a-Book-Dateien installieren

Die dem Buch beigefügte CD enthält alle elektronischen Dateien für die Lektionen dieses Buchs. Da die Dateien in einem Katalog organisiert sind und dieser wichtiger Bestandteil vieler Buchprojekte ist, behalten Sie sämtliche Dateien so lange auf Ihrem Computer, bis Sie alle Lektionen durchgearbeitet haben.

Hinweis: *Die Bilder auf der CD sind Übungsdateien zur persönlichen Nutzung. Sie haben nicht das Recht, diese Dateien kommerziell zu nutzen, zu veröffentlichen oder weiterzugeben. Dazu benötigen Sie die Erlaubnis von Adobe Systems, Inc. und/oder der Fotografen bzw. Rechteinhaber der Bilder.*

Lektionsdateien von der CD kopieren

1 Legen Sie die CD *Adobe Photoshop Elements 3.0 Classroom in a Book* in Ihr CD-ROM-Laufwerk. Falls Windows fragt, welche Aktion durchzuführen ist, wählen Sie »Ordner öffnen, um Dateien anzuzeigen mit Windows-Explorer«. Klicken Sie anschließend auf OK.

Falls keine Meldung erscheint, öffnen Sie den Arbeitsplatz und doppelklicken Sie zum Öffnen auf das CD-Symbol.

2 Kopieren Sie den Ordner *Lektionen* von der CD in den Ordner *Eigene Dateien* auf Ihrem Computer.

3 Nachdem Sie den Ordner *Lektionen* kopiert haben, entnehmen Sie die CD dem CD-ROM-Laufwerk.

Setzen Sie mit dem nächsten Schritt fort, bevor Sie mit den Lektionen beginnen.

Einen Katalog erstellen

Sie verwenden einen Katalog, in dem Sie die Dateien für die Lektionen in diesem Buch verwalten. Sie greifen also ganz einfach von einer einzigen Stelle aus auf die benötigten Dateien zu – egal, ob Sie Bilder von einer Digitalkamera oder von der Festplatte in Photoshop Elements importieren möchten.

1 Starten Sie Adobe Photoshop Elements. Wählen Sie im Startbildschirm von Photoshop Elements die Option »Fotos anzeigen und ordnen«. Das Programm startet jetzt im Organizer-Modus.

2 Wählen Sie den Befehl **Datei: Katalog** und klicken Sie im Fenster »Katalog« auf die Schaltfläche »Neu«. Geben Sie als Dateinamen **CIB Katalog** ein und klicken Sie auf »Speichern«.

3 Wählen Sie **Datei: Fotos laden: Aus Dateien und Ordnern**. Suchen Sie im Fenster »Fotos aus Dateien und Ordnern laden« den Ordner *Eigene Dateien*, öffnen Sie ihn und klicken Sie einmal, um den von der CD kopierten Ordner *Lektionen* zu wählen. Bitte nicht doppelklicken, da Sie diesen Ordner selbst nicht öffnen sollen. Wählen Sie unten rechts im Fenster die Option »Fotos aus Unterordner laden« (das Kästchen ist mit einem Häkchen versehen) und klicken Sie dann auf die Schaltfläche »Fotos laden«.

4 Das Fenster »Angehängte Tags importieren« erscheint. Klicken Sie auf »Alles auswählen« und dann auf OK. Diese Bilder enthalten zusätzliche Informationen (Tags), die Ihnen im weiteren Verlauf des Buchs helfen, die Bilder zu organieren.

Nach dem Import aller Bilddateien in den Katalog erscheinen rechts auf dem Bildschirm die untereinander angeordneten Tags. Mehr dazu später in den Lektionen.

5 Photoshop Elements weist in einem Dialogfeld darauf hin, dass nur die gerade importierten Elemente im Organizer angezeigt werden. Klicken Sie auf OK, um dieses Fenster zu schließen.

Zusätzliche Quellen

Adobe Photoshop Elements Classroom in a Book kann und soll nicht die Dokumentation ersetzen, die zusammen mit dem Programm ausgeliefert wird. Das Buch ist auch kein Kompendium, das auf jedes einzelne Feature in Photoshop Elements 3.0 für Windows eingeht. Zusätzliche Informationen über das Programm finden Sie in folgenden Quellen:

- *Hilfe*, die im Programm Adobe Photoshop Elements 3.0 integriert ist. Die Hilfe erreichen Sie über den Befehl **Hilfe: Photoshop Elements-Hilfe** bzw. die Funktionstaste **F1**.
- *Adobe-Website* (*www.adobe.com*), die Sie über den Befehl **Hilfe: Photoshop Elements Online** erreichen. Außerdem können Sie **Hilfe: Online-Support** wählen, um sich auf den Support-Seiten der Adobe-Website zu informieren. Voraussetzung für den Zugriff auf Informationen ist ein Internet-Zugang.

- Die Broschüre *Adobe Photoshop Elements 3.0 Erste Schritte*, die zum Lieferumfang von Adobe Photoshop Elements 3.0 gehört und zusätzlich im PDF-Format auf der Programm-CD gespeichert ist. Falls Sie noch nicht über das Programm *Adobe Reader* verfügen oder mit einer veralteten Version des Readers arbeiten, sollten Sie den aktuellen Adobe Reader von der Programm-CD installieren. Dieses kostenlose Programm zum Anzeigen und Lesen von PDF-Daten lässt sich außerdem auch von der Adobe-Website herunterladen (*www.adobe.de*).

Adobe-Zertifizierung

Das Adobe-Zertifizierungsprogramm bietet Anwendern und Schulungszentren die Möglichkeit, ihre Professionalität im Umgang mit dem Programm darzustellen und sich als *Adobe Certified Experts*, *Adobe Certified Instructors* oder *Adobe Authorized Learning Providers* zu qualifizieren. Informationen über dieses Zertifizierungsprogramm finden Sie auf der Website *http://partners.adobe.com*.

Fehlende Dateien in einem Katalog erneut verbinden

Bilder und Kataloge sind voneinander abhängig. Die Abhängigkeit basiert auf der Ordnerstruktur auf Ihrem Computer und dem Speicherort der Katalog-Bilddateien. Wenn Sie einen Katalog erzeugt haben und danach den Lektionen-Ordner oder darin gespeicherte Dateien verschieben, müssen Sie die Dateien erneut verbinden. Photoshop Elements zeigt in diesem Fall einen entsprechenden Hinweis an. (Übergehen Sie die folgenden Schritte und beginnen Sie mit Lektion 1, wenn Sie keine Daten verschoben haben und auch kein Warnhinweis angezeigt wurde.)

Das Verschieben oder Umbenennen einer katalogisierten Bilddatei oder eines im Katalog enthaltenen Ordners unterbricht die Verbindung bzw. Verknüpfung mit dem Katalog. Zum Glück lassen sich fehlende Verbindungen einfach reparieren. Erscheint die Meldung mit dem Hinweis, dass bestimmte Dateien nicht zu finden sind, führen Sie einfach die folgenden Schritte aus:

1 Wählen Sie **Datei: Erneut verbinden: Alle fehlenden Dateien**. Falls eine Meldung mit dem Hinweis auf fehlende Dateien erscheint, klicken Sie auf OK, um diese Prozedur zu überspringen. Ihre Dateien müssen nicht erneut verbunden werden.

2 Wenn die Meldung »Fehlende Datei wird gesucht« erscheint, klicken Sie auf die Schaltfläche »Durchsuchen«. Anschließend erscheint das Dialogfeld »Fehlende Datei erneut verbinden«. (Sie können auch nur abwarten, da Photoshop Elements 3.0 nach einigen Sekunden das Dialogfeld automatisch öffnet.) Suchen Sie im Register »Durchsuchen« im rechten Bereich des Dialogfelds den Ordner *Lektionen*. Suchen Sie dann den Ordner bzw. die Datei mit dem gleichen Namen wie der Ordner unter dem kleinen Bild links im Dialogfeld und wählen Sie ihn aus.

3 Wählen Sie den Ordner, der den gleichen Namenwie der Ordner unter dem Miniaturbild links im Fenster hat.

4 Wenn Sie den entsprechenden Ordner gewählt haben und die richtige Miniatur rechts im Dialogfeld erscheint, klicken Sie auf die Schaltfläche »Erneut verbinden«.

5 Suchen Sie weitere Ordner mit übereinstimmenden Dateien und klicken Sie wieder auf »Erneut verbinden«. Sind dann endlich alle Dateien wieder verbunden, klicken Sie auf »Schließen«.

Wählen und öffnen Sie jetzt im Photoshop Elements-Organizer die gewünschten Dateien zur Bearbeitung im Photoshop Elements-Editor.

Hinweis: *Mit dieser Vorgehensweise vermeiden Sie mögliche Fehlermeldungen hinsichtlich fehlender Dateien, wenn Sie mit Kreationen arbeiten oder aus dem Organizer heraus drucken.*

Ihre Meinung interessiert uns: *Schreiben Sie uns an info@pearson.de, wenn Sie Lob oder Kritik zu diesem Buch loswerden möchten.*
Wir haben ein offenes Ohr für Ihre Fragen! Bitte haben Sie Verständnis, wenn die Beantwortung Ihrer Mail aufgrund der eingegangenen Nachrichten einige Tage dauern kann.

Lektion 1

1 Fotos laden und organisieren

Der Organizer ist eine neue Komponente in Photoshop Elements 3.0. In dieser Lektion lernen Sie die Geheimnisse des Organizer kennen, egal ob Sie bereits ein Photoshop Elements 2.0-Veteran oder blutiger Anfänger sind. Für viele einfache Projekte ist der Organizer die vielleicht einzige Komponente, um den Job zu erledigen.

In dieser Lektion lernen Sie Folgendes:

- Adobe Photoshop Elements 3.0 im Organizer-Modus öffnen
- Auf verschiedene Art und Weise einen Katalog mit Bildern erzeugen
- Bilder von einer Digitalkamera oder einem Scanner in Ihren Computer und in einen Katalog laden
- Die häufigsten Probleme in Fotos automatisch korrigieren
- Ein Foto freistellen, um die bildwichtigen Teile zu betonen
- Miniaturen im Katalog unterschiedlich anzeigen
- Tags erstellen, organisieren und Bildern zuweisen, um eine spätere Suche zu vereinfachen

Photoshop Elements 3.0 für Windows arbeitet mit den beiden Komponenten *Editor* und *Organizer*. Beide Module arbeiten Hand in Hand hinsichtlich der Suche nach Dateien und dem Zugriff auf sie sowie der Korrektur Ihrer Fotos und Bilder.

Bevor Sie mit Adobe Photoshop Elements 3.0 starten, achten Sie darauf, dass Photoshop Elements 3.0 auf Ihrem Computer installiert ist. (Siehe »Adobe Photoshop Elements 3.0 installieren« auf Seite 11.)

Achten Sie auch darauf, dass der Lektionen-Ordner von der Buch-CD auf die Festplatte Ihres Computers kopiert wurde. (Siehe »Die Classroom-in-a-Book-Dateien installieren« auf Seite 12.)

Für diese Lektion benötigen Sie einschließlich aller Projekte etwa zwei Stunden.

Vorbereitungen

In dieser Lektion arbeiten Sie nur mit einer der beiden Komponenten in Photoshop Elements 3.0. Der Organizer in Photoshop Elements 3.0 ist neu in dieser Version. Sollten Sie schon mit dem Programm *Adobe Photoshop Album* gearbeitet haben, erkennen Sie diverse Grundfunktionen und Features im Photoshop Elements-Organizer wieder.

1 Starten Sie Photoshop Elements durch Doppelklicken auf die Verknüpfung ( ) auf Ihrem Desktop oder über den Befehl **Start: Programme: Adobe Photoshop Elements 3.0**.

2 Führen Sie einen dieser Schritte aus:

- Klicken Sie oben im Startbildschirm auf »Fotos anzeigen und ordnen«.
- Falls sich *Photoshop Elements 3.0 (Editor)* statt des Startbildschirms öffnet, klicken Sie auf die Schaltfläche »Browser« ( ) in der Symbolleiste. (Sie müssen etwa zehn Sekunden warten, bis zu Beginn einer Arbeitssitzung die Organizer-Komponente geladen ist.)
- Wenn sich Photoshop Elements 3.0 (Organizer) öffnet, brauchen Sie nichts weiter zu unternehmen.

Fotos laden

Der Organizer in Photoshop Elements 3.0 ist die zentrale Sammelstelle, an der Sie Ihre Bilder organisieren, sortieren und bereits teilweise bearbeiten. Möchten Sie Ihre Fotos drucken oder per E-Mail verschicken, ist das Sammeln der Bilder im Organizer ein wichtiger Schritt für diesen Vorgang (mehr dazu später in dieser Lektion).

Einen neuen Katalog erstellen

Sie organisieren Fotos in *Katalogen*, die zwar die Bilddateien auf Ihrem Computer verwalten, aber völlig unabhängig von den Fotodateien als solche sind. Neben Fotos und Scans lassen sich auch Video- und Audiodateien in Kataloge aufnehmen. Ein einzelner Katalog kann mehrere Tausend Bilder aufnehmen. Es lassen sich aber auch mehrere Kataloge für verschiedene Arbeitsgebiete erstellen. Genau das ist jetzt Ihre Aufgabe, um die Übungsdateien nicht mit Ihren eigenen Fotos und Dateien durcheinander zu bringen.

1 In Photoshop Elements 3.0 (Organizer) wählen Sie **Datei: Katalog**.

Hinweis: *In diesem Buch trennt der Doppelpunkt (:) Menübefehle und Untermenüs, die Sie in der obersten Zeile des Programmfensters finden: Datei, Bearbeiten usw. Die Befehle bzw. Befehlsfolgen sind im Buch zusätzlich fett hervorgehoben.*

2 Klicken Sie im Dialogfeld »Katalog« auf »Neu«.

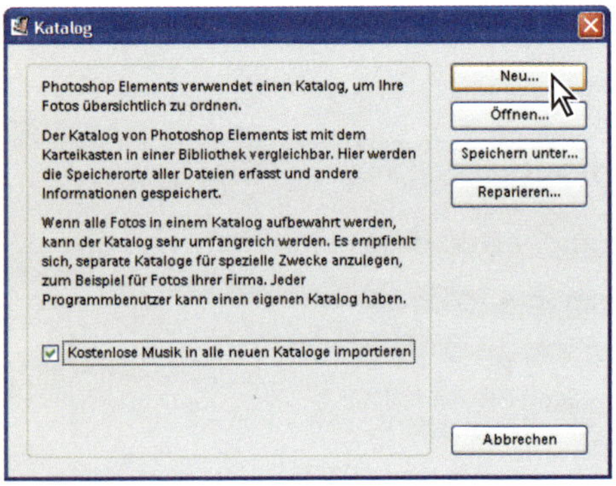

3 Geben Sie im Dialogfeld »Neuer Katalog« als Dateinamen **Lektion1** ein und klicken Sie auf »Speichern«, ohne Änderungen an den anderen Einstellungen vorzunehmen.

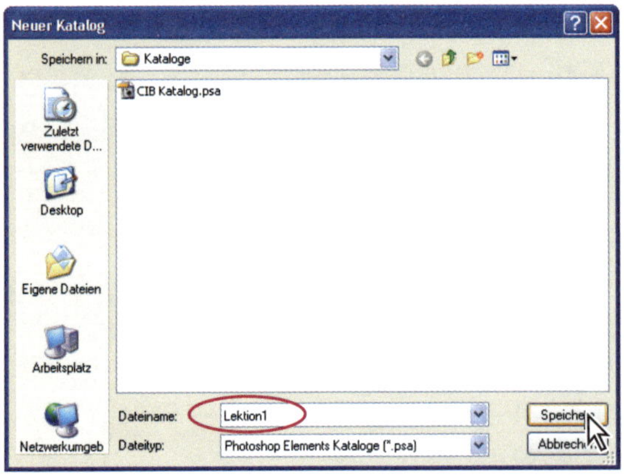

Sie verfügen jetzt über einen speziellen Katalog, den Sie nur für diese Lektion benutzen. Nun benötigen Sie noch einige Bilder für den Katalog.

Fotos aus dem Windows-Explorer ziehen

Es gibt kaum eine Methode, die einfacher und intuitiver ist: Bilder per Ziehen in einen Organizer-Katalog von Photoshop Elements 3.0 einfügen.

1 Minimieren Sie den Photoshop Elements 3.0-Organizer, indem Sie auf die Minimieren-Schaltfläche (-) rechts in der Titelleiste klicken. Oder klicken Sie auf die Programm-Schaltfläche in der Windows-Taskleiste, um das Organizer-Fenster zu minimieren.

2 Öffnen Sie den Arbeitsplatz wie üblich – z.B. durch Doppelklicken auf das Symbol auf dem Desktop, mit Hilfe des Start-Menüs oder über den Windows-Explorer.

Hinweis: *Wenn Sie den Windows-Explorer nicht finden oder Probleme mit dem Navigieren in der Ordnerstruktur haben, informieren Sie sich in der Windows-Hilfe (klicken Sie auf* Start *und wählen Sie* Hilfe und Support*).*

3 Stellen Sie sich das Fenster »Arbeitsplatz« so sein, dass es nur teilweise den Bildschirm ausfüllt. Öffnen Sie dann wieder den Organizer und stellen Sie dessen Größe so ein, dass beide Fenster zu sehen sind (siehe Abbildung).

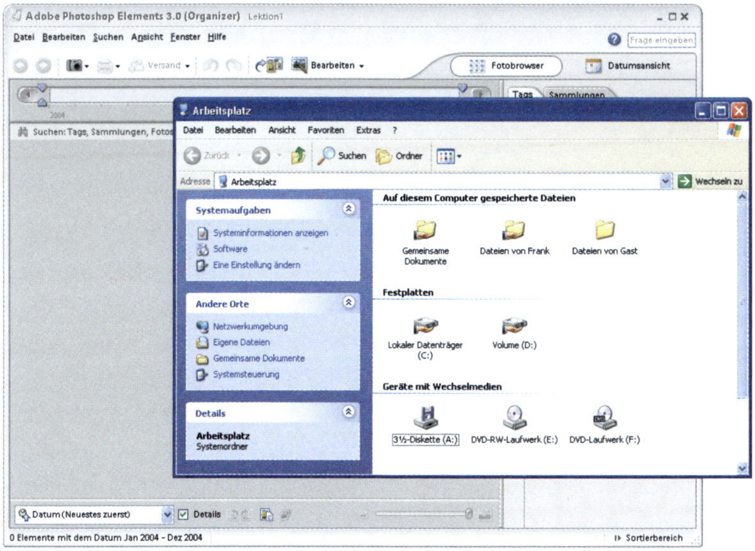

4 Navigieren Sie im Fenster »Arbeitsplatz« in der Ordnerstruktur Ihres Computers und öffnen Sie den Ordner *Lektionen*, denn Sie bereits kopiert hatten. Wählen Sie dann den Ordner *Lektion01* und öffnen Sie ihn. (Falls Sie den Ordner *Lektionen* nicht finden, informieren Sie sich unter »Die Classroom-in-a-Book-Dateien installieren« auf Seite 12.)

Im Ordner *Lektion01* finden Sie drei weitere Ordner: *Batch1*, *Batch2* und *Batch3*.

5 Ziehen Sie den Ordner *Batch1* in den Organizer.

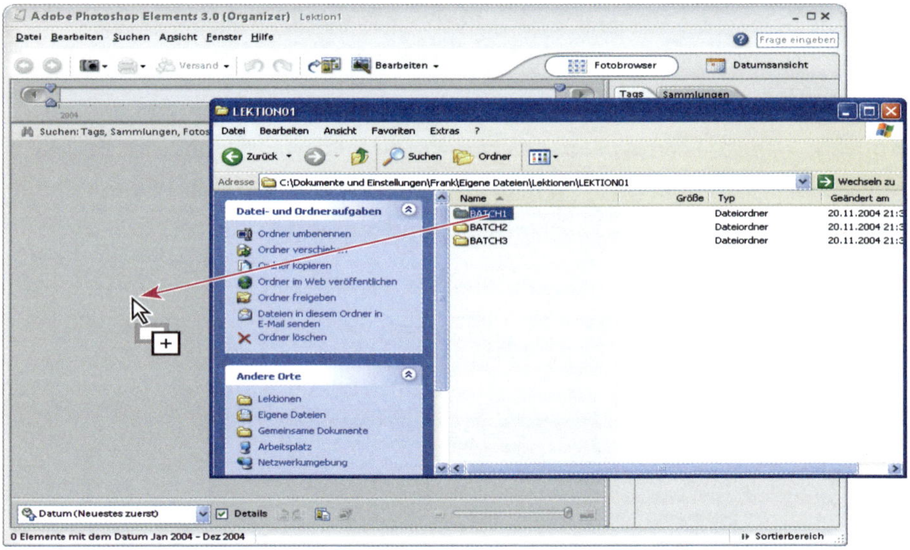

6 Wenn die Meldung mit dem Hinweis erscheint, dass nur die gerade importierten Elemente im Hauptfenster angezeigt werden, klicken Sie auf OK.

7 (Optional) Klicken Sie auf die Maximieren-Schaltfläche (□) rechts oben im Organizer-Fenster, damit das Fenster wieder den gesamten Bildschirm einnimmt.

Sie sehen jetzt Miniaturen der vier Bilder, die Sie dem Katalog *Lektion1* hinzugefügt haben. Ziehen Sie noch nicht die beiden anderen Stapel in den Organizer, da Sie andere Methoden verwenden werden, um sie dem Katalog hinzuzufügen.

Fotos von bestimmten Orten laden

Die zweite Technik für das Hinzufügen von Fotos in einen Katalog ähnelt der ersten, obwohl Sie diesmal ein Menü statt der Fenster auf dem Desktop verwenden.

1 Wählen Sie **Datei: Fotos laden: Aus Dateien und Ordnern**.

2 Navigieren Sie im Dialogfeld »Fotos von Dateien und Ordnern laden« in das Verzeichnis *Lektionen/Lektion01* und öffnen Sie per Doppelklick den Ordner *Batch2*.

3 Wählen Sie nacheinander jeweils eine der fünf Bilddateien im Ordner *Batch2* und schauen Sie sich im Vorschaubereich die Miniatur an.

Es scheint so, dass es zwei gleiche Fotos des Tulpenfelds gibt, das heißt, Sie müssen nicht beide Fotos importieren.

4 Wählen Sie die Datei *01_05.jpg*. Drücken Sie anschließend die Umschalttaste und wählen Sie *01_08.jpg*. Damit haben Sie die ersten vier Bilder gewählt. Klicken Sie auf die Schaltfläche »Fotos laden«.

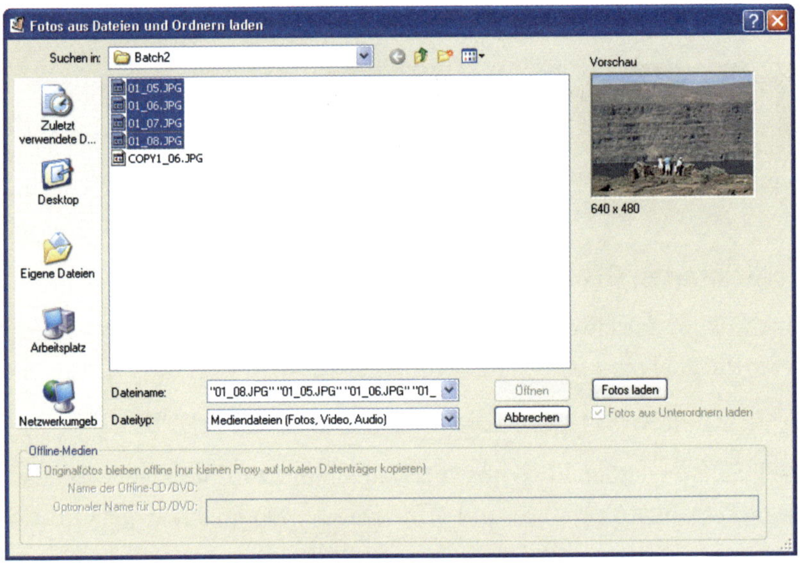

5 Falls eine Meldung hinsichtlich der Anzeige importierter Elemente erscheint, klicken Sie auf OK. Oder wählen Sie die Option »Nicht wieder anzeigen« und klicken Sie auf OK.

6 Klicken Sie oben im Fenster mit den Miniaturen auf die Schaltfläche »Alle Fotos anzeigen«.

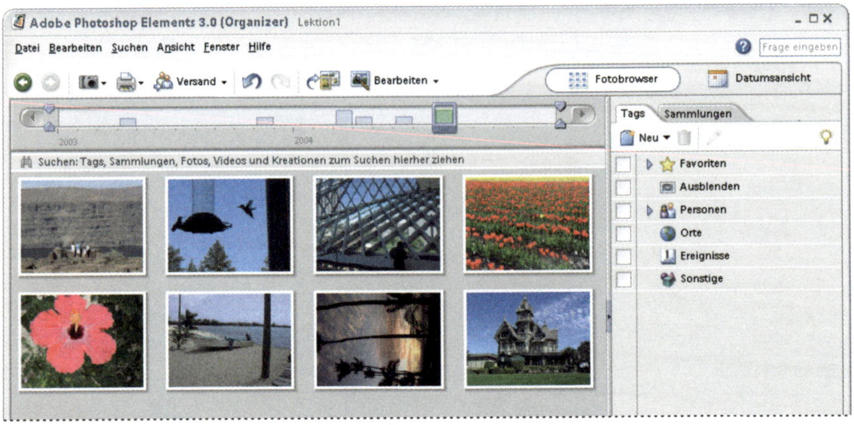

Jetzt verfügen Sie über insgesamt acht Fotos im Katalog *Lektion 1*. Die Miniaturen sind nach dem Erstellungsdatum der Bilddateien sortiert, und zwar mit dem neuesten Datum zuerst.

Fotos zum Hinzufügen suchen

Auf diese Methode greifen Sie meist dann zurück, wenn Sie sich nicht sicher sind, wo auf Ihrer Festplatte Sie im Laufe der Zeit Fotos und andere Elemente gespeichert haben. Normalerweise würden Sie die Suche für die komplette Festplatte oder den Ordner *Eigene Dateien* starten. An dieser Stelle begrenzen Sie die Suche jedoch auf einen ganz umgrenzten Teil der Ordnerstruktur auf Ihrem Computer.

1 Wählen Sie im Photoshop Elements 3.0-Organizer den Befehl **Datei: Fotos laden: Durchsuchen**.

2 Wählen Sie im Dialogfeld aus dem Popup-Menü »Suchen in« die Option »Durchsuchen«.

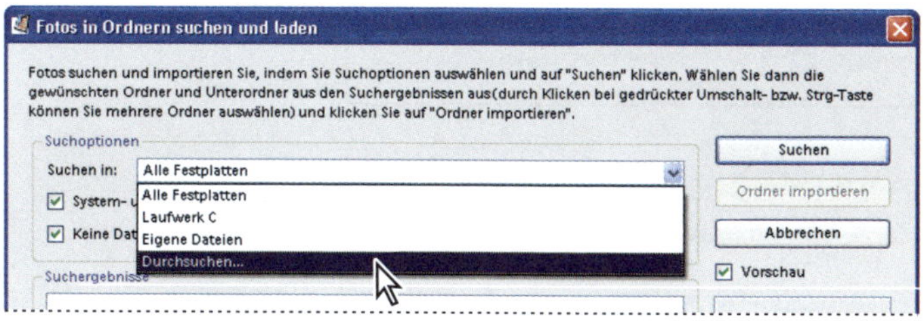

3 Wählen Sie im Dialogfeld »Ordner suchen« den Ordner *Lektion01* und klicken Sie auf OK.

4 Klicken Sie im Dialogfeld »Fotos in Ordner suchen und laden« auf die Schaltfläche »Suchen«.

5 Wählen Sie im Bereich »Suchergebnisse« nur den Ordner *Batch3* und klicken Sie anschließend auf die Schaltfläche »Ordner importieren«.

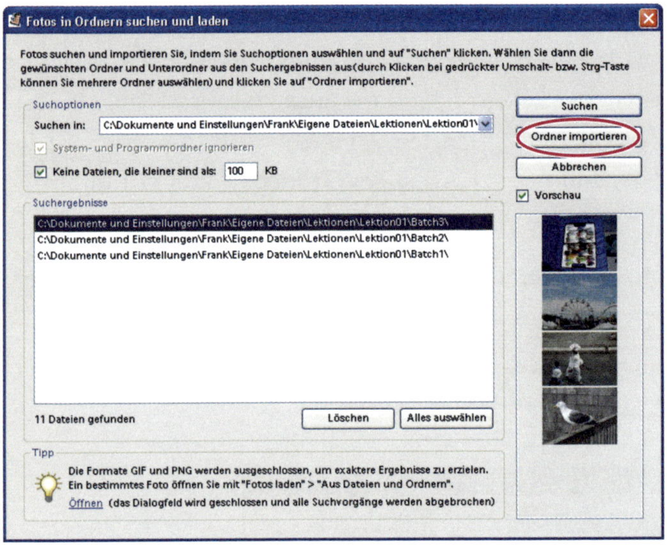

6 Prüfen Sie im Organizer die vier neu importierten Bildminiaturen und klicken Sie dann auf »Alle Fotos anzeigen«.

Sie haben jetzt zwölf Bilder für die Arbeit in dieser Lektion geladen.

Hinweis: *Lektion 5 behandelt den Import von Bildern in anderen Dateiformaten. Informationen finden Sie unter »Projekt 1: Bilder aus einem PDF-Dokument importieren« auf Seite 195 und »Projekt 2: Standbilder aus einem Video importieren« auf Seite 196 in Lektion 5.*

Bilder von einer Digitalkamera laden

Diese Übung ist optional und setzt voraus, dass Sie über eine Digitalkamera und Bilder auf deren Speicherkarte verfügen. Sie können jetzt sofort mit dem Laden der Bilder beginnen. Oder Sie warten, bis Sie in der Lage sind, eigene Projekte in Photoshop Elements 3.0 zu bearbeiten.

1 Verbinden Sie Ihre Digitalkamara oder einen Kartenleser für die Speicherkarte Ihrer Kamera mit dem Computer und befolgen Sie dabei die Anleitung des Kameraherstellers. (Oder schieben Sie die Speicherkarte in den bereits im Computer integrierten Speicherkarten-Slot.)

2 Führen Sie einen der folgenden Schritte aus:

- Falls sich das Dialogfeld »Fotos aus Kamera oder Kartenleser laden« automatisch öffnet, warten Sie, bis Photoshop Elements die Informationen aus Ihrer Kamera gesammelt hat.
- Eventuell öffnet Windows ein Dialogfeld zur Bestätigung für die Verbindung mit Ihrer Kamera. Klicken Sie auf »Abbrechen«. Oder wählen Sie als Standardaktion »Photoshop Elements« und klicken Sie anschließend auf OK. Wählen Sie dann im Photoshop Elements-Organizer den Befehl **Datei: Fotos laden: Aus Kamera oder Kartenleser**. Wählen Sie im Dialogfeld aus dem Popup-Menü »Fotos laden aus« die Kamera oder den Kartenleser.

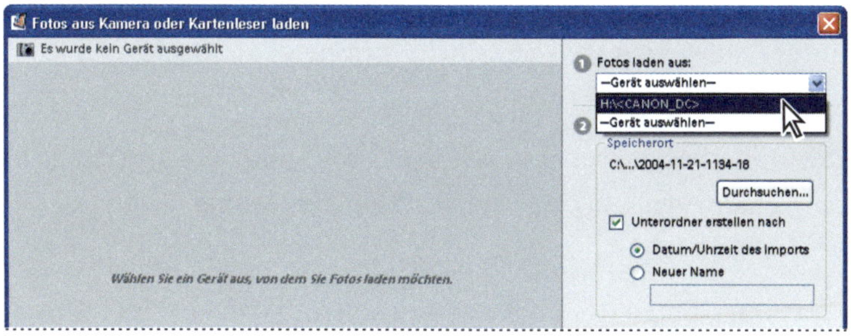

3 Hat Photoshop Elements die Miniaturen aus der Kamera oder von der Speicherkarte gesammelt, rollen Sie im Dialogfeld, um die Miniaturen zu prüfen. Wählen Sie in den Kontrollkästchen die Bilder ab (per Klicken das Häkchen entfernen), die Sie nicht laden möchten.

Ziehen Sie den Regler unter dem Bereich mit den Miniaturen, um die Ansicht zu vergrößern oder zu verkleinern. Oder klicken Sie auf die Symbole rechts und links vom Regler, um die kleinste bzw. größte Miniaturansicht einzustellen.

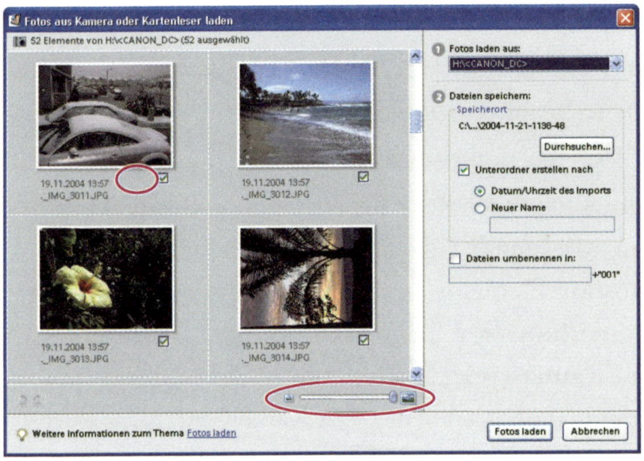

4 (Optional) Wählen Sie rechts im Dialogfeld »Fotos aus Kamera oder Kartenleser laden« unter *(2) Dateien speichern* Ihre Optionen zum Speichern der Bilder:

- Lassen Sie die Option »Unterordner erstellen nach« aktiviert, um die geladenen Bilder in einem eigenen Ordner innerhalb des Ordners *Fotos von Digitalkamera* zu speichern.
- Lassen Sie »Datum/Uhrzeit des Imports« gewählt, um den Ordner z.B. mit 2004-08-24-1813-26 (24. August 2004, 18.13 Uhr 26 Sekunden) zu benennen. Oder wählen Sie »Neuer Name« und geben Sie in das Feld den gewünschten Namen ein.
- Klicken Sie auf »Durchsuchen« , um festzustellen, wo Photoshop Elements die Bilder speichert. Falls Sie einen anderen Speicherort bevorzugen (standardmäßig *Eigene Dateien\Eigene Bilder\Adobe\Fotos von Digitalkamera*), wählen Sie den Speicherort im Dialogfeld »Ordner suchen« und klicken Sie anschließend auf OK.

5 (Optional) Wählen Sie »Dateien umbenennen in« und geben Sie z.B. das Präfix **2004 Urlaub** ein, um die Bilder mit *2004 Urlaub001*, *2004 Urlaub002*, *2004 Urlaub003* usw. zu benennen.

6 Klicken Sie auf »Fotos laden«.

Photoshop Elements lädt nun die Bilder aus der Kamera oder vom Kartenleser. Anschließend erscheinen die Bilder im Organizer.

Vom Scanner importieren

Diese Übung ist ebenfalls optional und setzt voraus, dass Sie über einen Scanner verfügen. Sie können jetzt sofort mit dem Scannen eigener Vorlagen beginnen. Oder Sie warten, bis Sie in der Lage sind, eigene Projekte in Photoshop Elements 3.0 zu bearbeiten.

1 Schalten Sie Ihren Scanner ein und legen Sie ein Bild oder ein Dokument in den Scanner.

2 Falls sich das Dialogfeld »Fotos aus Scanner laden« nicht automatisch öffnet, gehen Sie in den Photoshop Elements 3.0-Organizer und wählen Sie **Datei: Fotos laden: Vom Scanner**.

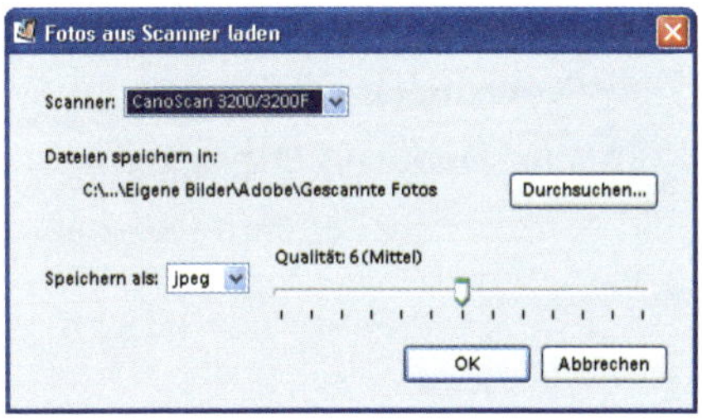

3 Führen Sie im Dialogfeld folgende Schritte aus:

- Achten Sie darauf, dass im Einblendmenü »Scanner« der richtige Scanner gewählt ist (wenn mehrere Scanner installiert sind).
- Falls Sie den Speicherort für die gescannten Dateien ändern möchten, klicken Sie auf »Durchsuchen«. Bestimmen Sie dann den Ordner, in dem Sie speichern möchten.
- Übernehmen Sie die Optionen »Speichern als (JPEG)« und »Qualität (6 Mittel)« oder ändern Sie die Optionen jetzt.
- Klicken Sie auf OK.

4 Klicken Sie im nächsten Dialogfeld für eine Vorschau und prüfen Sie das Bild.

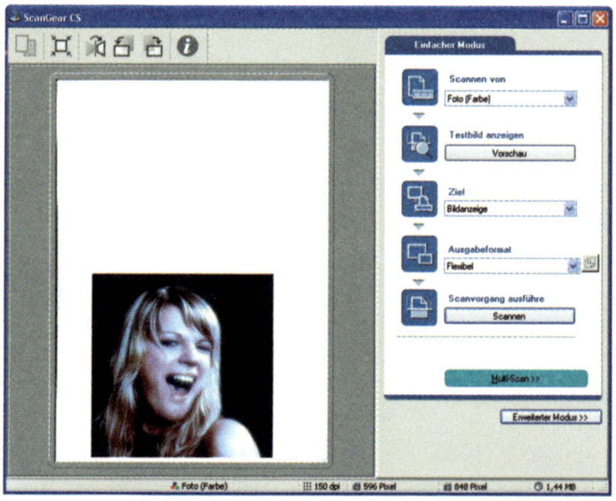

***Hinweis:** Das Aussehen des Scanner-Dialogfelds und die verfügbaren Optionen ändern sich entsprechend dem verwendeten Scannermodell und der Hersteller-Software.*

5 (Optional) Falls Sie vor dem Scanvorgang noch zusätzliche Bildeinstellungen durchführen möchten, wählen Sie die entsprechenden Optionen im Scanner-Dialogfeld.

6 Klicken Sie anschließend auf »Scannen«.

Sobald der Scanvorgang abgeschlossen ist (häufig muss anschließend das Scanner-Dialogfeld geschlossen werden), erscheint eine Miniatur im Organizer.

7 Klicken Sie auf »Alle Fotos anzeigen«, um wieder den kompletten Katalog zu erhalten.

Wenn Sie mehrere Fotos gleichzeitig scannen, teilt Photoshop Elements wahlweise den Scan automatisch in Einzelfotos auf. Weitere Informationen über diese Möglichkeit finden Sie unter »So teilen Sie ein gescanntes Bild, das mehrere Fotos enthält« in der Photoshop Elements 3.0-Hilfe.

Fotos im Organizer bearbeiten

Bei komplexen Bearbeitungsvorgängen arbeiten Sie mit dem Photoshop Elements-Editor, den Sie in späteren Lektionen kennen lernen. Dennoch lassen sich viele tägliche Probleme auch im Organizer beheben.

Bilder drehen

Nicht selten fotografieren Sie im Hochformat. Das bedeutet allerdings nicht, dass Sie beim Betrachten dieser Bilder auf dem Computer jedes Mal den Kopf verdrehen müssen.

1 Wählen Sie die hochformatige (und deshalb gedrehte) Miniatur mit dem Sonnenuntergang.

2 Wählen Sie den Befehl **Bearbeiten : Um 90° nach rechts drehen**. Oder halten Sie die Strg-Taste gedrückt und drücken Sie die Pfeil-nach-rechts-Taste.

Probleme automatisch beheben

Häufig reichen wenige Klicks aus, um das Beste aus Ihren Fotos herauszuholen.

1 Wählen Sie das Bild mit dem Riesenrad, das einfach zu dunkel ist.

2 Doppelklicken Sie auf die Miniatur oder ziehen Sie den Größenregler ganz nach rechts, um die Ansicht zu vergrößern.

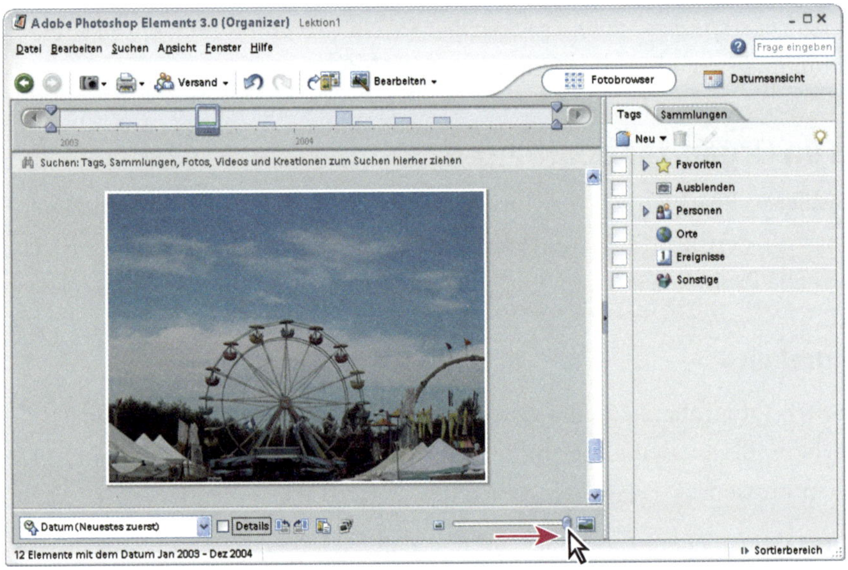

3 Wählen Sie **Bearbeiten: Intelligente Autokorrektur.**

4 Wählen Sie **Bearbeiten: Versionssatz: Fotos im Versionssatz anzeigen.**

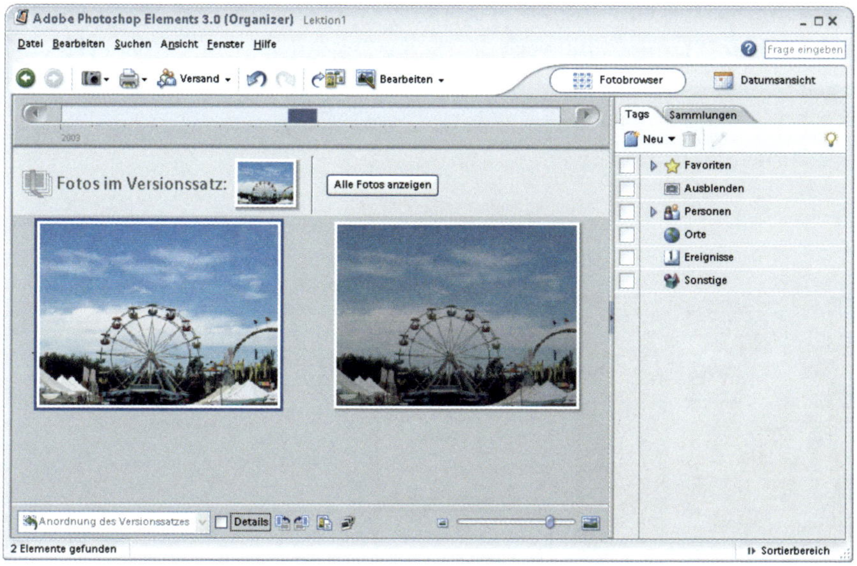

5 Wählen Sie »Alle Fotos anzeigen«.

Natürlich gibt es anspruchsvollere Möglichkeiten, um Fotos manuell zu verbessern – doch dazu mehr in den anderen Lektionen.

Fotos freistellen

Beim Freistellen wird ein Foto so beschnitten, dass wichtige Teile des Bildes betont werden und überflüssiges Beiwerk entfernt wird.

1 Wählen Sie das Bild mit dem Kasten voller bunter Fliegen zum Angeln.

2 Wählen Sie **Bearbeiten: Auto-Korrektur-Fenster** (und *nicht* versehentlich *Intelligente Auto-Korrektur*).

3 Klicken Sie oben rechts auf das Symbol »Freistellen«. Wählen Sie anschließend aus dem Menü »Seitenverhältnis« die Option »13 cm x 18 cm (Hochformat)«.

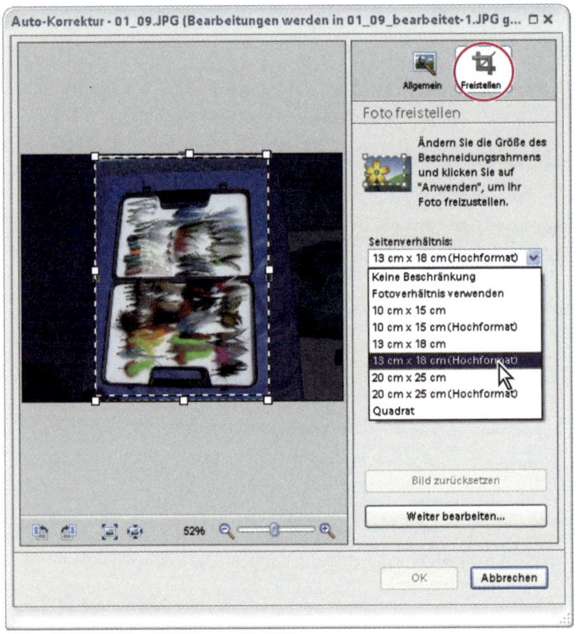

4 Ziehen Sie die Anfasser in den Ecken des Freistellungsrahmens so weit, dass nur noch wenig von dem blauen Untergrund zu sehen ist.

5 Gefällt Ihnen der angezeigte Freistellungsbereich, klicken Sie auf »Anwenden«. Klicken Sie dann auf OK, um das Auto-Korrektur-Fenster zu schließen.

6 Eine Meldung weist darauf hin, dass die Änderungen unter einem neuen Dateinamen gespeichert wurden. Klicken Sie auf OK.

Wie schon bei den Bildern mit dem Riesenrad wurden auch jetzt das freigestellte und das Original-Bild der Angelfliegen zusammen in einem Versionssatz gespeichert (die Miniatur ist mit dem Symbol ( ) gekennzeichnet). Um den Inhalt des Versionssatzes zu sehen, benutzen Sie die gleichen Schritte wie mit dem Riesenrad (siehe oben).

Informationen zum Datum ändern

Das Bild, mit dem Sie jetzt arbeiten, ist ein im Jahr 2004 erstellter Scan von einem Foto, das viele Jahre früher aufgenommen wurde. Der Computer versieht das Foto mit dem Erstellungsdatum der Datei – und das ist das Datum, an dem das Bild gescannt wurde.

Sie können den Photoshop Elements 3.0-Organizer veranlassen, das Bild zurückzudatieren und mit dem Aufnahmedatum zu versehen.

1 Suchen Sie das Foto der beiden kostümierten Frauen und klicken Sie auf das Datum unter der Miniatur. (Oder wählen Sie die Miniatur und dann den Befehl **Bearbeiten: Datum und Uhrzeit ändern**.)

Hinweis: *Falls kein Datum zu sehen ist, prüfen Sie unten im Organizer-Fenster, ob die Option »Details« aktiviert ist.*

2 Wählen Sie im Dialogfeld »Datum und Uhrzeit ändern« die Option »Best. Datum/Uhrzeit« und klicken Sie auf OK.

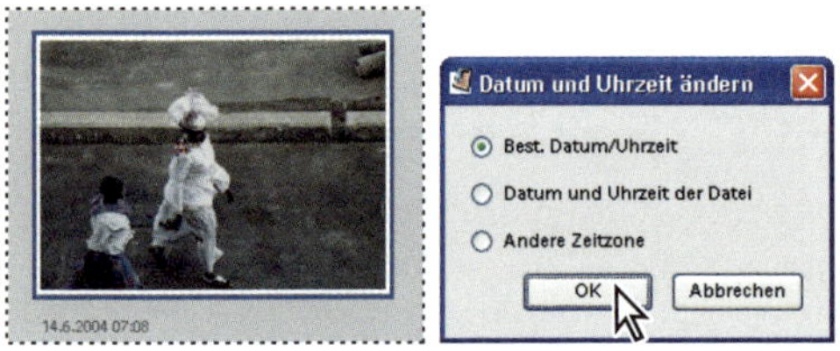

3 Geben Sie im Dialogfeld »Datum und Uhrzeit einstellen« **1985** in das Feld »Jahr« ein, wählen Sie den Monat »Dez« und »2« als Tag.

4 Nehmen Sie im Bereich »Uhrzeit« folgende Einstellungen vor:

- Wählen Sie »Bekannt«.
- Geben Sie für die Stunde **10** und für die Minuten **15** ein. (Oder ändern Sie die Zeit durch Klicken auf die Pfeilsymbole.)
- Klicken Sie auf OK.

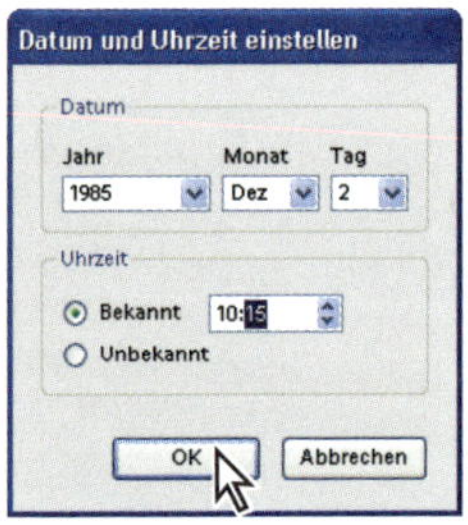

Die beiden Frauen erscheinen jetzt als letztes Bild im Bereich mit den Miniaturen.

Fotos per E-Mail verschicken

Bestimmt haben auch Sie schon minutenlang gewartet, bis eine eingehende E-Mail endlich heruntergeladen war. Und das nur, weil ein angehängtes Foto einfach zu groß für den Bildschirm und »zu schwer« (große Datei) für den Versand war. Das sollte man wirklich niemandem antun!

Die ganze Problematik lässt sich mit der E-Mail-Funktion im Organizer elegant umgehen, weil jetzt eine für den E-Mail-Versand optimierte Bildversion erzeugt wird. Der Empfänger erhält anschließend trotz einer schnellen Ladezeit ein attraktives Foto in einer gut zu betrachtenden Größe.

1 Wählen Sie die Miniatur mit den Touristen, die auf den Fluss schauen.

2 Klicken Sie in der Symbolleiste auf »Versand« () und wählen Sie die Option *E-Mail*.

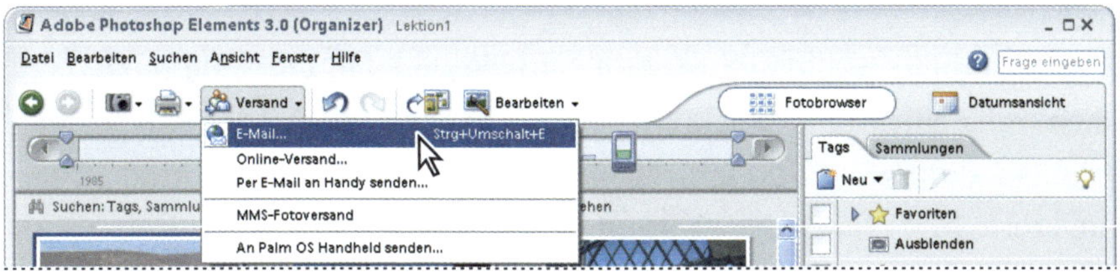

Hinweis: *Falls Sie auf Ihrem Computer noch keinen E-Mail-Client aktiviert haben, erscheint ein Dialogfeld, in dem Sie das bevorzugte E-Mail-Programm wählen und den Benutzernamen nebst E-Mail-Adressen eingeben können. Klicken Sie auf OK, um das folgende Dialogfeld zu öffnen.*

3 Klicken Sie im Dialogfeld »Ausgewählte Elemente an E-Mail anhängen« auf die Schaltfläche »Empfänger hinzufügen«.

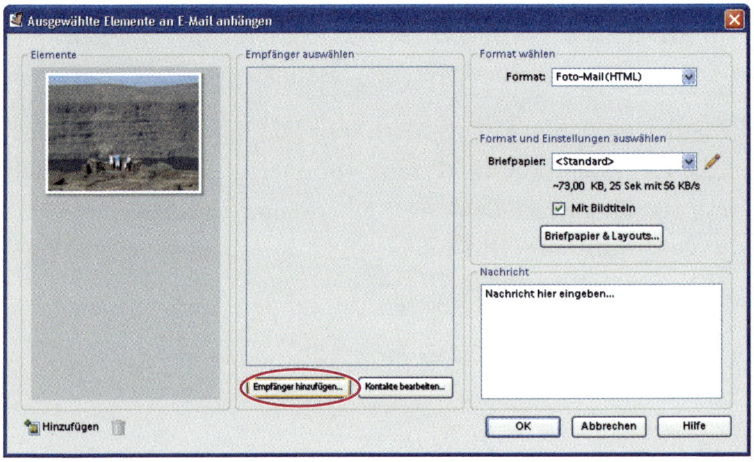

4 Geben Sie im Dialogfeld »Empfänger hinzufügen« den Vor- und Nachnamen (oder eine Kurzbezeichnung wie *Hasi*) sowie die E-Mail-Adresse der Person ein, der Sie das Bild schicken möchten. Lassen Sie die Option »Der Kontaktliste hinzufügen« gewählt und klicken Sie auf OK.

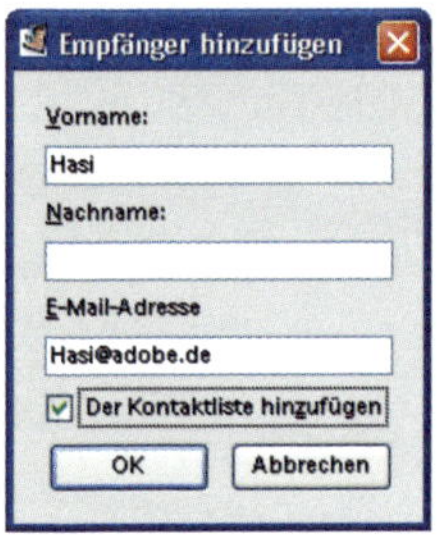

5 Sie sind wieder im großen Dialogfeld »Ausgewählte Elemente an E-Mail anhängen«. Wählen Sie im Bereich »Format wählen« aus dem Popup-Menü die Option »Individuelle Anhänge«.

6 Wählen Sie im Bereich »Größe und Qualität auswählen« aus dem Popup-Menü die Option »Klein (320 x 240)«.

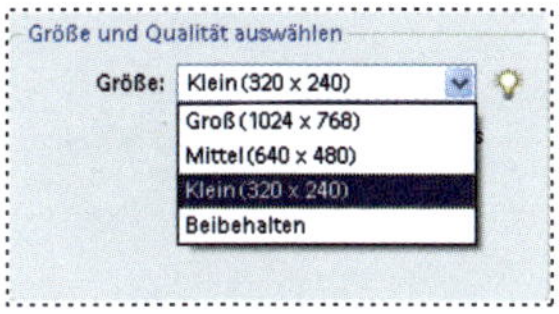

Die ursprüngliche Dateigröße von ca. 80 Kbyte wird so auf 36 Kbyte verringert, während gleichzeitig die Ladezeit statt 30 Sekunden nur noch zwölf Sekunden (für ein typisches 56 Kbps-Modem) beträgt.

7 Überschreiben Sie im Feld »Nachricht« den vorgegebenen Text *Nachricht hier eingeben* mit eigenem Text (wie z.B. in der folgenden Abbildung). Klicken Sie anschließend auf OK.

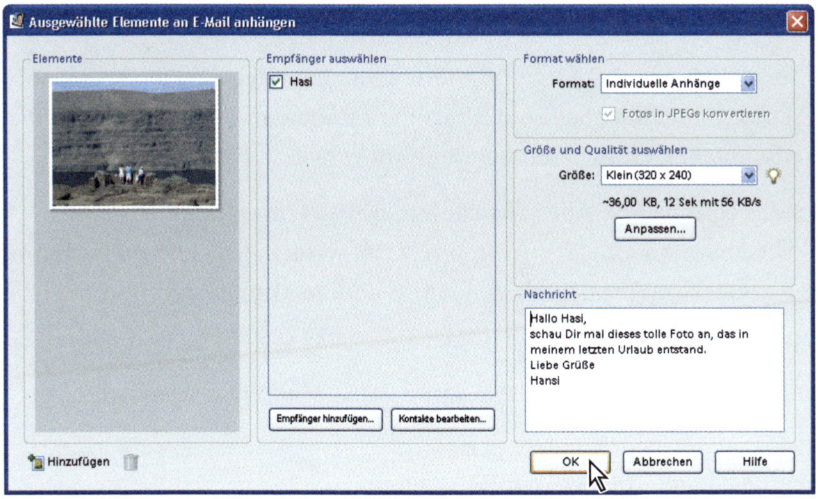

Ihr standardmäßiges E-Mail-Programm erstellt umgehend eine E-Mail-Nachricht. Die Meldung selbst als auch Betreff und andere Mail-Einstellungen lassen sich beliebig bearbeiten. Anschließend verschicken Sie die E-Mail (achten Sie darauf, dass Sie mit dem Internet verbunden sind), indem Sie auf »Senden« klicken. Oder Sie schließen die Nachricht, ohne die E-Mail zu speichern oder zu verschicken.

Drucken

Der Photoshop Elements 3.0-Organizer hilft auch, beim teuren Fotopapier zu sparen. Sie können auf einer Seite einzelne oder mehrere Bilder drucken und die Bilder in individuellen Größen auf der Seite anordnen.

1 Wählen Sie **Bearbeiten: Alles auswählen**, um alle Miniaturen zu wählen. Oder klicken Sie auf eine Miniatur, um sie zu wählen, und klicken Sie dann mit gedrückter Strg-Taste, um noch einige andere Miniaturen zu wählen.

2 Wählen Sie **Datei: Drucken**.

3 Nehmen Sie im Dialogfeld »Ausgewählte Fotos drucken« folgende Einstellungen vor:

- Wählen Sie einen verfügbaren Drucker aus.
- Lassen Sie unter »Abzugsart auswählen« die Option »Einzelne Abzüge« gewählt.
- Wählen Sie unter »Druckformat und Optionen auswählen« das Format »89 x 127 mm«.

Falls ein Warnhinweis hinsichtlich der Druckauflösung erscheint, klicken Sie auf OK.

- Deaktivieren Sie die Option »Ein Foto pro Seite« (klicken Sie, um das Häkchen zu entfernen).

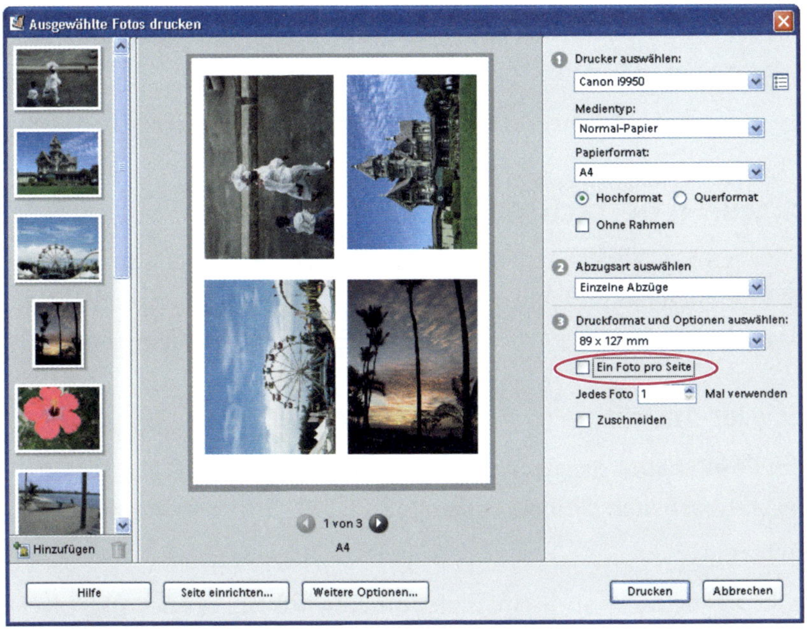

4 (Optional) Führen Sie folgende Schritte aus:

- Wählen Sie links im Dialogfeld eine Miniatur und klicken Sie anschließend unten in der Spalte mit den Miniaturen auf das Symbol »Ausgewählte Elemente entfernen« (🗑). Das Bild wird aus dem Set mit den zu druckenden Bildern entfernt.
- Klicken Sie unten in der Spalte mit den Miniaturen auf das Symbol »Hinzufügen« (). Wählen Sie im Dialogfeld »Fotos hinzufügen« die Option »(Fotos hinzufügen von) gesamtem Katalog« und versehen Sie dann die Bilder mit einem Häkchen, die Sie dem zu druckenden Set hinzufügen möchten. Klicken Sie anschließend auf OK.
- Klicken Sie in der Druckvorschau des Dialogfelds »Ausgewählte Bilder drucken« auf die Pfeile, um die anderen zu druckenden Seiten anzuzeigen.

Hinweis: *Es lassen sich nur Bilder wählen, die Bestandteil des aktuellen Katalogs sind. Möchten Sie einem Druckset andere Bilder hinzufügen, müssen Sie die Bilder zuerst dem Katalog hinzufügen (was Sie bereits in dieser Lektion gelernt haben).*

5 Führen Sie einen der folgenden Schritte aus:

- Klicken Sie auf »Abbrechen«, um das Dialogfeld ohne zu drucken zu schließen. (Das empfiehlt sich, wenn Sie Tinte und Fotopapier für eigene Bilder aufsparen möchten.)
- Klicken Sie auf »Drucken«, um alle Bilder im Set zu drucken.

Foto-Miniaturen betrachten

Es gibt verschiedene Möglichkeiten, um sich den Organizer-Katalog anzusehen, wobei einige Optionen hauptsächlich von Ihrer Arbeitsweise abhängen. Andere Optionen dagegen können Ihre Arbeit mit Fotos erheblich beschleunigen.

Die Fotobrowser-Ansicht

Bis zu diesem Punkt haben Sie ausschließlich in der standardmäßigen Fotobrowser-Ansicht gearbeitet. Deshalb sollten Sie jetzt die anderen Optionen kennen lernen.

1 Wählen Sie aus dem Popup-Menü in der unteren linken Ecke des Organizer-Fensters die Option »Importstapel«, um die Miniaturen in der Reihenfolge ihres Importes anzuzeigen.

Rollen Sie im Miniaturen-Fenster und beachten Sie die waagerechten Leisten mit dem Symbol der Filmpatrone.

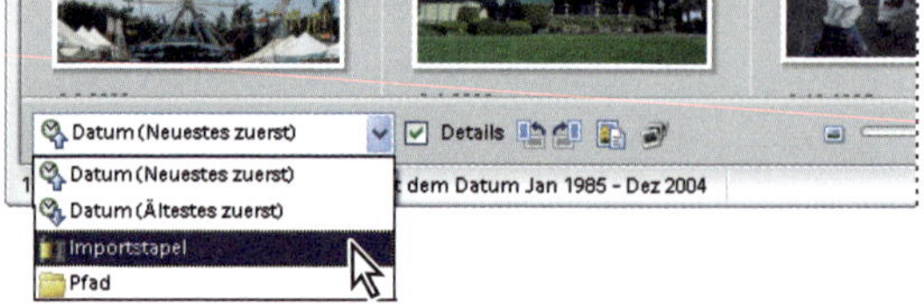

2 Versuchen Sie Folgendes:

- Klicken Sie auf eine Trennleiste (beschriftet mit *Importiert von Festplatte am...*) zwischen den Stapeln, um sämtliche Bildminiaturen aus dieser Importsitzung zu wählen.
- Vergrößern Sie die Miniaturen, indem Sie unten im Miniaturen-Fenster den Regler ziehen.

- Klicken Sie auf einen der drei Balken über dem Miniaturen-Fenster, um zur ersten in dieser Sitzung importierten Miniatur zu springen.

Die Ansicht schaltet zum ersten Bild in diesem Stapel um und das Datum unter dem Bild blinkt. Gleichzeitig ist das Bild für eine gewisse Zeit mit einer Umrandung versehen.

3 Reduzieren Sie die Größe der Miniaturen, damit Sie alle Bilder in Ihrem Katalog sehen.

4 Verwenden Sie das gleiche Popup-Menü wie in Schritt 1 und wählen Sie die Option »Pfad«. Die Miniaturen sind jetzt entsprechend den Speicherplätzen der jeweiligen Bilder organisiert. Führen Sie nun wieder die beiden Übungen aus Schritt 2 aus.

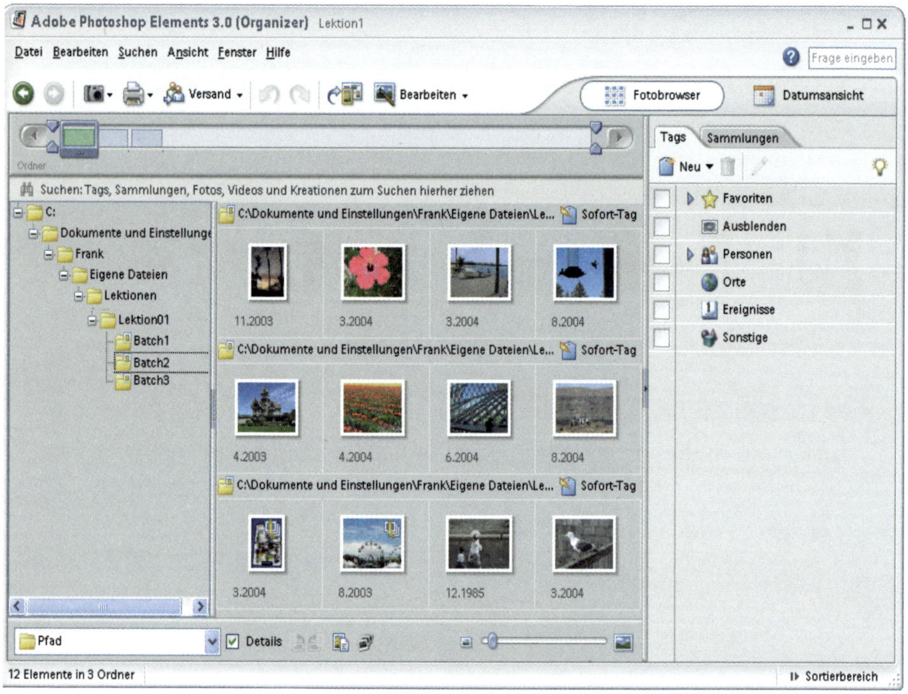

5 Wählen Sie jetzt unten aus dem Popup-Menü die Option »Datum (Neuestes zuerst)«. Wählen Sie einen der Balken in der Grafik bzw. Zeitleiste über den Miniaturen, um zu dem Foto zu springen, das zu diesem Zeitpunkt aufgenommen wurde.

Die Datumsansicht

Sobald Sie mit einer Bildersammlung arbeiten, die über mehrere Jahre geht, werden Sie die *Datumsansicht* zu schätzen wissen.

1 Klicken Sie auf das Symbol »Datumsansicht« ( ) oben rechts in der Menüleiste.

2 Klicken Sie unter der Kalenderansicht auf das Symbol »Jahr«, um den Jahreskalender anzuzeigen. Klicken Sie auf die Pfeile links und rechts neben der Jahreszahl, um das Jahr 2004 einzustellen (falls ein anderes Jahr angezeigt wird).

3 Klicken Sie im 2004-Kalender auf den 25. März.

Rechts erscheint eine Vorschau des Fotos, das am 25. März 2004 aufgenommen wurde.

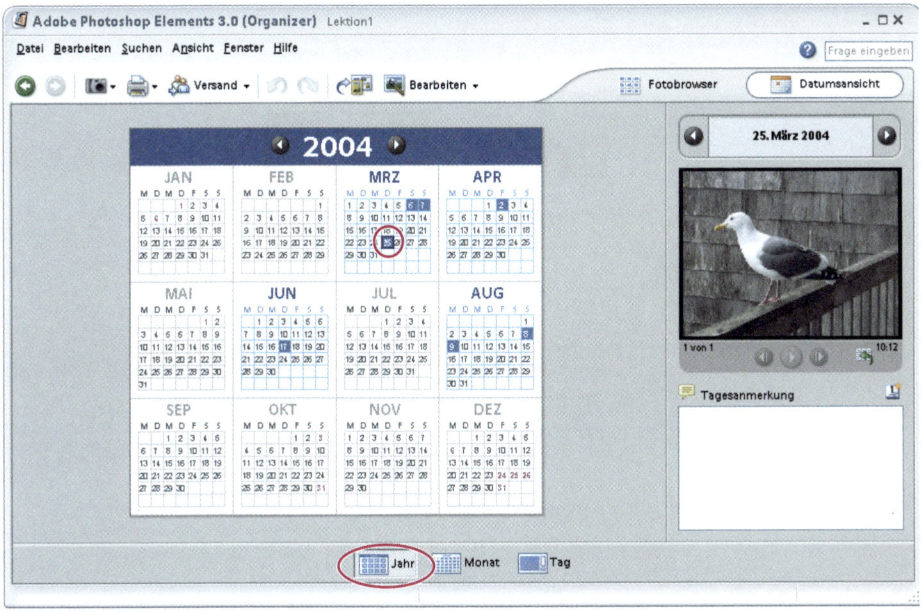

4 Klicken Sie unter dem Kalender auf das Symbol »Monat« und dann im Kalender auf den 6. März mit der Miniatur der roten Blüte.

5 Klicken Sie unter der Blüten-Miniatur rechts auf den nach rechts weisenden Pfeil (»Nächstes Element am ausgewählten Wochentag«), um ein zweites Foto mit gleichem Aufnahmedatum anzuzeigen.

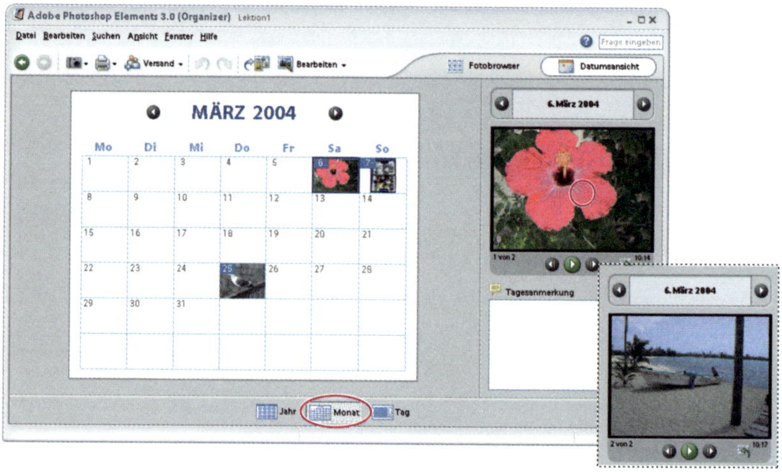

6 Führen Sie mit Hilfe der Monatsangabe oben im Kalender die folgenden Schritte aus:

- Klicken Sie auf das Wort *März* und wählen Sie aus dem Popup-Menü den Monat August.

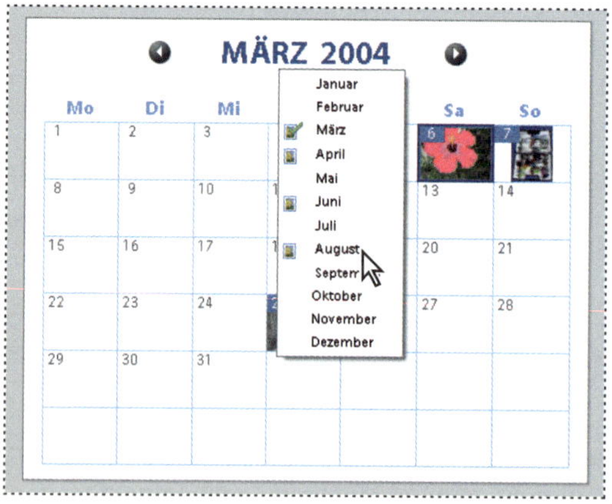

- Klicken Sie in der Kalenderüberschrift auf *2004* und wählen Sie aus dem Popup-Menü das Jahr 2003.

7 Klicken Sie im Bereich »Tagesanmerkung« und geben Sie **Jahrmarkt** ein, um das Datum mit einer Anmerkung zu ergänzen.

Sie wissen jetzt, wie Sie das Datum zur Durchsicht Ihrer Bilder ändern. Falls gewünscht, stellen Sie nun den Organizer wieder auf die von Ihnen bevorzugten Einstellungen zurück. In dieser Lektion wechseln Sie von der Datumsansicht wieder in den Fotobrowser.

Fotos organisieren

Für die meisten von uns ist effiziente Organisation von Dateien und Ordnern jedes Mal eine Herausforderung. Man vergisst leicht, welche Bilder in welchem Ordner gespeichert sind. Und dann ist es immens zeitraubend, die vielen möglichen Ordner zu öffnen und deren Inhalt zu prüfen, nur um auf ein bestimmtes Bild oder eine Datei zuzugreifen.

Derartige Suchen gehören endlich der Vergangenheit an. Sie haben bereits erfahren, wie Sie mit Hilfe der Suchfunktion im Organizer schnell und einfach Dateien an unterschiedlichen Speicherorten auf Ihrem Computer finden und importieren. Jetzt lernen Sie, wie Sie ganz schnell mit *Tags* (Kennzeichnungen) Ihre Bilder sortieren – unabhängig davon, wo die aktuellen Bilddateien gespeichert sind. Das Ganze funktioniert sogar innerhalb eines Netzwerks und auch zwischen Windows und Mac!

Fotos mit Tags versehen

Tags und Tag-Kategorien sind Suchkriterien – Schlüsselwörter, wenn Ihnen dieser Begriff vertraut ist –, die Sie Bildern zuweisen. Sie weisen im folgenden Beispiel einige Tags aus dem standardmäßigen Satz einem Bild zu, das Sie in Ihren Katalog importiert haben.

1 Klicken Sie in der Symbolleiste auf »Fotobrowser« ( ) und stellen Sie sicher, dass unten links im Organizer-Fenster die Option »Datum (Neuestes zuerst)« gewählt ist.

2 Wählen Sie in der Tags-Palette die Tag-Kategorie »Orte« und ziehen Sie diese auf die erste Miniatur (das Bild mit den Touristen, die sich den Fluss ansehen).

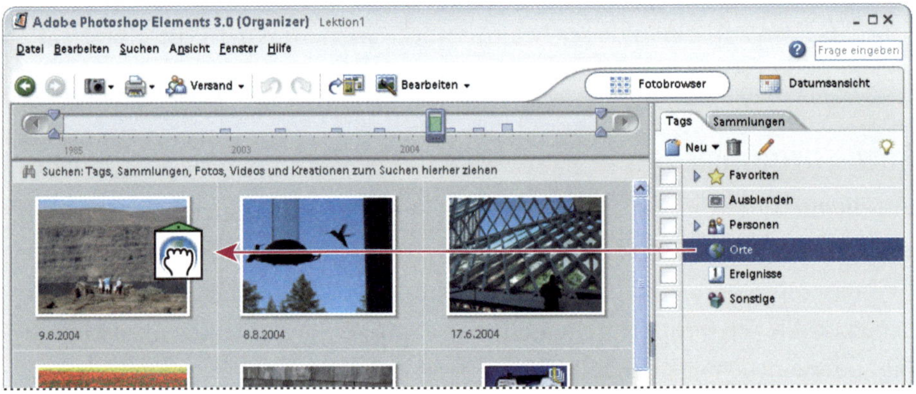

3 Klicken Sie auf den Pfeil neben der Kategorie »Personen«, um die Unterkategorien »Familie« und »Freunde« anzuzeigen.

4 Ziehen Sie das Tag »Familie« auf dieselbe Miniatur (die Touristen am Fluss).

5 Setzen Sie den Mauszeiger für einige Sekunden auf die Tags unter der Miniatur mit dem Fluss, um den Tooltipp (Texthinweis) für das jeweilige dem Bild zugewiesene Tag einzublenden.

Neue Kategorien und Unterkategorien einrichten

Der standardmäßige Tag-Satz ist begrenzt. Deshalb lassen sich für eigene Projekte jederzeit neue Kategorien und Unterkategorien einrichten.

1 Klicken Sie in der Tags-Palette auf »Neu« und wählen Sie aus dem Popup-Menü die Option »Neue Kategorie«.

2 Geben Sie im Dialogfeld »Kategorie erstellen« den Namen **Tiere** ein und klicken Sie anschließend auf das Kategoriesymbol mit dem Vogel. Klicken Sie auf OK.

3 Wählen Sie in der Tags-Palette die Kategorie »Personen«. Klicken Sie dann oben in der Palette auf »Neu« und wählen Sie aus dem Popup-Menü die Option »Neue Unterkategorie«.

4 Geben Sie im Dialogfeld »Unterkategorie erstellen« den Namen **Fremde** ein. Achten Sie darauf, dass »Personen« im Feld »Übergeordnete Kategorie oder Unterkategorie« steht. Klicken Sie auf OK.

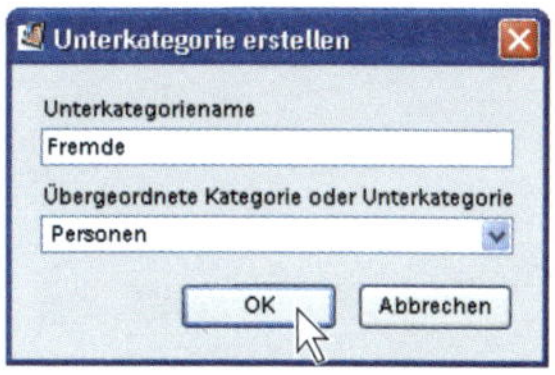

Die neuen Tag-Kategorien sind jetzt Bestandteil des Katalogs. Sie erscheinen nicht in neuen Katalogen, obwohl es Möglichkeiten gibt, auch das zu ändern. (Weitere Informationen finden Sie in der *Photoshop Elements 3.0-Hilfe.*)

Kategorien zuweisen und bearbeiten

Tags lassen sich mehreren Dateien gleichzeitig zuweisen und auch wieder aus einem Bild entfernen.

1 Wählen Sie bei den Miniaturen das Bild mit den beiden Kolibris, drücken Sie die Strg-Taste und wählen Sie noch das Bild mit der Seemöwe.

2 Ziehen Sie das »Tiere«-Tag auf eine der beiden gewählten Miniaturen, um das Tag beiden Bildern zuzuweisen.

3 Ziehen Sie die Unterkategorie »Fremde« auf das Bild mit dem Fluss. (Sie brauchen weder diese Miniatur zu wählen noch die beiden anderen abzuwählen.)

4 Wählen Sie die Miniatur mit dem Fluss und öffnen Sie die Eigenschaften-Palette wahlweise wie folgt:

- Wählen Sie den Befehl **Fenster: Eigenschaften**.
- Klicken Sie unter dem Miniaturen-Bereich auf das Symbol »Eigenschaften ein- und ausblenden« ( ).

5 Klicken Sie in der Eigenschaften-Palette auf das Symbol »Tags« ( ), um die Tags für das gewählte Bild anzuzeigen.

6 Entfernen Sie das Tag »Familie« aus dem Bild mit dem Fluss mit einem der folgenden Schritte:

- Klicken Sie in der Miniaturansicht unter dem Fluss-Bild mit der rechten Maustaste auf das »Personen«-Tag und wählen Sie »Familie-Unterkategorie-Tag entfernen«.
- Klicken Sie mit der rechten Maustaste in der Eigenschaften-Palette auf den Eintrag »Familie, Fremde« und wählen Sie »Familie-Unterkategorie-Tag entfernen«.

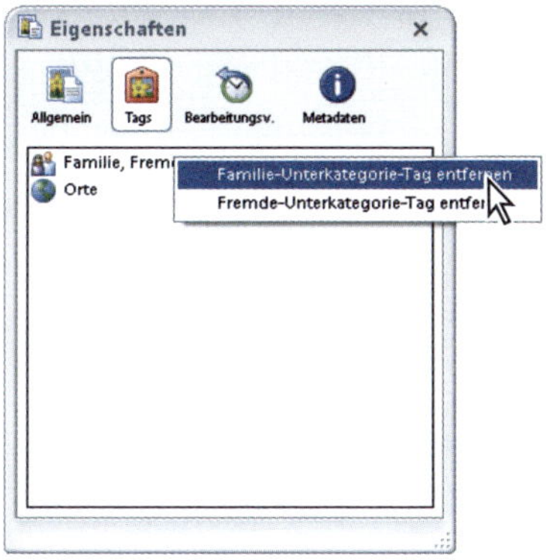

7 Schließen Sie die Eigenschaften-Palette durch Klicken auf das Schließfeld (×) oben rechts bzw. klicken Sie erneut unter den Miniaturen auf das Symbol »Eigenschaften ein- oder ausblenden« ().

Neue Tags erstellen und zuweisen

Sie haben im vorherigen Abschnitt neue Tag-Kategorien und -Unterkategorien erstellt. Jetzt erstellen Sie ein neues Tag, das Sie dann einer bestimmten Kategorie oder Unterkategorie hinzufügen.

1 Führen Sie in der Tag-Palette folgende Schritte aus:

- Wählen Sie die Kategorie »Sonstige«.
- Klicken Sie oben in der Palette auf »Neu« und wählen Sie die Option »Neues Tag«.

2 Geben Sie in das Dialogfeld »Tag erstellen« als Name **Architektur** ein und klicken Sie auf OK.

3 Ziehen Sie das Tag »Architektur« auf die Miniatur des ziemlich kitschigen viktorianischen Gebäudes (aufgenommen am 8.4.2003).

Das Gebäude wird zum Tag-Symbol, da es das erste Bild ist, dem dieses Tag zugewiesen wurde.

4 Ziehen Sie das Tag »Architektur« auf das Riesenrad und das Bild mit der diagonal verstrebten Dachkonstruktion.

Hinweis: *Sie können im Organizer auch auf das Register »Sammlungen« klicken, um Bildersammlungen innerhalb eines Katalogs zu definieren. Sammlungen ähneln Tags und besitzen zusätzliche Möglichkeiten, aber auch Einschränkungen. Informationen finden Sie in der* Photoshop Elements 3.0-Hilfe.

Tags und Kategorien umwandeln

Die Hierarchie von Tags und Kategorien lässt sich jederzeit einfach ändern, wobei die bereits in den Bildern vorhandenen Tags und/oder Kategorien bestehen bleiben.

1 Ziehen Sie in der Tag-Palette die Kategorie »Tiere« auf die Kategorie »Sonstige«.

Jetzt erscheint die Kategorie »Tiere« als Unterkategorie von »Sonstige«. Da »Tiere« nicht mehr eine Kategorie ist, hat sie statt des Vogels nur noch ein generisches Unterkategorie-Symbol.

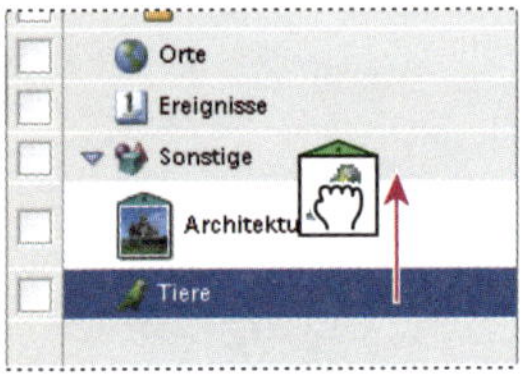

2 Klicken Sie unter der Kategorie »Personen« mit der rechten Maustaste auf die Unterkategorie »Fremde« und wählen Sie aus dem Menü die Option »Unterkategorie Fremde in Tag ändern«.

3 Wählen Sie in der Tags-Palette das Tag »Fremde« und klicken Sie oben in der Palette auf das Symbol »Bearbeiten« ( ).

4 Klicken Sie im Dialogfeld »Tag bearbeiten« auf die Schaltfläche »Symbol bearbeiten«, um das Dialogfeld »Tag-Symbol bearbeiten« zu öffnen.

5 Ziehen Sie in der Miniatur die Ecken der Begrenzung so, dass nur die Personengruppe im Bild begrenzt ist.

6 Klicken Sie auf OK, um das Dialogfeld zu schließen, und noch einmal auf OK, um auch das Dialogfeld »Tag bearbeiten« zu schließen.

Wurden mehrere Bilder mit dem gleichen Tag versehen (wie mit dem Architektur-Tag), lässt sich dem Tag-Symbol ein anderes Bild zuweisen. Das geschieht im Dialogfeld »Tag-Symbol bearbeiten« unter Verwendung der Schaltfläche »Suchen« oder den beiden Pfeilen.

Bilder mit weiteren Tags versehen

Es gibt einige einfache Möglichkeiten, mehrere Bilder sowohl automatisch als auch manuell mit Tags zu versehen.

1 Wählen Sie aus dem Popup-Menü unten links im Organizer-Fenster die Option »Pfad«.

2 Klicken Sie auf das Symbol »Sofort-Tag« rechts in der Trennleiste über dem ersten Miniaturensatz.

3 Wählen Sie im Dialogfeld »Neues Tag erstellen und anwenden« aus dem Popup-Menü »Kategorie« die Option »Sonstige«, übernehmen Sie **Batch1** als Namen und klicken Sie auf OK.

4 Wiederholen Sie die Schritte 2 und 3 für die beiden anderen (oder mehr) Ordnergruppen *Batch2* und *Batch3*.

5 Schalten Sie unten im Organizer-Fenster zurück zur Ansicht »Datum (Neuestes zuerst)«.

6 Weisen Sie das Tag »Fremde« jedem Bild zu, dessen abgebildete Personen Sie nicht kennen.

7 (Optional) Erstellen und weisen Sie andere Tags oder Kategorien zu. Vielleicht möchten Sie noch die Tags, Kategorien oder Unterkategorien für die Themen »Blumen« oder »Angeln« erstellen.

Mit Tags Bilder suchen

Warum die vielen Tags erstellen? Ganz einfach: Sie vereinfachen mit Tags die Suche nach bestimmten Bilder enorm.

1 Klicken Sie in das leere Suchfeld links neben dem Tag »Architektur«.

Ein Fernglas-Symbol erscheint im Suchfeld und es erscheinen nur die drei Miniaturen, denen das Tag »Architektur« zugewiesen wurde.

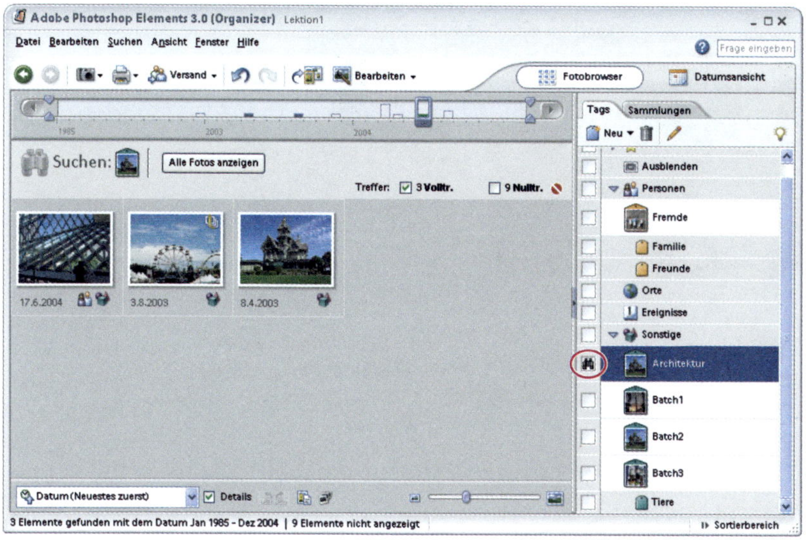

2 Lassen Sie das Tag »Architektur« gewählt und klicken Sie in das Suchfeld für das Tag »Batch2«.

Das Fenster zeigt jetzt nur die zwei Miniaturen, die jeweils mit beiden Tags »Architektur« und »Batch2« versehen sind.

3 Klicken Sie über den Miniaturen im Kontrollkästchen »Nulltr.«, um diese Option zu aktivieren, und anschließend im Kontrollkästchen »Volltr.«, um diese Option zu deaktivieren.

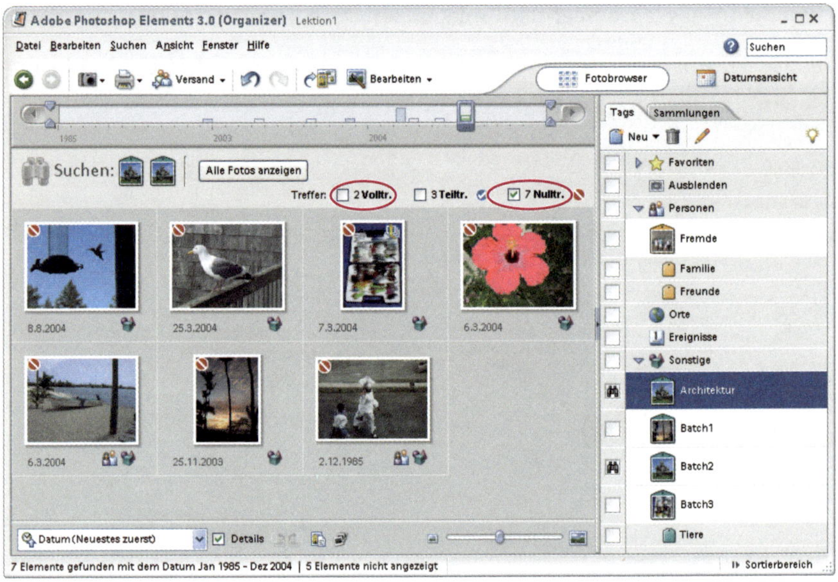

Die Miniaturen zeigen die Änderungen, d.h. nur die Bilder, die nicht mit den Tags »Architektur« oder »Batch2« versehen sind.

4 Klicken Sie auf die Schaltfläche »Alle Fotos anzeigen«.

Sie arbeiten auch in den anderen Lektionen dieses Buchs immer wieder mit Tags.

Glückwunsch! Sie haben damit Lektion 1 erfolgreich abgeschlossen.

Sie haben in dieser Lektion mit Hilfe unterschiedlicher Techniken bestimmte Dateien in den Photoshop Elements 3.0-Organizer importiert. Außerdem haben Sie nützliche Werkzeuge für die grundlegende Bildbearbeitung kennen gelernt, wie das Drehen und Freistellen von Bildern sowie die intelligente Auto-Korrektur. Sie sind nun in der Lage, »schlanke« Bilder ohne lange Ladezeiten beim Empfänger per E-Mail zu verschicken. Außerdem können Sie jetzt einzelne oder mehrere Bilder gleichzeitig auf einem Blatt ausdrucken. Schließlich haben Sie noch Tags erstellt, bearbeitet und Fotos zugewiesen, um in zukünftigen Arbeitssitzungen die Suche nach bestimmten Bildern zu vereinfachen.

Fragen

1 Wie öffnen Sie die Organizer-Komponente von Adobe Photoshop Elements 3.0?

2 Nennen Sie die beste und schnellste Methode, um alle Bilder auf Ihrem Computer (unabhängig vom Speicherort in der Ordnerstruktur) Ihrem Organizer-Katalog hinzuzufügen.

3 Wie vereinfachen Sie die Suche nach bestimmten Fotos in Ihrem Katalog?

4 Wo befindet sich die Symbolleiste?

5 Wie drucken Sie mehrere Bild auf einem einzelnen Papierbogen?

6 Wie bereiten Sie Fotos im Organizer für den E-Mail-Versand vor?

Anworten

1 Der Organizer lässt sich unterschiedlich öffnen. Dazu dient z.B. die Option »Fotos anzeigen und ordnen« im Startbildschirm von Photoshop Elements 3.0. Oder – der Photoshop Elements-Editor ist bereits geöffnet – man klickt oben im Arbeitsbereich auf das Symbol »Browser«. Soll als Erstes immer der Organizer geöffnet werden, wählen Sie unten links im Startbildschirm aus dem Popup-Menü die Option »Organizer«.

2 Um alle Bilder möglichst schnell und einfach in einen Katalog aufzunehmen, wählen Sie **Datei: Fotos laden: Durchsuchen**. Wählen Sie anschließend im entsprechenden Dialogfeld Ihre Festplatte oder auch eine im Netzwerk freigegebene Platte. Mit dieser Methode sammeln Sie alle Bilder, unabhängig davon, wie unorganisiert Ihre Ordner auch sein mögen.

3 Sie suchen Fotos nach Speicherort, Datum, Importstapel und mit Hilfe von Tags. Das Popup-Menü unten links im Organizer bestimmt die Reihenfolge, in der Miniaturen erscheinen, wie »Datum (Neuestes zuerst)« oder »Pfad« . Um eine Kalenderansicht Ihrer Bilder zu erhalten, klicken Sie in der Symbolleiste auf »Datumsansicht« ( ). Darüber hinaus bietet das Suchen-Menü viele weiteren Möglichkeiten zum Festlegen von Suchkriterien. Wenn Sie in das Suchenfeld neben einem Tag klicken, beschränken Sie die Miniaturansicht auf Bilder mit diesem Tag.

4 Die Symbolleiste befindet sich direkt unter der Menüleiste (Datei, Bearbeiten, Suchen usw.).

5 Das Drucken mehrerer Bilder auf einer Seite mit Photoshop Elements geschieht im Organizer, obwohl Sie diesen Vorgang auch im Editor starten können. Sie beginnen, indem Sie das oder die Foto(s) für den Druck wählen, anschließend den Befehl »Datei: Drucken« aufrufen und im Dialogfeld die Option »Ein Foto pro Seite« deaktivieren.

6 Das Aufbereiten von Fotos im Organizer für den E-Mail-Versand erstellt Fotos, die »schlank« und in der Bildgröße angepasst sind und deshalb schnellere Ladezeiten beim Empfänger sowie eine Bildschirmansicht ohne Rollen ermöglichen.

Lektion 2

2 Spielend mit Text umgehen

Kantenglatter, flexibler und bearbeitbarer Text ist eine weitere Stärke von Photoshop Elements 3.0 . Es liegt bei Ihnen, ob Sie mit einfacher, klassischer Typografie oder mit wilden Effekten und ausgeflippten Farben arbeiten möchten – alles ist möglich.

In dieser Lektion geht es nicht nur um Text, obwohl die Arbeit mit Text eine gute Vorbereitung für die Bildbearbeitung mit Photoshop Elements 3.0 ist. Selbst wenn Sie wenig mit Text arbeiten, sollten Sie erst diese Lektion durcharbeiten und sich danach mit der Bildkorrektur und anderen kreativen Möglichkeiten beschäftigen.

In dieser Lektion lernen Sie Folgendes:

- Mit bereits vorhandenen Organizer-Tags die Startdateien für fünf Projekte finden
- Bildrand nur durch Größenänderung der Arbeitsfläche erzeugen
- Werkzeug wählen und dessen Einstellungen in der Optionsleiste ändern
- Text formatieren, hinzufügen und bearbeiten – einschließlich Spezialeffekte und Verkrümmung
- Text mit Ebenenstilen und Effekten versehen
- Bildebenen unabhängig voneinander verschieben
- Ebenen ein- und ausblenden
- Ebenen von einem Bild auf ein anderes übertragen
- Eine Formebene hinzufügen
- Zwei Ebenen auf eine einzige Ebene reduzieren
- Eine einfache Animation erstellen
- Bilder für das Internet optimieren

Bevor Sie beginnen, achten Sie darauf, dass der Lektionen-Ordner von der Buch-CD auf die Festplatte Ihres Computers kopiert wurde. (Siehe »Die Classroom-in-a-Book-Dateien installieren« auf Seite 12.)

Die Lektion ist mit insgesamt fünf Projekten recht umfangreich. Die Projekte bauen aufeinander auf. Wir gehen davon aus, dass Sie für das Durcharbeiten eines Projekts ca. 30 Minuten ansetzen sollten. Nehmen Sie sich also ausreichend Zeit.

Wir nehmen an, dass Sie sich bereits mit dem Arbeitsbereich von Photoshop Elements 3.0 vertraut gemacht haben und wissen, wie Sie auf die beiden Komponenten (Editor und Organizer) in Photoshop Elements zugreifen. Natürlich dürfen Sie mit dieser Lektion auch ohne das Wissen aus Lektion 1 beginnen, dennoch empfehlen wird, die Lektionen nacheinander durchzuarbeiten. Zusätzliche Hintergrundinformationen finden Sie in der *Photoshop Elements Hilfe*, den Tutorials über den Startbildschirm oder das Handbuch *Adobe Photoshop Elements 3.0 Erste Schritte.*

Vorbereitungen

Sie haben in Lektion 1 ausschließlich mit der Organizer-Komponente in Photoshop Elements 3.0 gearbeitet. Lektion 2 macht Sie mit der Editor-Komponente bekannt. Mit Hilfe des Editors erzeugen Sie z.B. Ebenen, um Fotos mit Text und anderen Elementen zu kombinieren.

Sie verwenden in dieser Lektion den Katalog, den Sie in der Einführung von der CD kopiert und mit den darin enthaltenen Bildern neu verbunden hatten (siehe »Die Classroom-in-a-Book-Dateien installieren« auf Seite 12) und nicht den Katalog aus Lektion 1.

1 Starten Sie Photoshop Elements. Wählen Sie auf dem Startbildschirm die Option »Fotos anzeigen und Ordnen«.

2 Wählen Sie dann den Befehl **Datei: Katalog**.

3 Klicken Sie im Dialogfeld »Katalog« auf »Öffnen«.

4 Wählen Sie im Dialogfeld »Katalog öffnen« die Datei *CIB Katalog.psa* und klicken Sie auf »Öffnen«.

Falls die Datei *CIB Katalog.psa* nicht im Dialogfeld zu sehen ist, gehen Sie am besten zurück in die Einführung. Informieren Sie sich hier in den Absätzen »Lektionsdateien von der CD kopieren« auf Seite 12 und »Fehlende Dateien in einem Katalog erneut verbinden« auf Seite 15.

Projekt 1: Bildunterschrift

Dieses Projekt beschäftigt sich mit der Texteingabe, der Formatierung und der Anordnung von Text in einem vorhandenen Foto. Das Bild soll später so aussehen, als sei es mit einer Sofortbildkamera aufgenommen und anschließend beschriftet worden. Vielleicht benötigen Sie die fertige Bilddatei für eine Webseite oder eine Präsentation.

Im Organizer mit Tags versehene Bilder suchen und öffnen

1 Falls Photoshop Elements noch nicht im Organizer-Modus geöffnet ist, sollte das jetzt geschehen (siehe »Vorbereitungen« auf Seite 65).

2 Achten Sie darauf, dass rechts im Bild die Liste mit den Tags zu sehen ist. Oder öffnen Sie die Liste, indem Sie unten rechts im Arbeitsbereich auf den Pfeil »Sortierbereich« (❙▶) klicken.

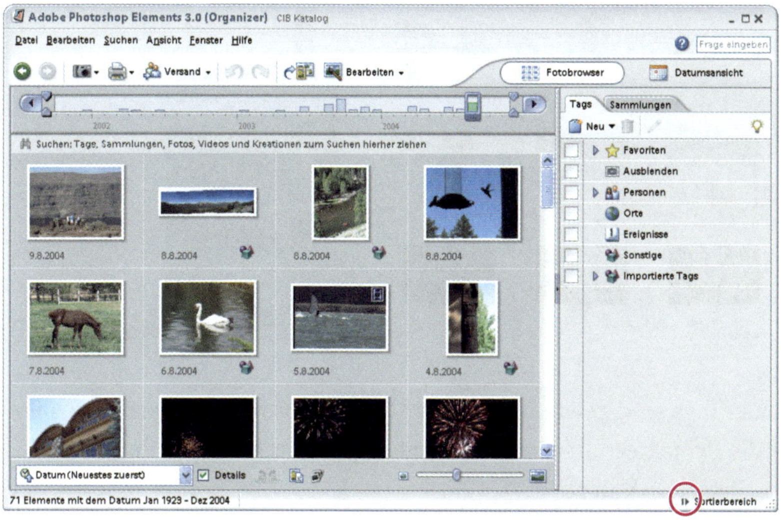

3 Klicken Sie in der Tags-Palette einmal auf den Begriff »Importierte Tags«, um ihn zu wählen. Klicken Sie oben in der Palette auf das Bearbeiten-Symbol (Stift), um diese Kategorie zu bearbeiten. Geben Sie im Fenster »Kategorie bearbeiten« den Kategorienamen **Lektionen** ein (ersetzt den bisherigen Kategorienamen *Importierte Tags*). Klicken Sie auf OK. Auf diese Weise lassen sich Kategorienamen jederzeit ändern.

4 Klicken Sie oben in der Tags-Palette auf »Neu« und wählen Sie aus dem Menü die Option »Neue Kategorie«. Geben Sie den Kategorienamen **Projekte** ein und wählen Sie ein Symbol für diese Kategorie. Wir haben das Zahnrad ganz rechts im Rollfenster gewählt. Klicken Sie auf OK. Sie fügen jetzt einige Bilder der Projekte-Kategorie hinzu.

5 Erweitern Sie die Lektionen-Kategorie, indem Sie auf den Pfeil links neben dem Wort *Lektionen* klicken. Halten Sie die Strg-Taste gedrückt und klicken Sie weiter unten auf alle Projekt-Tags in der Tags-Palette, um sie zu wählen. Jetzt sollten die Tags *Projekt 1* bis *Projekt 7* hervorgehoben sein, nicht aber die Projekt-Kategorie. Falls diese Kategorie dennoch gewählt ist, klicken Sie mit gedrückter Strg-Taste, um sie abzuwählen.

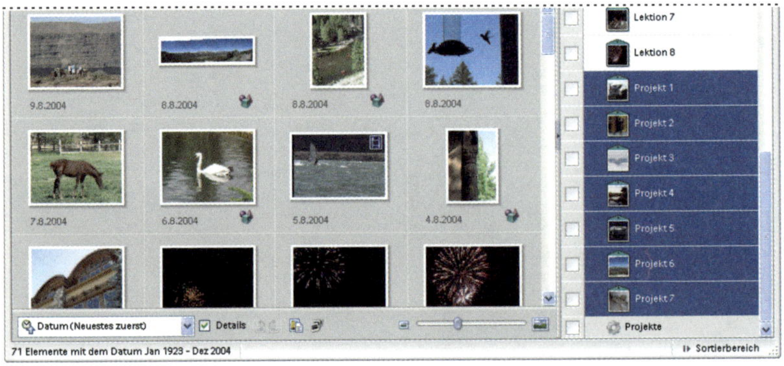

6 Die Projekte-Tags sind gewählt. Klicken Sie auf eins dieser Tags und ziehen Sie es auf die Projekte-Kategorie. Alle zuvor gewählten Tags befinden sich jetzt in der Projekte-Kategorie.

7 Klicken Sie in der Tags-Palette im Suchfeld links neben dem *Lektion 2*-Tag.

Sie sehen jetzt die Miniaturen der sieben Bilddateien, mit denen Sie in dieser Lektion arbeiten.

8 Erweitern Sie das Projekte-Tag und klicken Sie in das Suchfeld von Projekte 1.

Nur ein Bild ist mit den Tags *Lektion 2* und *Projekt 1* versehen, weshalb auch nur diese Miniatur im Fenster zu sehen ist.

9 Wählen Sie die Miniatur und klicken Sie dann in der Symbolleiste auf das Bearbeiten-Symbol (). Wählen Sie aus dem Menü die Option »Gehe zum Standardeditor«.

Hinweis: *Falls eine Meldung auf eine fehlende Datei hinweist, ist die Verbindung bzw. Verknüpfung mit der Originaldatei unterbrochen. Informieren Sie sich unter »Fehlende Dateien in einem Katalog erneut verbinden« auf Seite 15. Erscheint der Standardeditor mit einem leeren grauen Bildfenster, haben Sie im Organizer vergessen, die Miniatur zu wählen.*

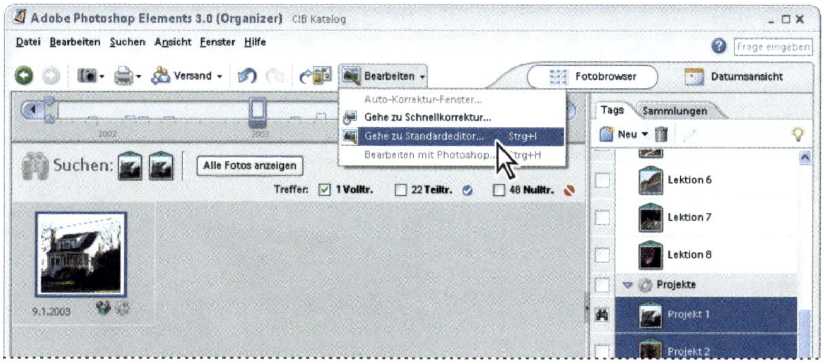

Unregelmäßigen Rand hinzufügen

Zuerst vergrößern Sie die *Arbeitsfläche* (der Bereich, in dem das Bild erscheint), ohne dabei die *Bildgröße* zu verändern. Die Größe der Arbeitsfläche entspricht normalerweise der Bildgröße eines digitalen Fotos. Sie lässt sich aber vergrößern, um beispielsweise das Bild mit einem Rahmen zu versehen. Der zusätzliche Bereich für den Rahmen übernimmt die standardmäßig gewählte Hintergrundfarbe, also Weiß, und ist damit vergleichbar mit dem Papier, auf das ein Foto gedruckt bzw. im Labor vergrößert wird.

Sie erstellen nun den Rahmen in zwei Phasen und stellen die genaue Größe ein.

1 Wählen Sie im Editor von Photoshop Elements 3.0 und mit der geöffneten Datei *02_01.jpg* den Befehl **Bild: Skalieren: Arbeitsfläche**.

2 Nehmen Sie im Dialogfeld »Arbeitsfläche« nacheinander die folgenden Einstellungen vor:

- Klicken Sie im Kontrollkästchen »Relativ« (ein Häkchen erscheint).
- Geben Sie im Feld »Breite« den Wert **1** ein und wählen Sie aus dem Popup-Menü die Maßeinheit »cm«.

- Geben Sie im Feld »Höhe« den Wert **1** ein und wählen Sie aus dem Popup-Menü die Maßeinheit »cm«.
- Klicken Sie im Diagramm »Position« auf das mittlere weiße Quadrat.
- Wählen Sie aus dem Menü »Farbe für erw. Arbeitsfläche« die Option »Weiß«.
- Klicken Sie auf OK, um das Dialogfeld zu schließen und die Änderungen zuzuweisen. Ein gleichmäßig breiter Rand umgibt nun das Bild.

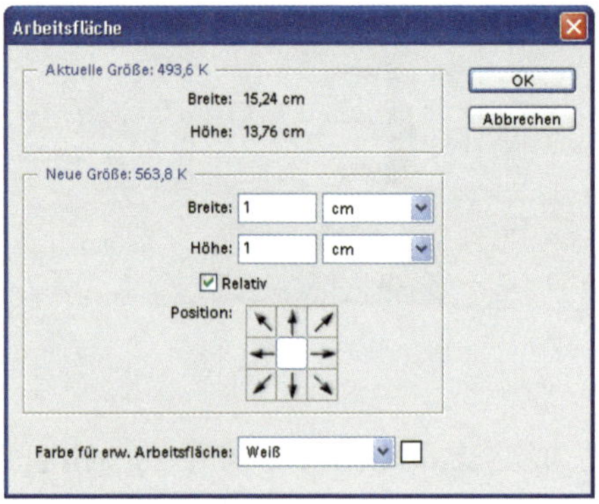

3 Wählen Sie erneut **Bild: Skalieren: Arbeitsfläche** und nehmen Sie jetzt diese Einstellungen vor:

- Wählen Sie im Diagramm »Position« das mittlere Quadrat in der oberen Reihe.
- Geben Sie in das Feld »Höhe« den Wert **2** ein. (Im Feld »Breite« steht der Wert 0.)

4 Übernehmen Sie die anderen Einstellungen und klicken Sie auf OK.

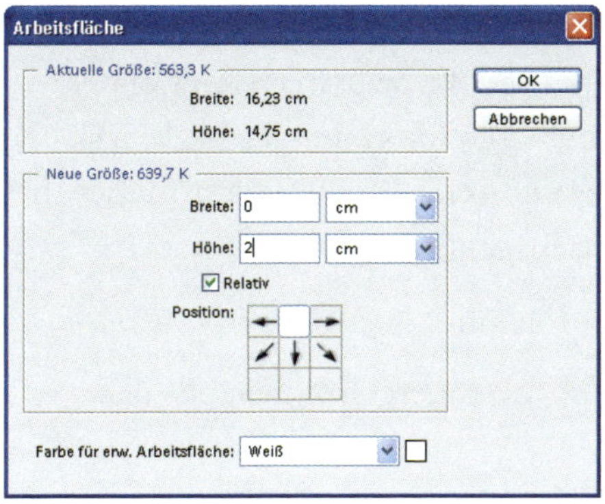

Der Rand ist unter dem Bild doppelt so breit wie an den anderen drei Seiten.

Schnell einen Rand gestalten

Wenn Genauigkeit bei der Vergrößerung der Arbeitsfläche nicht entscheidend ist, lässt sich für die Rahmengestaltung auch das Freistellungswerkzeug einsetzen.

1. *Wählen Sie das Zoom-Werkzeug (🔍) und verkleinern Sie, indem Sie mit gedrückter Alt-Taste klicken (das Pluszeichen (🔍) ändert sich in das Minuszeichen (🔍)). Klicken Sie so lange, bis das Bild mit Grau umgeben ist.*

2. *Wählen Sie das Freistellungswerkzeug (⌗) und ziehen Sie ein Rechteck im Bild – die Größe interessiert an dieser Stelle nicht.*

3. *Ziehen Sie einen der Eckanfasser des Freistellungsrahmen außerhalb des Bildbereichs auf den grauen Untergrund, um Größe und Form des gewünschten Rands zu definieren.*

4. *Klicken Sie auf »Bestätigen« (✔) oben in der Optionsleiste, um die Änderung zuzuweisen. Oder klicken Sie auf »Abbrechen« (⊘), wenn Sie den Vorgang abbrechen und das Bild nicht freistellen möchten.*

Die Hintergrundfarbe (Standard ist Weiß) füllt den zusätzlichen Bereich der Arbeitsfläche.

Test auf Textebene eingeben und formatieren

Die Formatierung (Schriftfamilie, Schriftgrad, Textfarbe usw.) erfolgt in der Optionsleiste. Die in der Optionsleiste verfügbaren Einstellungen ändern sich entsprechend dem gewählten Werkzeug. Die Optionen für die Textformatierung stehen erst zur Verfügung, nachdem Sie das Textwerkzeug gewählt haben.

1 Wählen Sie in der Werkzeugleiste das horizontale Textwerkzeug (T).

2 Wählen Sie oben in der Optionsleiste die folgenden Optionen aus den Popup-Menüs:

- Wählen Sie die Schriftfamilie *Arial* oder eine andere serifenlose Schriftart.
- Wählen Sie den Schriftschnitt *Bold* (Fett), sofern für die gewählte Schriftfamilie verfügbar.
- Wählen Sie für den Schriftgrad *14 Pt*.

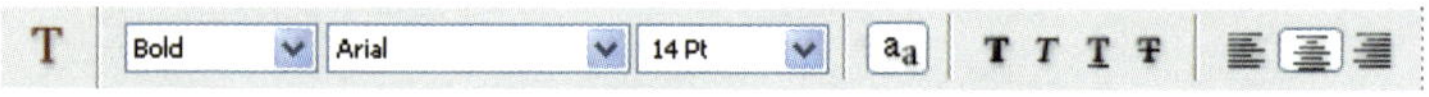

3 Klicken Sie irgendwo unten links im Bildfenster für den Cursor und tippen Sie **Haus meiner Eltern - November 1989**.

Hinweis: *Kümmern Sie sich noch nicht um eventuelle Tippfehler oder die richtige Position des Textes im Bild – dazu kommen wir etwas später.*

4 Klicken Sie in der Optionsleiste auf »Bestätigen« (✔), um den Text zu übernehmen. Oder drücken Sie die Eingabetaste der Zehnertastatur.

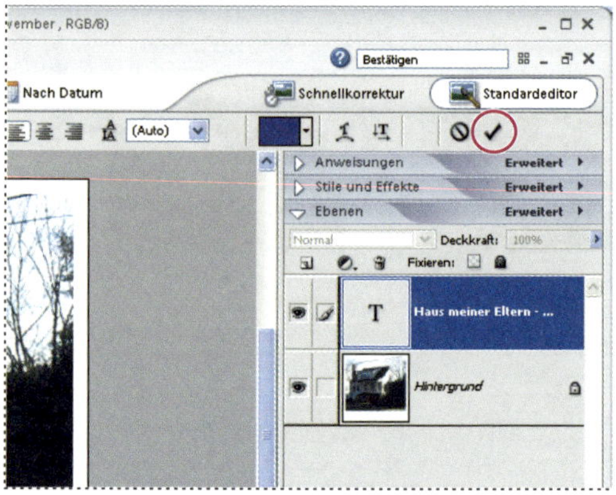

Hinweis: *Drücken Sie nicht die Eingabetaste im normalen Bereich Ihrer Tastatur, um Textänderungen zu bestätigen. Diese Taste erzeugt bei aktivem Textwerkzeug einen Zeilenumbruch im Text und keine Bestätigung.*

5 Wählen Sie das Verschieben-Werkzeug (▸✥) in der Werkzeug-Palette.

6 Setzen Sie den Zeiger in den Text, so dass sich der Zeiger in eine Pfeilspitze ändert (▸), und ziehen Sie den Text, um ihn auf dem unteren Bildrand zu zentrieren.

Rechts im Palettenbereich zeigt die Ebenen-Palette, dass sich das Bild jetzt aus der Hintergrundebene und einer Textebene darüber zusammensetzt. Die Textebene ist größtenteils transparent, so dass nur der Text selbst den Hintergrund ausspart. (Falls die Ebenen-Palette nicht im Palettenbereich zu sehen ist, wählen Sie **Fenster: Ebenen**, um sie zu öffnen. Weitere Informationen finden Sie unter »Der Palettenbereich« auf der nächsten Seite.)

Schema der Palettenstruktur und die Ebenen-Palette

Hinweis: *Neben dem horizontalen Textwerkzeug gibt es noch andere Werkzeuge für die Texteingabe. Im Buch bezieht sich der Begriff* Textwerkzeug *jedoch immer auf das standardmäßige horizontale Textwerkzeug.*

Der Palettenbereich

Im Palettenbereich befinden sich standardmäßig die Paletten Anweisungen, Stile und Effekte *und* Ebenen. *Andere über das Fenster-Menü geöffnete Paletten schweben über dem Arbeitsbereich. Sie können jedoch festlegen, welche Palette schweben und welche in den Palettenbereich aufgenommen werden sollen.*

Um Paletten aus dem Palettenbereich zu entfernen und zu schließen:

1. *Ziehen Sie die Titelleiste aus den Palettenbereich.*

2. *Klicken Sie in der Palette auf »Erweitert«, um das Paletten-Menü zu öffnen. Deaktivieren Sie dann die Option »Im Palettenbereich ablegen«.*

3. *Klicken Sie bei schwebenden Paletten auf das Schließfeld (✕) oder wählen Sie **Fenster: [Name der Palette]**, um die Palette zu schließen.*

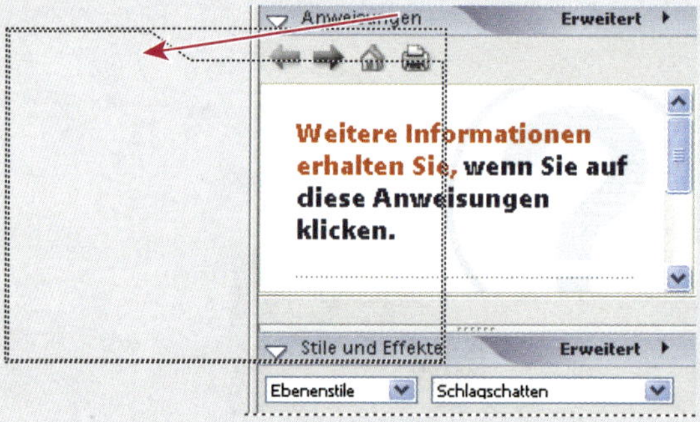

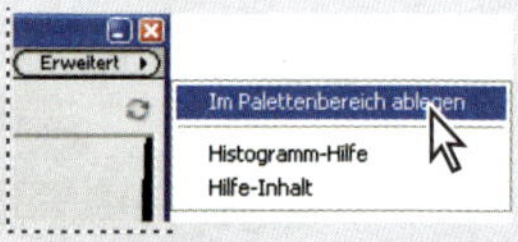

Um schwebende Paletten im Palettenbereich abzulegen

1. *Wählen Sie **Fenster: [Name der Palette]**, um die Palette zu öffnen, die Sie im Palettenbereich ablegen möchten.*

2. *Ziehen Sie die Palette an ihrem Register (mit dem Namen) in den Palettenbereich.*

Der Befehl »Im Palettenbereich ablegen« bewegt eine Palette nicht in den Palettenbereich. Der Befehl bestimmt nur, was beim Klicken auf das Schließfeld einer schwebenden Palette passiert. Wenn der Befehl »Im Palettenbereich ablegen« gewählt ist, bewirkt ein Klicken auf das Schließfeld kein Schließen, sondern ein Ablegen der Palette im Palettenbereich.

Palettengröße im Palettenbereich einstellen

Ändern Sie die Höhe von Paletten wie folgt:

- *Klicken Sie auf den Pfeil links neben dem Palettennamen, um eine Palette nach Bedarf zu erweitern (auszuklappen) oder zu reduzieren (einzuklappen).*
- *Ziehen Sie die Trennleisten zwischen Paletten nach oben oder nach unten, um die Palettenhöhe zu verändern.*

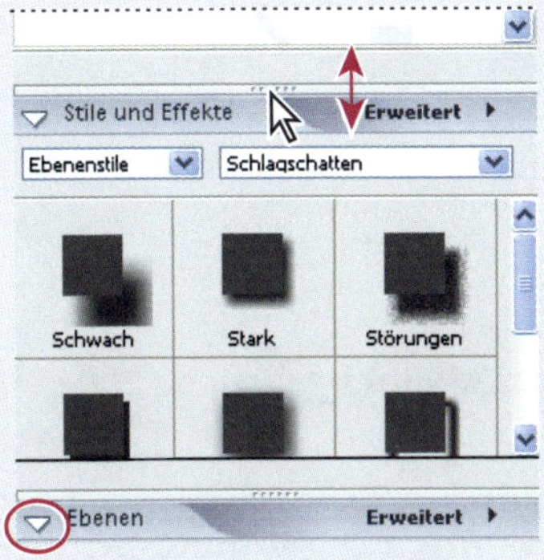

Eine Textebene bearbeiten

Das Hinzufügen von Text zerstört nicht, das heißt, das Originalbild wird nicht vom Text überschrieben. Selbst nachdem Sie Ihre Arbeitsdatei gespeichert und geschlossen haben, können Sie nach einem erneuten Öffnen die Textebene verschieben, bearbeiten oder löschen, ohne das darunter liegende Bild in irgendeiner Weise zu verletzen.

Die Arbeit mit dem Textwerkzeug ähnelt der Vorgehensweise in einem normalen Textverarbeitungsprogramm. Um Attribute zu ändern (wie Schriftfamilie, Farbe usw.), wählen Sie die gewünschten Zeichen und ändern dann die entsprechenden Einstellungen.

1 Falls erforderlich, wählen Sie **Ansicht: Einzoomen**, um das Bild zu vergrößern und damit den Text besser zu sehen.

2 Achten Sie darauf, dass die Textebene (*Haus meiner Eltern*) in der Ebenen-Palette und auch das Textwerkzeug (T) gewählt sind.

3 Wählen Sie durch Doppelklicken das Datum *1989* und geben Sie **2004** ein.

4 Setzen Sie den Cursor an den Textanfang und ziehen Sie bis an das Textende, um den kompletten Text zu wählen.

5 Klicken Sie in der Optionsleiste auf den kleinen Pfeil rechts neben dem Farbfeld und wählen Sie ein Feld mit der Farbe Blau bzw. Rot, die sich gut vom weißen Bildrand abhebt.

Hinweis: *Falls Sie versehentlich auf das Farbfeld in der Optionsleiste und nicht auf den kleinen Pfeil rechts daneben klicken, öffnet sich der Farbwähler. Dieser bietet eine andere Art der Farbwahl und ist weniger intuitiv als die Farbfelder-Palette von Photoshop Elements.*

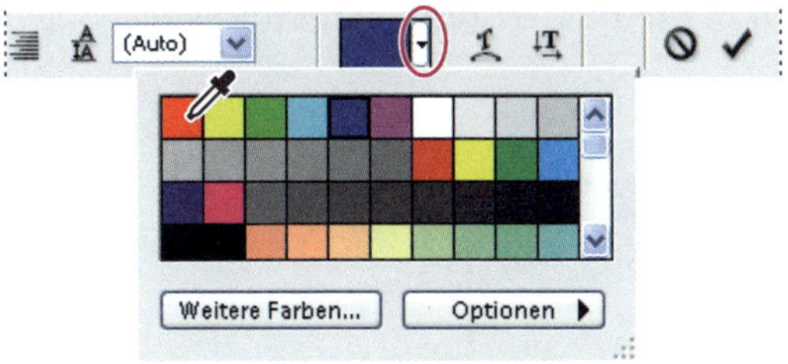

6 So korrigieren Sie eventuelle Tippfehler:

- Klicken Sie einmal, um die Einfügemarke auf eine andere Position im Text zu setzen, oder bewegen Sie den Cursor mit den Pfeiltasten nach links oder rechts.
- Klicken und ziehen Sie, um mehrere Zeichen zu wählen.
- Tippen Sie, um Text hinzuzufügen oder um gewählte Zeichen zu überschreiben.
- Drücken Sie die Rückschritt- oder Löschen-Taste, um Zeichen zu entfernen.

7 Klicken Sie in der Optionsleiste auf »Bestätigen« (✔), um Textänderungen zu übernehmen.

Arbeitsdatei speichern

Sie richten jetzt einen speziellen Ordner für Ihre Arbeitsdateien ein. Diesen Ordner benutzen Sie als Speicherort für alle Projekte in diesem Buch.

1 Wählen Sie **Datei: Speichern**.

2 Benutzen Sie im Dialogfeld »Speichern unter« das Popup-Menü »Speichern in«, um zum Ordner *Lektionen* (eine Ebene über den Ordnern für die einzelnen Lektionen) zu gelangen. Klicken Sie auf die Schaltfläche »Neuen Ordner

erstellen«, ändern Sie den Namen in **Meine CIB-bearbeitet** und klicken Sie dann auf »Öffnen«.

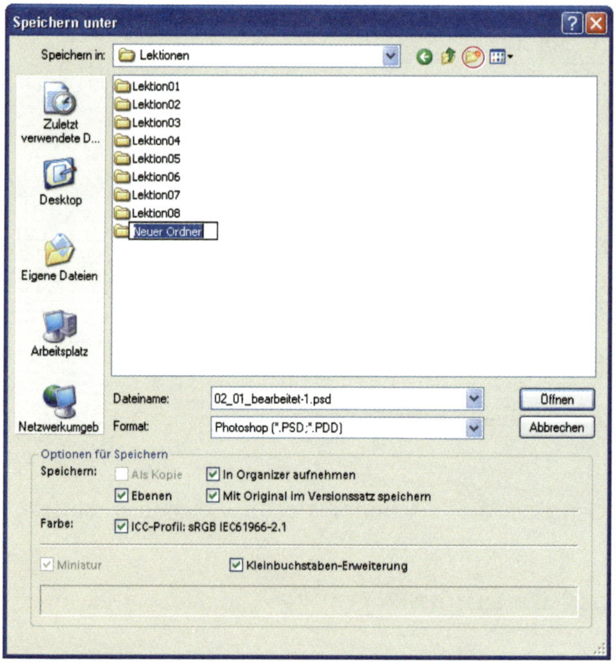

Hinweis: CIB *steht für* Classroom in a Book.

3 Geben Sie als Dateinamen **02_01_Arbeit** ein.

4 Achten Sie darauf, dass als Format *Photoshop (*.PSD;*.PDD)* gewählt ist.

5 Achten Sie darauf, dass im Bereich »Optionen für Speichern« die Option »in Organizer aufnehmen« aktiviert ist. Deaktivieren Sie die Option »Mit Original in Versionssatz speichern«.

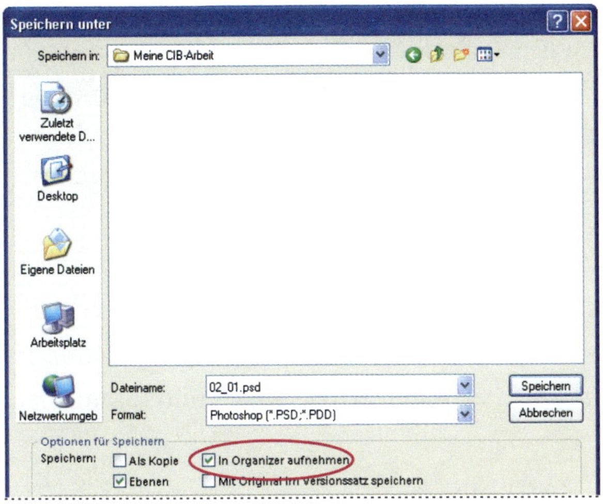

6 Wenn Ihre Einstellungen der obigen Abbildung entsprechen, klicken Sie auf »Speichern«.

7 Wählen Sie **Datei: Schließen**.

Falls eine Warnung hinsichtlich der Formatoptionen erscheinen, klicken Sie auf OK.

***Hinweis:** Soll der Warnhinweis zukünftig nicht mehr angezeigt werden, benutzen Sie das Bearbeiten-Menü. Wählen Sie **Bearbeiten: Voreinstellungen: Editor-Voreinstellungen**. Wählen Sie im Dialogfeld »Voreinstellungen« aus dem ersten Popup-Menü die Option »Dateien speichern«. Wählen Sie dann aus dem untersten Popup-Menü »Kompatibilität für Photoshop PSD-Dateien immer maximieren« die Option »Immer« oder »Nie«. Klicken Sie abschließend auf OK. Danach erscheint keine Meldung mehr beim Speichern im PSD-Format.*

Versionssätze sowie das automatische Umbenennen von bearbeiteten Dateien sind Annehmlichkeiten, die seit Photoshop Elements 3.0 zur Verfügung stehen. Obwohl wir in diesem Buch nicht weiter darauf eingehen, sollten Sie sich im eigenen Interesse damit beschäftigen. Ausführliche Informationen finden Sie in der *Photoshop Elements 3.0 Hilfe*.

Glückwunsch – Sie haben Ihr erstes Textprojekt erfolgreich abgeschlossen. Sie haben in diesem Abschnitt mehr getan, als nur einige Wörter eingetippt: Sie haben den Text auch formatiert und bearbeitet. Sie wissen jetzt, dass Ebenen das Bild selbst nicht beeinträchtigen. Außerdem haben Sie unabhängig vom Bild die Arbeitsfläche vergrößert. Schließen Sie jetzt diese Arbeitsdatei (**Datei: Schließen**) und wenden Sie sich dem nächsten Projekt zu.

Projekt 2: Sprechblasen erzeugen

Im ersten Projekt dieser Lektion haben Sie Text auf einer eigenen Ebene über dem Originalfoto platziert. Jetzt gehen Sie einen Schritt weiter und fügen eine weitere Ebene hinzu.

Sie haben bestimmt schon viele Glückwunschkarten gesehen, in denen eine Sprechblase mit witzigen Sprüchen z.B. einer Person im Foto »in den Mund gelegt« wurde. Besonders interessant wird das Ganze bei einer Gruppenaufnahme oder einer Fotoserie, wenn man die Fotos mit einer lustigen Story koppeln möchte.

Bilddatei für Projekt 2 öffnen

Sie beginnen, indem Sie die Datei mit Hilfe von Organizer-Tags suchen und öffnen.

1 Falls Photoshop Elements im Editor-Modus geöffnet ist, klicken Sie oben in der Symbolleiste auf die Schaltfläche »Browser« (), um zum Organizer umzuschalten.

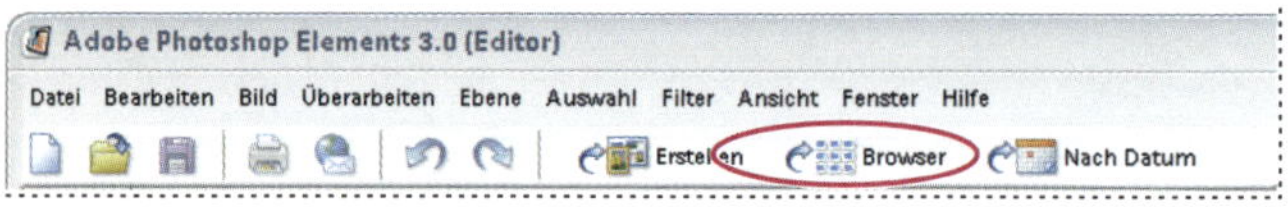

2 Falls über den Miniaturen die Schaltfläche »Alle Fotos anzeigen« vorhanden ist, klicken Sie auf die Schaltfläche.

3 Klicken Sie im Tabs-Register in die Suchfelder für die Tags »Lektion 2« und »Projekt 2«, um nur die Miniaturen mit diesen beiden Tags anzuzeigen.

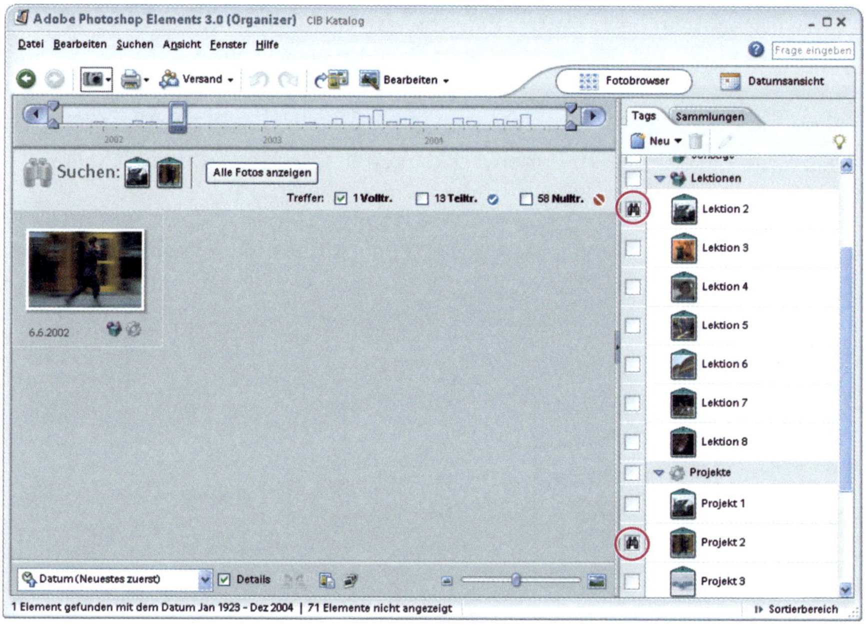

4 Wählen Sie die Miniatur.

5 Klicken Sie in der Symbolleiste auf »Bearbeiten« ( ) und wählen Sie die Option »Gehe zum Standardeditor«.

Hinweis: *Das Editorfenster lässt sich ganz oben rechts über die entsprechenden Symbole minimieren oder maximieren. Je nach Fenstereineinstellung wird die Werkzeug-Palette ein- bzw. zweispaltig angezeigt und die Anordnung von Symbolen und Popup-Menüs in der jeweiligen Optionsleiste ändert sich teilweise.*
Wichtig: *Die einzelnen Elemente sind in jeder Ansicht immer vollständig vorhanden. Wundern Sie sich daher nicht, wenn die Abbildungen im Buch manchmal von Ihrer Bildschirmansicht abweichen.*

Sprechblase zeichnen

Sie benutzen jetzt einige Elemente, die dann erscheinen, wenn Sie mit gedrückter Maustaste an einer bestimmten Stelle im Arbeitsbereich klicken. Das erste Element ist eine Liste mit Werkzeugen, die mit einem Werkzeug in der Werkzeug-Palette gruppiert sind. Das zweite Element ist ein Palettenmenü. Diese Menüs stehen allerdings nur in bestimmten Paletten zur Verfügung und bieten zusätzliche Befehle und Optionen für die in der jeweiligen Palette enthaltenen Elemente.

1 Klicken Sie in der Werkzeug-Palette so lange auf das Rechteck-Werkzeug ( ), bis die Liste mit allen Formwerkzeugen erscheint. Wählen Sie das Eigene-Form-Werkzeug ( ).

Hinweis: *Verwechseln Sie das Rechteck-Werkzeug nicht mit dem Verlaufswerkzeug ( ) oder dem Auswahlrechteck ( ).*

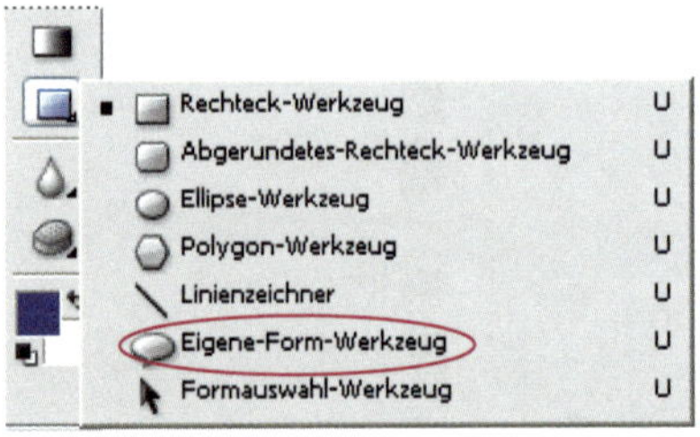

Das Symbol für das Eigene-Form-Werkzeug ersetzt das Symbol für das Rechteck-Werkzeug in der Werkzeug-Palette.

2 Klicken Sie oben in der Optionsleiste auf den kleinen Pfeil rechts neben »Form«, um die Popup-Palette für die eigenen Formen zu öffnen. Klicken Sie dann auf den nach rechts weisenden Pfeil ( ), um das Palettenmenü zu öffnen. Wählen Sie die Option »Sprechblasen«.

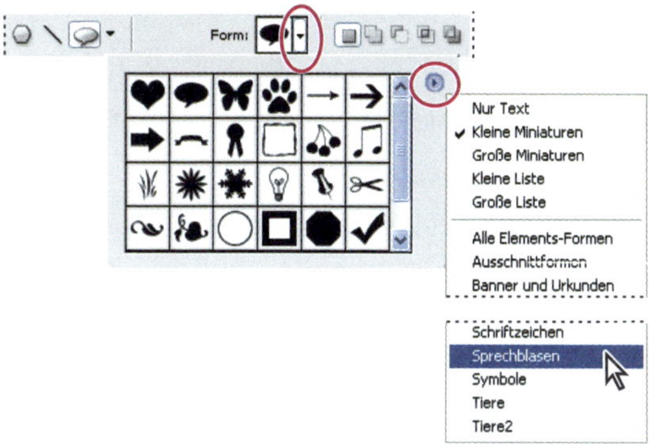

3 Wählen Sie eine Sprechblasen-Form und drücken Sie die Eingabetaste, um die Palette zu schließen.

(Das Beispiel arbeitet zwar mit *Sprechblase 10*, aber Sie dürfen auch jede andere Sprechblasen-Form verwenden.)

4 Ziehen Sie diagonal, um eine Sprechblase neben dem Mann zu zeichnen.

5 Klicken Sie in der Optionsleiste auf den Pfeil neben dem Farbfeld und wählen Sie eine Farbe aus der Farbfelder-Palette. Oder überspringen Sie diesen Schritt, um die vorgegebene Farbe zu verwenden.

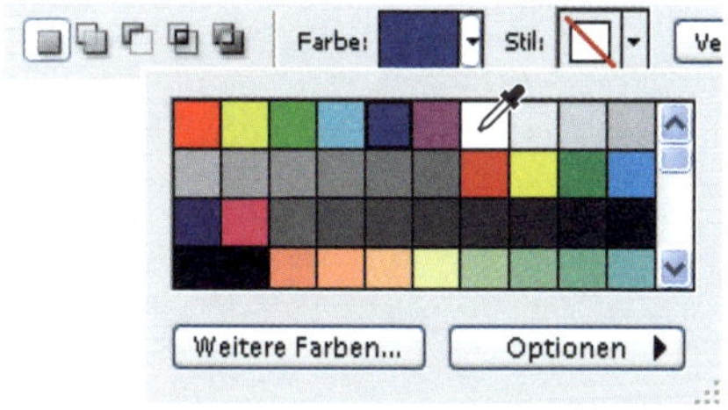

6 Wählen Sie das Verschieben-Werkzeug (▸✥), um bei Bedarf folgende Schritte auszuführen:

- Um die Sprechblase zu verschieben, setzen Sie den Zeiger in die Form und ziehen Sie.
- Um die Form größenmäßig zu ändern, ziehen Sie an den Ecken des Begrenzungsrahmens.

7 Erscheint das Bestätigen-Symbol (✔) in der Optionsleiste, klicken Sie auf das Symbol oder drücken Sie die Eingabetaste.

Hinweis: *Wenn Sie die Größe einer Form ändern, ist eine abschließende Bestätigung erforderlich. Wenn Sie die Form nur bewegen, erscheinen die Symbole für* Abbrechen *und* Bestätigen *nicht.*

Ein kurzer Blick in die Ebenen-Palette zeigt, dass das Eigene-Form-Werkzeug automatisch die neue Ebene *Form 1* erzeugt hat.

Text in eigene Form schreiben

Jetzt arbeiten Sie mit den grundlegenden Texttechniken, die Sie bereits in dieser Lektion beim Projekt 1 kennen gelernt haben. Dabei entdecken Sie einen wichtigen Unterschied zwischen Textebenen in Photoshop Elements und Text, den Sie in ein Textverarbeitungsprogramm eingeben – es geht um Zeilenumbrüche. Während viele Programm den Text am Zeilenende automatisch umbrechen (in die nächste Zeile fließen lassen), müssen Sie Zeilenumbrüche in Photoshop Elements manuell eingeben.

1 Wählen Sie in der Werkzeug-Palette das Textwerkzeug (T).

2 Wählen Sie in der Optionsleiste aus den Popup-Menüs folgende Optionen:

- Wählen Sie als Schriftfamilie eine serifenlose Schrift, z.B. die Arial.
- Wählen Sie den Schriftschnitt *Bold* (Fett).
- Geben Sie für den Schriftgrad **14** Pt ein.
- Klicken Sie für die Absatzausrichtung auf das Symbol »Text zentrieren«(≣).

- Achten Sie darauf, dass das Farbfeld in der Optionsleiste schwarz ist. Klicken Sie sonst auf den kleinen Pfeil, um die Farbfelder-Palette zu öffnen, und wählen Sie die Farbe Schwarz. Klicken Sie dann außerhalb der Farbfelder-Palette, um die Palette zu schließen.

3 Klicken Sie für eine Text-Einfügemarke oben in der Mitte der Sprechblase und geben Sie einige Wörter ein, wie z.B. so etwas Sinnloses wie **Yakkity yakkity** oder **Hallo?**

4 Drücken Sie die Eingabetaste auf der Tastatur (*nicht* im abgesetzten numerischen Zahlenfeld) für einen Zeilenumbruch und tippen Sie weitere unsinnige Wörter ein.

5 Verwenden Sie die gleichen Techniken wie in Projekt 1, um den Text zu bearbeiten oder Tippfehler zu korrigieren. Klicken Sie anschließend auf »Bestätigen« (✔) in der Optionsleiste.

6 Ziehen Sie mit dem Verschieben-Werkzeug (▸✥) den Textblock, um ihn in der Sprechblase zu zentrieren.

Ist das Verschieben-Werkzeug gewählt, lassen sich auch die Pfeiltasten zum Verschieben der Ebenen in kleinen Schritten benutzen. Auf die gleiche Art lässt sich auch eine Auswahl verschieben, sobald ein Auswahlwerkzeug aktiviert wurde.

7 Wählen Sie **Datei: Speichern**. Benennen Sie im Dialogfeld »Speichern unter« die Datei mit **02_02_Arbeit** und speichern Sie die Datei im Format »Photoshop (*.PSD, *.PDD)« im Ordner *Meine CIB-Arbeit*. Achten Sie darauf, dass die Option »Mit Original im Versionssatz speichern« deaktiviert ist. Klicken Sie auf »Speichern«. (Siehe »Arbeitsdatei speichern« auf Seite 77.)

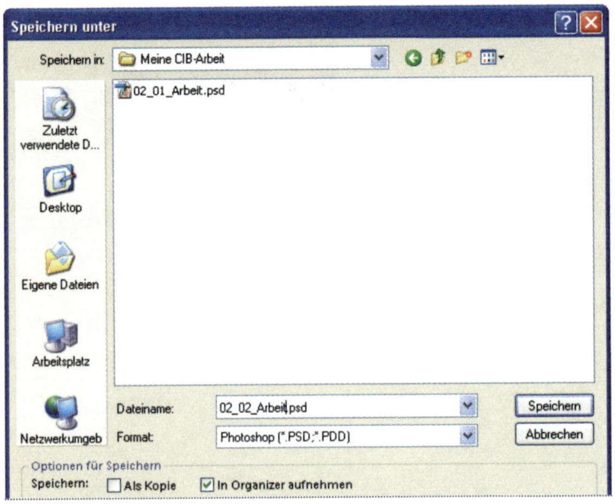

Die von Ihnen erstellte Datei besitzt drei Ebenen: Hintergrund (das Originalfoto), Form 1 und Text. Jede Ebene lässt sich unabhängig von den anderen beiden Ebenen verändern.

Glückwunsch auch zu diesem Projekt, in dem Sie eigene Formebenen erstellt sowie Text eingetippt und bearbeitet haben. Schließen Sie die Arbeitsdatei aus diesem Projekt (wählen Sie **Datei: Schließen**), ohne die Änderungen im Originalfoto zu speichern.

Projekt 3: Text in ein Bild einprägen

Bis jetzt haben Sie in Lektion 2 die Projekte als eine Arbeitsdatei gespeichert, in der die Ebenen bewahrt werden. Dass öffnet jeden Spielraum für spätere Änderungen, ohne das Bild von Anfang an neu aufbauen zu müssen und ohne die Originalfotos zu beschädigen.

In dieser Lektion machen Sie das, was in professionellen Fotostudios zur Tagesordnung gehört: Sie schützen Ihre eigenen Bilder. Sie versehen ein Bild mit einem Effekt, der dann den Eindruck erzeugt, als seien die Wörter in das Bild quasi eingeprägt.

Neues Dokument für den Text

Sie beginnen, indem Sie den Text in einer eigenen Datei aufbereiten. Dabei arbeiten Sie auf einem grau-weißen Schachbrettmuster. Dieses Muster weist auf 100% Transparenz hin, das heißt, der Bereich oder die Ebenen verhalten sich wie eine Klarsichtfolie, auf der sich Elemente hinzufügen lassen.

1 Wählen Sie im Photoshop Elements-Editor den Befehl **Datei: Neu: Leere Datei**.

2 Nehmen Sie im Dialogfeld »Neu« folgende Einstellungen vor:

- Geben Sie als Namen **Prägung_Text** ein.
- Geben Sie in das Feld »Breite« den Wert **640** ein und wählen Sie aus dem Popup-Menü rechts daneben die Option »Pixel«.
- Bestimmen Sie die Höhe mit **425** Pixel.
- Geben Sie für die Auflösung **72** ein und wählen Sie »Pixel/Zoll«.
- Wählen Sie unter »Modus« die Option »RGB-Farbe«.
- Wählen Sie für »Hintergrundinhalt« die Option »Transparent«.
- Prüfen Sie noch einmal Ihre Einstellungen und klicken Sie dann auf OK.

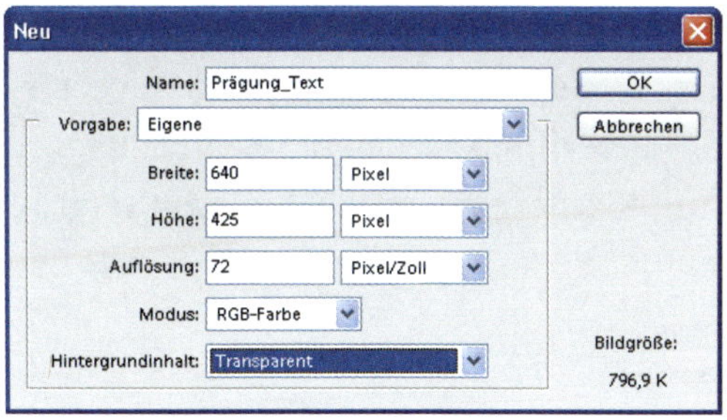

Das Bildfenster zeigt nur ein Schachbrettmuster. (Ist das nicht der Fall, wählen Sie **Bearbeiten: Rückgängig**, wiederholen Sie Schritt 2 und wählen Sie aus dem Popup-Menü »Hintergrundinhalt« die Option »Transparent«.) Das Schachbrettmuster steht für Transparenz.

3 Wählen Sie das Textwerkzeug (T) und stellen Sie in der Optionsleiste die Textattribute ein: Schriftfamilie (am besten eine serifenlose Schrift), den Schriftschnitt Bold (Fett) und den Schriftgrad mit 48 Pt. Klicken Sie außerdem auf das Symbol »Text links ausrichten« (≣).

4 Klicken Sie links im Bildfenster und tippen Sie **COPYRIGHT 2005** ein. Klicken Sie in der Optionsleiste auf »Bestätigen« (✔), um den eingetippten Text zu übernehmen.

5 Wählen Sie das Verschieben-Werkzeug (▶✥) und zentrieren Sie den Text im Bildfenster.

6 Setzen Sie das Verschieben-Werkzug etwas außerhalb einer Ecke des Begrenzungsrahmens, so dass der Zeiger die Form eines gebogenen Doppelpfeils (↶) annimmt. Ziehen Sie nach links oder rechts, um den Text zu drehen.

Passen Sie den Text noch optimal in das Fenster ein, indem Sie ihn durch Ziehen der Eckanfasser entsprechend vergrößern.

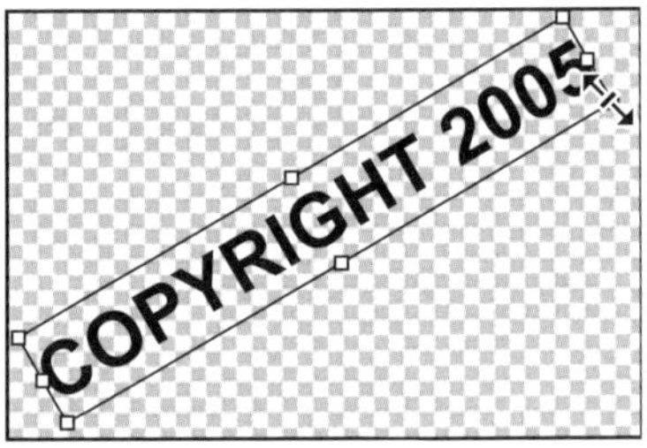

7 Klicken Sie in der Optionsleiste auf »Bestätigen« (✔).

Textebenen in Photoshop Elements sind Vektorformen, die auf mathematischer Berechnung und nicht auf Pixel basieren. Deshalb sind Text und andere Vektorformen immer geglättet, selbst wenn Sie diese durch Ziehen des Begrenzungsrahmens vergrößern. Würden Sie das mit Pixeltext versuchen, hätte ein vergrößerter Text treppenförmige Kanten.

Text mehreren Bildern hinzufügen

Sie haben den Text aufbereitet und benötigen nur noch einige Bilder, um in diesen den Text zu platzieren.

1 Klicken Sie in der Symbolleiste auf »Browser« ( ), um zum Organizer umzuschalten. Falls über den Miniaturen die Schaltfläche »Alle Fotos anzeigen« erscheint, klicken Sie auf die Schaltfläche.

2 Klicken Sie im Tags-Register auf die Suchfelder für die Tags »Lektion 2« und »Projekt 3«, um die Miniaturen der drei Bilder für dieses Projekt anzuzeigen.

3 Wählen Sie **Bearbeiten: Alles auswählen**. Klicken Sie anschießend oben in der Symbolleiste auf »Bearbeiten« (▣) und wählen Sie die Option »Gehe zum Standardeditor«.

4 Klicken Sie oben rechts in der Menüleiste auf das Symbol »Fenster automatisch anordnen« (▣), um die vier geöffneten Bilder im Arbeitsbereich gleichzeitig anzuzeigen. Oder wählen Sie **Fenster: Bilder: Nebeneinander**.

5 Wählen Sie im Fotobereich (der Bereich mit den Miniaturen unter dem Arbeitsbereich) die Miniatur *COPYRIGHT*, um die entsprechende Datei zu aktivieren.

6 Ziehen Sie in der Ebenen-Palette mit gedrückter Umschalttaste die Ebenen-Miniatur für die Textebene *COPYRIGHT* in die Mitte des Fotos *02_03_A* mit dem Wintermotiv.

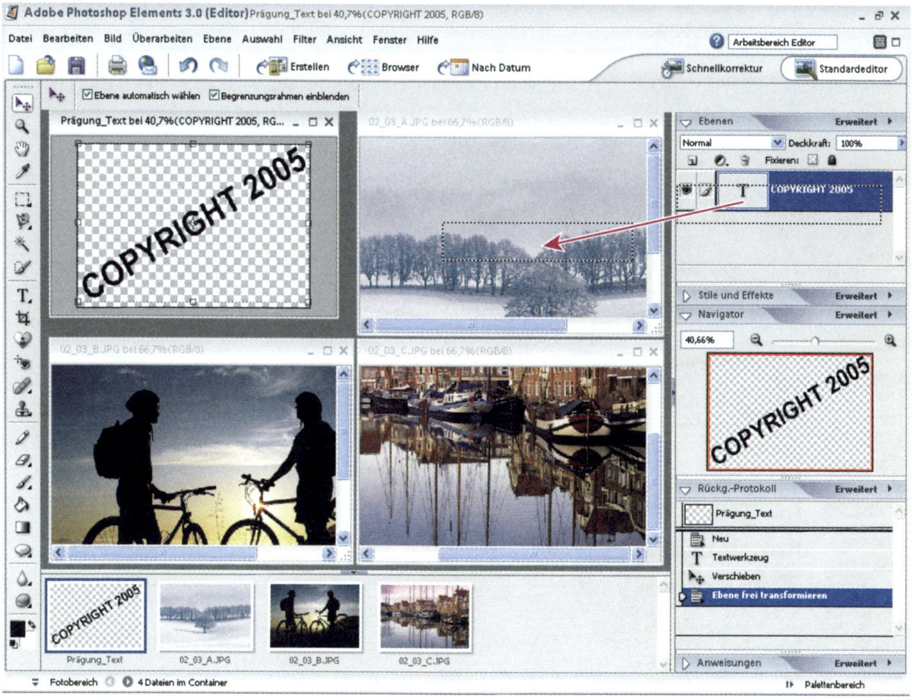

7 Wiederholen Sie Schritt 6 für die Bilder *02_03_B.jpg* und *02_03_C.jpg*, indem Sie die Textebene *COPYRIGHT* auch auf diese Bilder ziehen.

Sie können jetzt die Datei *Prägung_Text.psd* schließen und im Ordner *Meine CIB-Arbeit* speichern (Datei im Arbeitsbereich durch Anklicken wählen und dann den Befehl **Bearbeiten: Schließen** wählen).

Die Zoomstufe lässt sich für alle geöffneten Bilder auch gleichzeitig einstellen. Wählen Sie ein Bild und dann den Befehl ***Ansicht: Einzoomen*** *bzw.* ***Ansicht: Auszoomen****. Wählen Sie anschließend* ***Fenster: Bilder: Gleiche Zoomstufe****. Die anderen geöffneten Dateien nehmen sofort die Zoomstufe der gewählten Datei an.*

Prägeeffekt der Textebene zuweisen

Sie probieren nun einen Effekt aus, d.h. eine der speziellen Möglichkeiten in Photoshop Elements. Effekte sind komplexe Kombinationen aus Einstellungen, die sich in einem Schritt zuweisen lassen. Da es sich bei diesen Einstellungen um Grafik- und nicht um Schriftattribute handelt, müssen Sie die Textebene allerdings erst vereinfachen.

1 Wählen Sie im Fotobereich die Miniatur *02_03_A.jpg* mit dem Wintermotiv und dann die Textebene in der Ebenen-Palette.

2 Klicken Sie im Palettenbereich auf den Pfeil links neben *Stile und Effekte*, um die entsprechende Ebene zu erweitern.

3 Wählen Sie oben in der Palette aus dem linken Popup-Menü die Option »Effekte« und aus dem rechten Popup-Menü die Option »Texteffekte«.

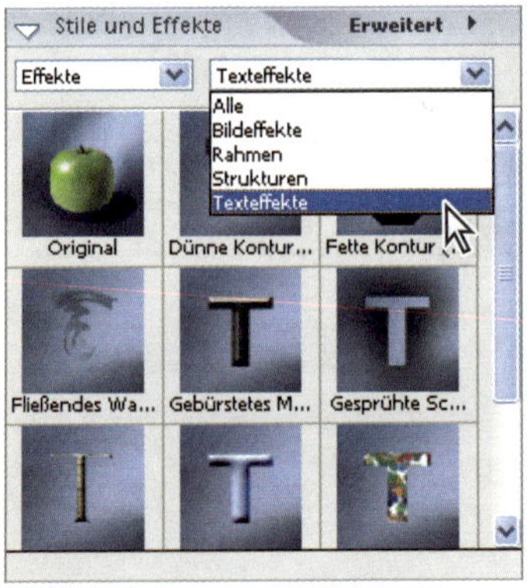

4 Doppelklicken Sie auf die Miniatur für den Effekt »Klares Relief (Schrift)«, um diesen Effekt der gewählten Textebene zuzuweisen.

In der Ebenen-Palette ändert sich die Miniatur der *COPYRIGHT*-Ebene in eine Miniatur für eine Grafik- bzw. Bildebene.

5 Wiederholen Sie Schritt 4 für die Textebenen in den Bildern *02_03_B.jpg* und *02_03_C.jpg*.

6 Wählen Sie **Fenster: Bilder: Überlappend**, um die geöffneten Bilder in einem Schritt überlappend versetzt im Arbeitsbereich anzuordnen.

Bildkopien für das Web speichern

Die letzte Aufgabe für dieses Projekt besteht darin, die Dateien zurück in das JPEG-Format zu konvertieren. Das verringert die Dateigröße, die Grundvoraussetzung für schnelle Ladezeiten im Internet. Diese Umwandlung reduziert aber auch die Bilddateien, das heißt, Text und Originalbild werden untrennbar auf einer einzigen Ebene zusammengefügt.

Sie arbeiten jetzt mit der Funktion »Für Web speichern«, und zwar in einem großen Dialogfeld, das den gesamten Arbeitsbereich einnimmt. Das Dialogfeld zeigt zwei nebeneinander angeordnete Bildansichten. Die linke Version ist das Originalbild mit den ursprünglichen Qualitätseinstellungen. Die rechte Version zeigt Auflösung, Format, Größe und andere Einstellungen, die Sie ganz rechts im Dialogfeld eingeben. Unter dem Bild selbst finden Sie die Dateigröße und andere Informationen.

1 Wählen Sie unten im Fotobereich die Miniatur *02_03_A* und dann den Befehl **Datei: Für Web speichern**.

2 Vergleichen Sie die Dateigröße unter den beiden Bildansichten. Die Originalansicht zeigt, dass die Dateigröße der PSD-Datei schon fast im Megabyte-Bereich liegt.

Hinweis: *Benutzen Sie das Zoom-Werkzeug ( ) links oben im Dialogfeld, um ein- oder auszuzoomen (Klicken mit gedrückter Alt-Taste). Mit dem Hand-Werkzeug ( ) verschieben Sie beide Bilder gleichzeitig, um in beiden Ansichten die gleichen Details erkennen zu können.*

3 Wählen Sie rechts im Dialogfeld aus dem Popup-Menü »Vorgabe« die Option »JPEG hoch«.

Beachten Sie die Änderung der Dateigröße in der JPEG-Ansicht (ca. 60 KB).

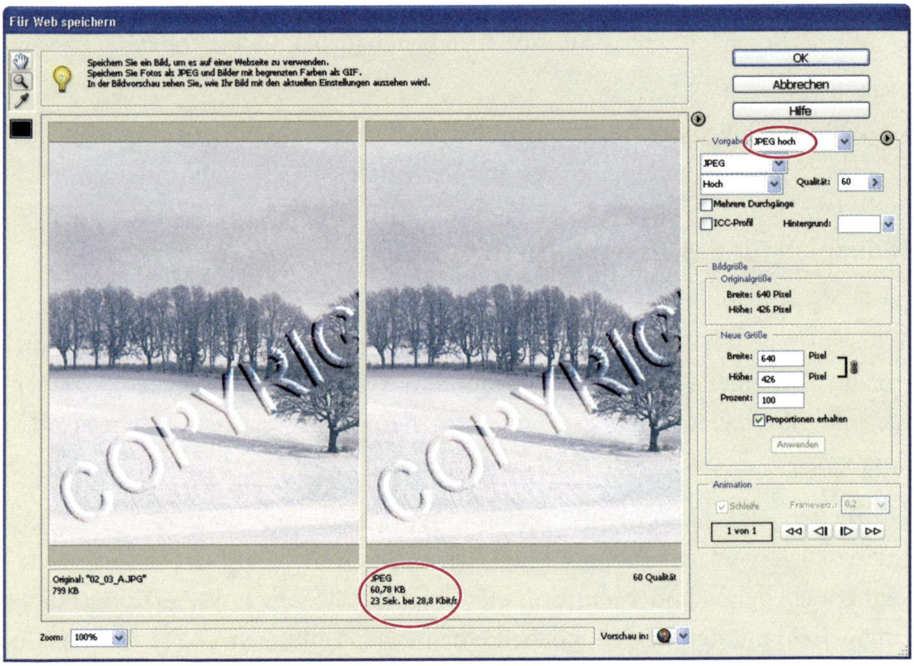

4 Aktivieren Sie unter »Neue Größe« die Option »Proportionen erhalten« und geben Sie in das Feld »Breite« den Wert **480** (Pixel) ein.

Da Sie die Option »Proportionen erhalten« gewählt haben, ändert sich die Höhe automatisch.

5 Klicken Sie auf »Anwenden« (immer noch im Bereich »Neue Größe« des Dialogfensters) und prüfen Sie dann die Dateigröße in der JPEG -Ansicht.

Hinweis: *Möchten Sie die Dateigröße noch weiter reduzieren, wählen Sie die Option »JPEG mittel« oder »JPEG niedrig«. Es lassen sich auch Zwischenstufen dieser Einstellungen durch Ändern der Qualität erzielen. Geben Sie dazu in das Feld »Qualität« den gewünschten Wert ein oder klicken Sie auf den Pfeil und ziehen Sie den Regler.*

6 Klicken Sie auf OK und wählen Sie im Dialogfeld »Optimierte Version speichern unter« den Ordner *Meine CIB-Arbeit* als Speicherort. Benennen Sie die Datei mit **02_03_A_fertig** und klicken Sie abschließend auf »Speichern«.

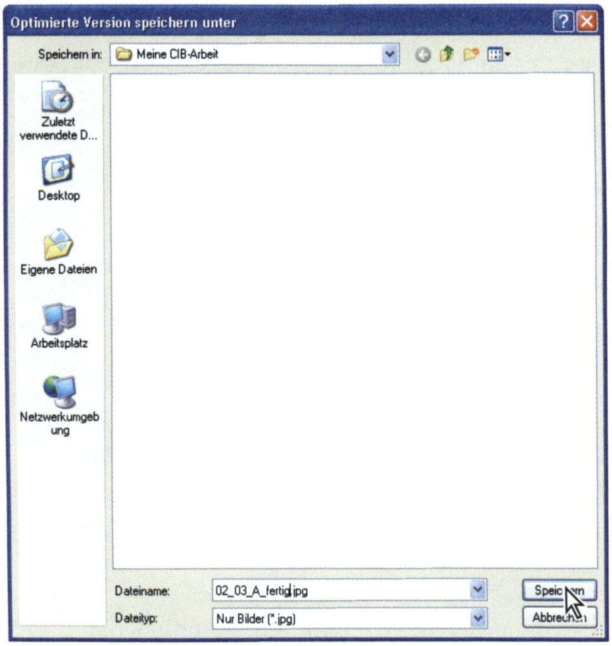

***Hinweis:** Falls der Ordner* Meine CIB-Arbeit *nicht vorhanden ist, informieren Sie sich unter »Arbeitsdatei speichern« auf Seite 77.*

7 Wiederholen Sie die Schritte 1 bis 6 für die beiden anderen Bilddateien und speichern Sie die Dateien unter dem Namen **02_03_B_fertig.jpg** bzw. **02_03_C_fertig.jpg**. Schließen Sie dann die drei Original-Arbeitsdateien und speichern Sie diese im Format *Photoshop (*.PSD, *.PDD)* im Ordner *Meine CIB-Arbeit*.

Das Umwandeln einer Datei in das JPEG-Format hat die Datei reduziert, so dass der Texteffekt und das Originalbild in einer Ebene kombiniert sind. Sobald Sie dieses Bild auf einer Webseite veröffentlichen, haben Sie nicht nur die Dateigröße durch die JPEG-Komprimierung verkleinert, sondern gleichzeitig Ihr Bild auch mit einem Copyright-Schutz versehen.

Erneut Glückwunsch – ein weiteres Projekt ist erfolgreich abgeschlossen. Speichern und schließen Sie jetzt alle geöffneten Dateien. Sie haben ein Photoshop-Dokument ohne Bild erzeugt und dieses Dokument mit Text versehen. Anschließend haben Sie durch Ziehen aus der Ebenen-Palette eine Textebene in andere Bilddateien kopiert. Außerdem haben Sie mit Hilfe der Palette »Effekte und Stile« den Textebenen in den einzelnen Bilddateien einen Effekt zugewiesen und dabei festgestellt, wie einfach das ist.

Projekt 4: Ebenenstile und Verzerrungen

Projekt 3 hat sich mit der Vereinfachung einer Textebene beschäftigt, das heißt, die Ebene wurde in Grafik umgewandelt, um künstlerische Effekte den Schriftformen zuweisen zu können. Allerdings lässt sich ein derart umgewandelter Text nicht mehr mit dem Textwerkzeug bearbeiten.

Das heißt aber nicht, dass es keine Möglichkeit gibt, einen Text dramatisch zu verändern und ihn anschließend dennoch zu bearbeiten. Es geht! In diesem Projekt erstellen Sie zwei Versionen eines fertigen Bildes. In dem einen Bild vereinfachen bzw. reduzieren Sie den Text, während Sie in dem anderen Bild ähnliche Ergebnisse ohne Reduzieren erzielen.

Sie sollten in diesem Projekt eine Überschrift zu einem Bild gestalten, damit Ihr Ergebnis als Titelseite (Cover) für einen Kalender, eine Zeitschrift, eine Webseite oder als Buchtitel eingesetzt werden könnte.

Text hinzufügen

Zuerst müssen Sie wieder die Bilddatei für dieses Projekt suchen und öffnen. Anschließend fügen Sie Text ein, was nach der Erfahrung aus den bisherigen Projekten dieser Lektion bestimmt einfach für Sie ist.

1 Klicken Sie auf die Schaltfläche »Browser« ( ), um zum Organizer zu gelangen. Falls über den Miniaturen die Schaltfläche »Alle Fotos anzeigen« erscheint, klicken Sie jetzt auf die Schaltfläche.

2 Klicken Sie im Tags-Register in die Suchfelder für die Tags »Lektion 2« und »Projekt 4«, um nach der Bildminiatur für dieses Projekt zu suchen (das Bild zeigt einen Sportangler).

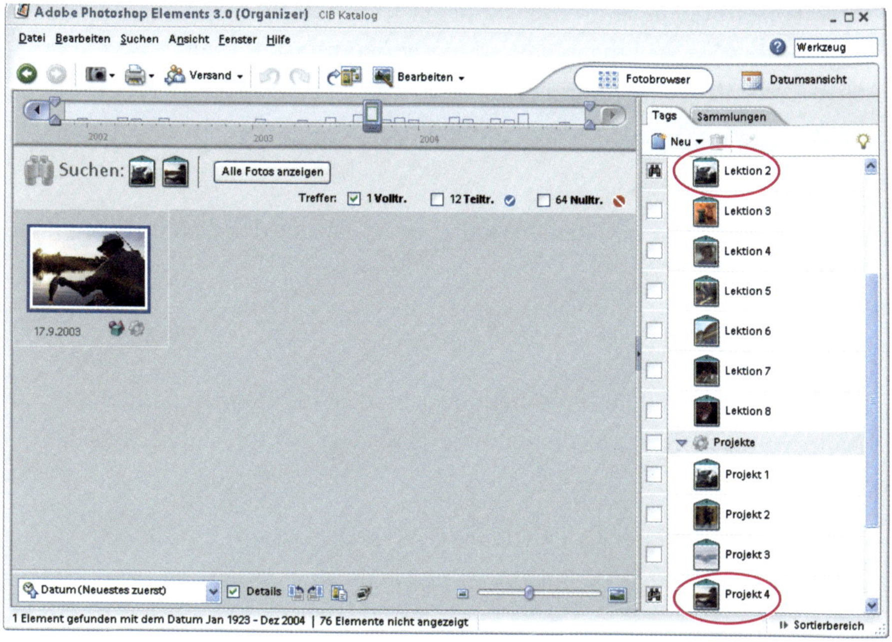

3 Wählen Sie die Miniatur. Klicken Sie dann in der Symbolleiste auf »Bearbeiten« ( ) und wählen Sie aus dem Popup-Menü die Option »Gehe zum Standardeditor«.

4 Wählen Sie in der Werkzeug-Palette das Textwerkzeug (T) und bestimmen Sie in den Popup-Menüs der Optionsleiste die folgenden Attribute:

- Wählen Sie als Schriftfamilie eine stärkere serifenlose Schrift wie beispielsweise die *Arial Black*.
- Wählen Sie den Schriftschnitt *Bold* (Fett), sofern verfügbar. Ansonsten übernehmen Sie den angezeigten Schriftschnitt (Regular bzw. Normal).
- Geben Sie für den Schriftgrad **132 Pt** ein.
- Klicken Sie auf »Text zentrieren« ( ).
- Geben Sie für »Zeilenabstand« ( ) den Wert **112 Pt** ein.

5 Klicken Sie mit dem Textwerkzeug in der Bildmitte und tippen Sie **ANGEL** ein. Drücken Sie die Eingabetaste (auf der Haupttastatur, nicht im numerischen Zahlenfeld) für einen Zeilenumbruch. Tippen Sie jetzt **LATEIN**.

6 Klicken Sie in der Optionsleiste auf »Bestätigen« (✔), um den Text zu übernehmen.

7 Eventuell müssen Sie mit dem Verschieben-Werkzeug den Text noch auf dem Bild zentrieren.

Text verkrümmen

Das Verzerren von Text in überraschende Formen ist in Photoshop Elements 3.0 unglaublich einfach. Bevor Sie beginnen, müssen Sie darauf achten, dass das Textwerkzeug gewählt ist.

1 Wählen Sie in der Ebenen-Palette die Textebene ANGEL LATEIN.

Hinweis: *Der Text braucht im Bildfenster nicht hervorgehoben bzw. markiert zu sein. Sie könnten das zwar tun, aber es macht keinen Unterschied, da sich ein Verkrümmen immer auf die komplette Ebene auswirkt.*

2 Klicken Sie in der Optionsleiste auf die Schaltfläche »Verkrümmten Text erstellen« (), um das Dialogfeld »Text verkrümmen« zu öffnen.

3 Wählen Sie aus dem Popup-Menü »Stil« die Option »Fisch«. Klicken Sie auf OK, um das Dialogfeld wieder zu schließen.

4 Klicken Sie in der Optionsleiste auf »Bestätigen« (✔).

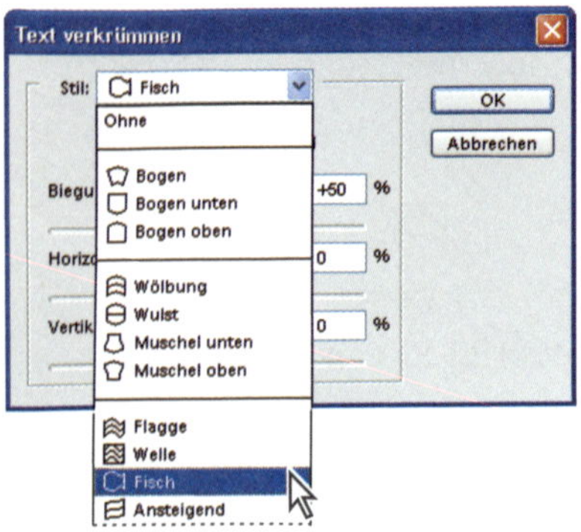

Stil zuweisen und Text bearbeiten

Sie haben in Projekt 3 einen Text mit einem Effekt versehen, wozu Sie den Text vereinfachen bzw. auf eine Ebene reduzieren mussten. Auch jetzt arbeiten Sie wieder mit der Palette »Stile und Effekte«, weisen diesmal aber einen Ebenenstil statt einen Effekt zu. Bei Ebenenstilen ist das Vereinfachen bzw. Reduzieren von Text auf eine Ebene nicht erforderlich.

1 Achten Sie in der Ebenen-Palette darauf, dass die Textebene *ANGEL LATEIN* weiterhin gewählt ist. Falls »Bestätigen« (✔) noch in der Optionsleiste zu sehen ist, klicken Sie auf diese Schaltfläche.

2 Wählen Sie in der Palette »Stile und Effekte« aus den Popup-Menüs die Optionen »Ebenenstile« und »Komplex«.

3 Rollen Sie in der Palette nach unten bis zur letzten Miniatur und doppelklicken Sie auf »Sonnenuntergang«, um diesen Stil der gewählten Ebene *ANGEL LATEIN* zuzuweisen.

Der Ebenenstil versieht den Text nicht nur mit einem Farbenspiel, sondern fügt zusätzlich noch ein Relief nebst Schlagschatten hinzu, was einen 3D-Effekt bewirkt.

4 Klicken Sie mit dem Textwerkzeug (T) und ziehen Sie, um *EL* im Wort *ANGEL* zu wählen.

Hinweis: *Falls Sie Probleme bei diesem Schritt haben, vergewissern Sie sich, dass das Textwerkzeug in der Werkzeug-Palette und die Ebene* ANGEL LATEIN *in der Ebenen-Palette gewählt sind. Starten Sie dann einen neuen Versuch.*

5 Tippen Sie, um das Wort *ANGEL* in **ANGLER** zu ändern. Klicken Sie anschließend in der Optionsleiste auf »Bestätigen« (✔).

Haben Sie den Unterschied bei den letzten beiden Schritten bemerkt? Trotz der gewaltigen Änderungen am äußeren Erscheinungsbild des Textes lässt sich dieser weiterhin als Text bearbeiten. Das eröffnet Ihnen größte Flexibilität bei einem nachträglichen Ändern Ihrer Arbeitsdatei, ohne mit der ganzen Arbeit wieder von vorne anfangen zu müssen.

Textebene ohne Stil kopieren

Zu Beginn dieses Projekts haben wir darauf hingewiesen, dass Sie zwei grafisch überarbeitete Versionen der Bilddatei erstellen. Sie gestalten diese Versionen auf getrennten Ebenen in einer Datei und nicht in zwei einzelnen Arbeitsdateien.

1 Wählen Sie in der Ebenen-Palette die Textebene. Klicken Sie dann oben in der Palette auf »Erweitert«, um das Palettenmenü zu öffnen. Wählen Sie aus dem Menü die Option »Ebene duplizieren«. Oder ziehen Sie die Textebene auf das Symbol »Neue Ebene erstellen« (◰) in der Ebenen-Palette. (Übernehmen Sie den standardmäßigen Ebenennamen *ANGLER LATEIN Kopie*.)

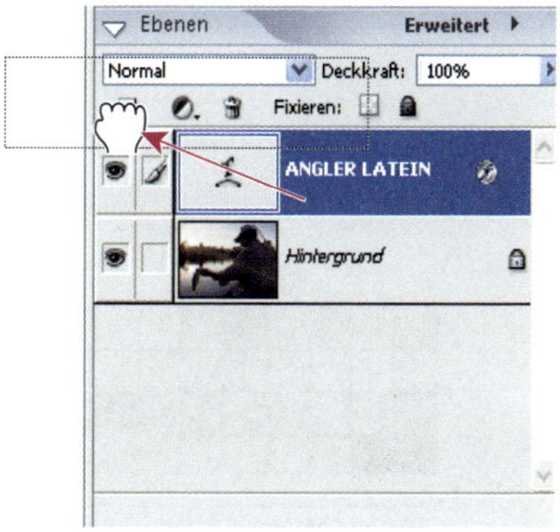

2 Klicken Sie auf das Augensymbol (●) neben der Original-Ebene *ANGLER LATEIN*, um diese Ebene im Bildfenster auszublenden. (Sie werden keine Veränderung im Bildfenster erkennen, da beide Textebenen identisch und perfekt übereinander ausgerichtet sind.)

3 Achten Sie in der Ebenen-Palette darauf, dass die Ebene *ANGLER LATEIN Kopie* gewählt ist. Wählen Sie **Ebene: Ebenenstil: Ebenenstil löschen**.

Der gekrümmte Text erscheint jetzt wieder in Schwarz, d.h. so wie vor dem Zuweisen der Ebenenstile.

Text vereinfachen und mit Muster versehen

Sie geben jetzt der Kopie der Textebene ein anderes Aussehen. Achten Sie darauf, dass in der Ebenen-Palette die Ebene *ANGLER LATEIN Kopie* gewählt ist.

Das Interessante an der folgenden Prozedur ist, dass Sie transparente Pixel auf einer Textebene fixieren. Das ermöglicht z.B. ein Bemalen der in einer Ebene vorhandenen Formen, ohne dabei die Kanten zu zerstören.

1 Ziehen Sie mit dem Textwerkzeug, um den schwarzen Text *ANGLER LATEIN* vollständig zu wählen (oder klicken Sie einmal im Text, um den Cursor zu platzieren, und wählen Sie dann **Auswahl: Alles auswählen**).

2 Klicken Sie in der Optionsleiste auf den Pfeil neben dem Farbfeld, um die Farbfelder-Palette zu öffnen. Wählen Sie Weiß als Textfarbe. Klicken Sie außerhalb der Palette, um sie wieder zu schließen.

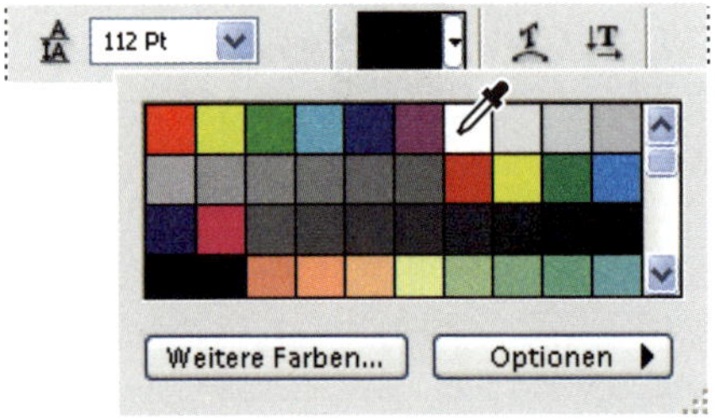

3 Klicken Sie in der Werkzeug-Palette mit gedrückter Maustaste auf den Kopierstempel ( ) und wählen Sie dann aus der Liste der versteckten Werkzeuge den Musterstempel ( ).

Oder Sie wählen erst den Kopierstempel und klicken anschließend in der Optionsleiste auf das Symbol des Musterstempels.

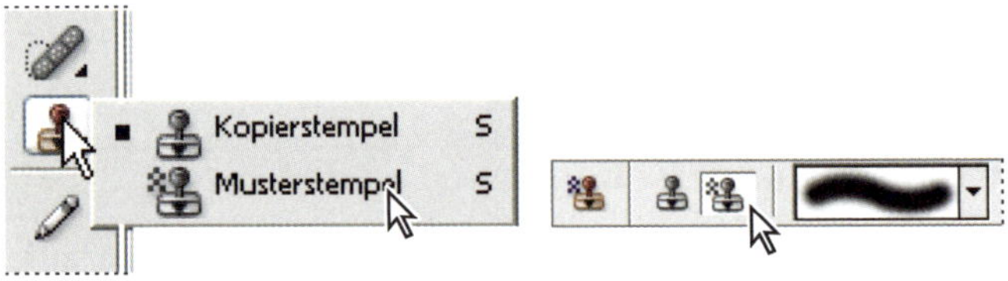

4 Wählen Sie in der Optionsleiste Folgendes:

- Wählen Sie als Größe **100 Px** als Durchmesser für den Musterstempel. Tippen Sie den Wert in das Feld ein oder klicken Sie auf den Pfeil rechts im Feld, um den Regler zu öffnen. Ziehen Sie dann, um die Größe des Werkzeugs zu ändern.

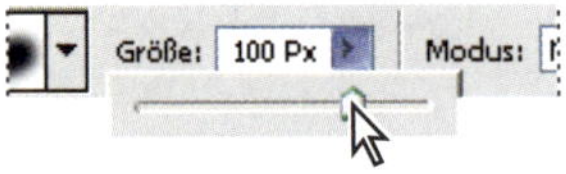

- Als Modus ist »Normal« gewählt.
- Die Deckkraft ist auf 100% eingestellt.

- Achten Sie darauf, das »Blasen« als Muster gewählt sind (es ist das standardmäßige Muster).

Hinweis: *Falls die Miniatur mit den Blasen nicht angezeigt wird, klicken Sie auf den Pfeil im Feld »Muster«, um den Musterwähler zu öffnen. Wählen Sie aus dem Popup-Menü (auf rechten Pfeil klicken) unten die Option »Standard« oder »Muster«. Doppelklicken Sie anschließend auf die Miniatur mit den Blasen, um das Muster zu wählen und den Musterwähler zu schließen.*

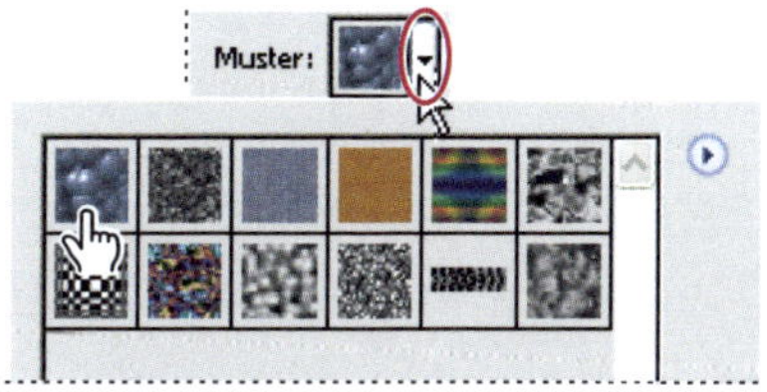

5 Versuchen Sie, den Musterstempel über den weißen Text ANGLER LATEIN zu ziehen. Wenn eine Meldung mit der Frage erscheint, ob der Text vereinfacht werden soll, klicken Sie auf OK. Danach dürfen Sie nicht mehr mit dem Musterstempel über den Text ziehen.

6 Klicken Sie in der Ebenen-Palette auf das Symbol »Transparente Pixel fixieren« (▣), um Änderungen in den transparenten Bereichen der vereinfachten Ebene *ANGLER LATEIN* zu vermeiden.

Das Schloss-Symbol in der Ebene *ANGLER LATEIN* weist darauf hin, dass Sie eine Fixierung zugewiesen haben.

7 Malen Sie mit dem Musterstempel, um die Schrift mit dem gewählten Muster (Blasen) zu versehen.

Das Muster wirkt sich nur auf die gewählte Ebene aus (den vereinfachten Text) und hat keinerlei Einfluss auf nicht gewählte Ebenen (z.B. die Hintergrundebene mit dem Foto). Da die transparenten Pixel auf der Ebene *ANGLER LATEIN* fixiert sind, sind sie geschützt – nur die vereinfachte Textform nimmt das Muster an.

Das Vereinfachen einer Textebene macht aber eine weitere Bearbeitung mit dem Textwerkzeug unmöglich. Allerdings lässt sich der gemusterte Text zusätzlich noch mit einem Ebenenstil versehen. Dazu wählen Sie in der Palette »Stile und Effekte« beispielsweise den Effekt »Abgeflachte Kante« oder »Schein nach innen«.

Ebenen ein- und ausblenden

Sie blenden mit Hilfe der Augensymbole in der Ebenen-Palette die beiden Ebenen mit dem Text *ANGLER LATEIN* wahlweise ein oder aus.

1 Achten Sie in der Ebenen-Palette darauf, dass die Augensymbole für die Hintergrundebene und die obere mit dem Musterstempel bemalte Ebene *ANGLER LATEIN* gewählt sind.

2 Klicken Sie auf das Augensymbol für die oberste Ebene *ANGLER LATEIN*, um das Symbol zu entfernen und damit die Ebene auszublenden.

3 Klicken Sie ganz links in das leere Augensymbol-Feld der mittleren Ebene *ANGLER LATEIN*, um ein Augensymbol zu platzieren und so den Text mit dem Ebenenstil einzublenden.

4 Blenden Sie die beiden Ebenen ein und aus und entscheiden Sie, welches Design Ihnen besser zusagt. Lassen Sie dann diese Ebene eingeblendet und blenden Sie die andere Ebene *ANGLER LATEIN* aus.

5 Wählen Sie **Datei: Speichern** und speichern Sie die Datei unter dem Namen **02_04_Arbeit.psd** im Ordner *Meine CIB-Arbeit*, den Sie bereits früher in dieser Lektion angelegt haben. Achten Sie vor dem Speichern darauf, dass die Option »Mit Original im Versionssatz speichern« deaktiviert ist. Schließen Sie anschließend die Datei.

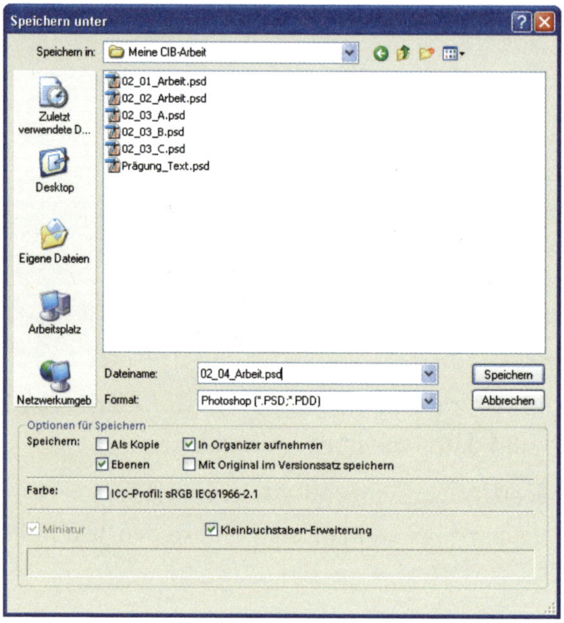

Ein weiteres Projekt, das Sie den guten Taten des heutigen Tags hinzufügen sollten. Sie haben in diesem Abschnitt einen Ebenstil einem vorher verkrümmten Text zugewiesen. Trotz des interessanten Grafikdesigns lässt sich der Text selbst weiterhin bearbeiten. Sie haben erfahren, wie Sie Ebenen durch Ziehen oder per Menübefehl duplizieren und wie Sie einen Ebenenstil entfernen – etwas, was so nicht mit einem Effekt möglich ist. Sie wissen jetzt, wie Sie transparente Pixel auf einer Ebene fixieren, um nur innerhalb von Formen zu malen oder andere Veränderungen vorzunehmen. Als Ergebnis verfügen Sie jetzt über zwei Grafikalternativen in einer Arbeitsdatei.

Projekt 5: Animation mit Hilfe von Ebenenstilen

Für bewegte Bilder (Animationen) brauchen Sie nicht unbedingt eine Videokamera. In dieser Übung erstellen Sie eine einfache Animation mit einer blinkenden Neonreklame in (bzw. vor) einem anderen Bild. Sie werden schnell feststellen, dass derartige Effekte in Photoshop Elements recht einfach zu bewerkstelligen sind.

Sie können Animationen erzeugen, die absolut nichts mit Text zu tun haben. Und mehrere Frames (Einzelbilder) in Animationen machen die Bewegungsabläufe weicher bzw. fließender. Außerdem bestimmen Sie, ob eine Animation nach dem Öffnen nur einmal oder als Endlosschleife abgespielt werden soll. Der Schlüssel für diese Funktionen ist allein die Art und Weise, in der Sie die Ebenen vorbereiten und wie Sie die Datei speichern.

Original

Animation – Frame 1

Animation – Frame 2

Ebenen für das Projekt einrichten

In der Ebenen-Palette erscheint das Schloss-Symbol zusammen mit dem kursiven Wort *Hintergrund* immer auf der Hintergrundebene. Grund: Die Hintergrundebene ist eine spezielle Ebene mit bestimmten Einschränkungen.

In diesem Projekt müssen Sie an der Hintergrundebene einige Änderungen vornehmen, die eigentlich nicht erlaubt sind – die Ebene muss deshalb vorher entsperrt werden. Sie entsperren eine normale Ebene (bzw. heben deren Fixierung auf), indem Sie die Ebene wählen und dann oben in der Ebenen-Palette auf das Symbol »Alles fixieren« klicken. Diese Vorgehensweise funktioniert allerdings nicht mit der Hintergrundebene. Das Ganze gelingt jedoch, sobald Sie einfach den Ebenennamen ändern.

1 Schalten Sie um zum Organizer und benutzen Sie die Tags »Lektion 2« und »Projekt 5«, um die Datei *02_05.jpg* zu suchen, auszuwählen und im Standardeditor zu öffnen.

2 Erzeugen Sie eine Kopie der Hintergrundebene mit Hilfe einer dieser drei Techniken:

- Wählen Sie **Ebene: Ebene duplizieren** und klicken Sie auf OK, um den vorgegebenen Namen zu übernehmen.
- Ziehen Sie in der Ebenen-Palette die Miniatur der Hintergrundebene auf das Symbol »Neue Ebene erstellen«.

- Klicken Sie in der Ebenen-Palette auf den Pfeil neben »Erweitert« und wählen Sie aus dem Palettenmenü die Option »Ebene duplizieren«. Klicken Sie auf OK, um den vorgegebenen Namen zu übernehmen.

Die Ebenen-Palette enthält jetzt die beiden Ebenen *Hintergrund* und *Hintergrund Kopie*. Nur die Hintergrundebene ist mit dem Schloss-Symbol (🔒) versehen.

3 Doppelklicken Sie auf die Hintergrundebene, um das Dialogfeld »Neue Ebene« zu öffnen. Klicken Sie auf OK, um den vorgegebenen Namen *Ebene 0* zu übernehmen.

Das Schloss ist in *Ebene 0* (frühere Hintergrundebene) nicht mehr vorhanden.

Sie arbeiten von jetzt an mit diesen bearbeitbaren Kopien der ursprünglichen Ebene. Beide Ebenen dienen als Grundlage für die aus zwei Einzelbildern (Frames) bestehende Animation.

Textebenen hinzufügen und anordnen

Das Hinzufügen und Duplizieren von Textebenen ist für Sie inzwischen ein alter Hut. Deshalb gibt es jetzt wieder eine neue Aufgabe: Ändern der Stapelfolge von Ebenen.

1 Wählen Sie in der Ebenen-Palette die Ebene *Hintergrund Kopie*.

2 Wählen Sie das Textwerkzeug (T) und dann in der Optionsleiste die Schriftfamilie *Arial Black* (oder eine andere schwere serifenlose Schrift), den Schriftschnitt *Bold* (falls verfügbar) und den Schriftgrad **280 Pt**.

3 Klicken Sie in der Bildmitte und geben Sie **EAT** ein. Klicken Sie in der Optionsleiste auf »Bestätigen« (✔) oder drücken Sie die Eingabetaste im numerischen Zahlenfeld, um den Text zu übernehmen.

4 Ziehen Sie mit dem Verschieben-Werkzeug (▶✥) den Text, um ihn im Bildfenster zu zentrieren.

5 Ziehen Sie in der Ebenen-Palette die Textebene *EAT* auf das Symbol »Neue Ebene erstellen«. Sie verfügen jetzt über die zweite Textebene *EAT Kopie*. Oder wählen Sie **Ebene: Ebene duplizieren** und übernehmen Sie den vorgegebenen Namen.

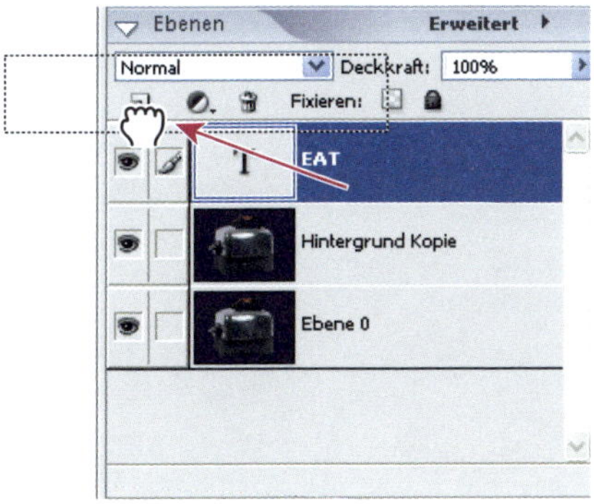

6 Wählen Sie in der Ebenen-Palette die Ebene *Hintergrund Kopie* und ziehen Sie diese Ebene nach oben zwischen die Ebenen *EAT* und *EAT Kopie*.

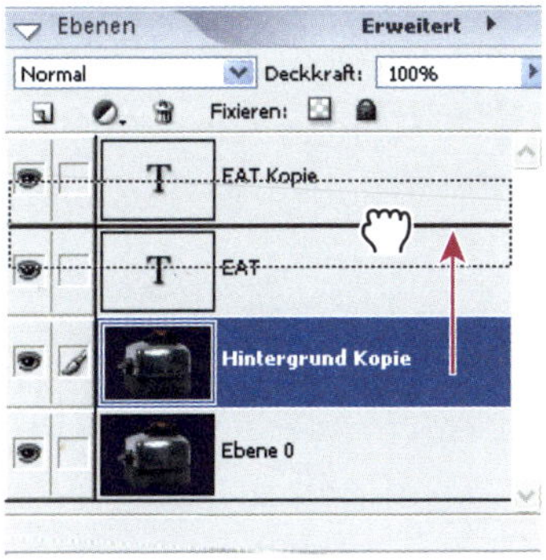

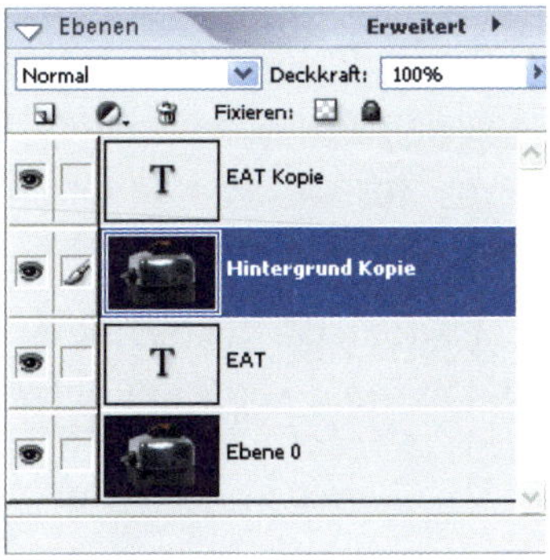

Text mit Neoneffekt versehen

Die Ebenen-Palette enthält nun wechselweise ein Bild des Toasters und der Schrift *EAT*. Das ist aber noch nicht befriedigend, da Sie nur die obere Textebene und die Ebene *Hintergrund Kopie* sehen. Letztere versperrt die Ansicht der unteren Textebene und der *Ebene 0*.

Sie weisen nun Ebenenstile zu, mit denen die beiden Textebenen völlig anders aussehen.

1 Wählen Sie in der Ebenen-Palette die obere Textebene *EAT Kopie*.

2 Wählen Sie in der Palette »Stile und Effekte« aus den beiden Popup-Menüs die Optionen »Ebenenstile« und »Wow Neon«.

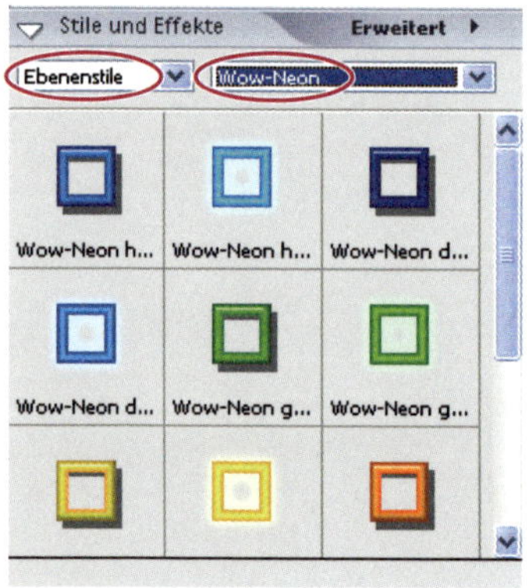

3 Klicken Sie in der Palette »Stile und Effekte« einmal auf die Miniatur »Wow-Neon dunkelblau aus«, um diesen Effekt der Ebene *EAT Kopie* zuzuweisen.

***Hinweis:** Achten Sie darauf, die Aus-Version des Ebenenstils »Wow Neon dunkelblau« zu wählen. Falls der komplette Name des Stils nicht zu lesen ist, lassen Sie den Zeiger so lange auf einer Miniatur, bis der Name eingeblendet wird. Oder klicken Sie oben in der Palette auf »Erweitert« und wählen Sie aus dem Palettenmenü die Option »Listenansicht«.*

4 Klicken Sie in der Ebenen-Palette auf die Augensymbole (👁) für die Ebene *EAT Kopie* und *Hintergrund Kopie*, um diese Ebenen im Bildfenster auszublenden.

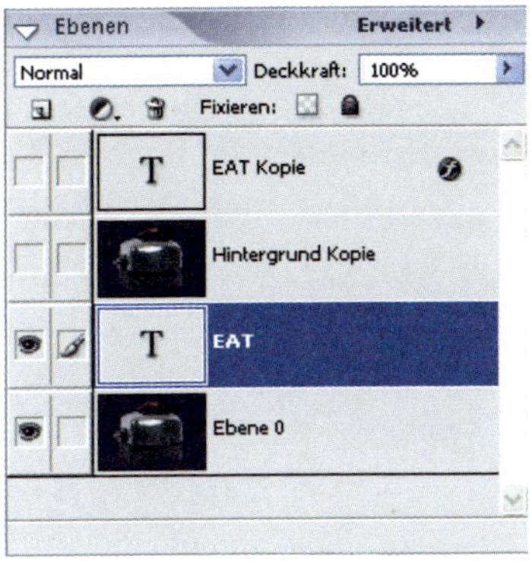

5 Wählen Sie die Ebene *EAT*.

6 Führen Sie in der Palette »Stile und Effekte« folgende Aktionen aus:

- Klicken Sie auf die Miniatur »Wow-Neon Rot ein«, um diesen Stil der gewählten Ebene *EAT* zuzuweisen.
- Klicken Sie auf die Miniatur »Wow-Neon Rot aus«, um auch diesen Effekt der Ebene *EAT* zuzuweisen.

Wenn Sie einen zweiten Ebenenstil hinzufügen, wird der erste Stil nicht ersetzt, sondern auf recht überraschende Weise (wie hier) erweitert.

Ebenen für die Animation reduzieren

Obwohl der Text wie Grafik aussieht – er ist es nicht. Der Text lässt sich weiterhin mit dem Textwerkzeug bearbeiten. Sie könnten beispielsweise mit dem Textwerkzeug auf den einzelnen Ebenen das Wort *EAT* in *ATE* ändern. Allerdings endet diese Flexibilität mit den nächsten Schritten.

Deshalb sollten Sie jetzt erst einmal eine Kopie speichern. Vielleicht müssen Sie die Datei später wieder ändern und es wäre ärgerlich, mit der ganzen Arbeit wieder von vorn anfangen zu müssen.

1 Wählen Sie **Datei: Speichern unter** und benennen Sie die Datei mit **02_05_Arbeit.psd.** Speichern Sie im bereits früher angelegten Ordner *Meine CIB-Arbeit* im Format »Photoshop (*.PSD, *.PDD)« . Achten Sie vor dem Speichern darauf, dass die Option »Mit Original in Versionssatz speichern« deaktiviert ist.

2 Wählen Sie **Datei: Duplizieren** und geben Sie im Dialogfeld »Bild duplizie-

ren« den Namen **02_05_Redu** ein. Klicken Sie auf OK. Schließen Sie die ursprüngliche Datei *02_05_Arbeit*.

3 Klicken Sie in der Ebenen-Palette, um Augensymbole (👁) für die Ebenen *EAT Kopie* und *Hintergrund Kopie* zu setzen und damit diese Ebenen wieder einzublenden. Wählen Sie anschließend die Ebene *EAT Kopie*.

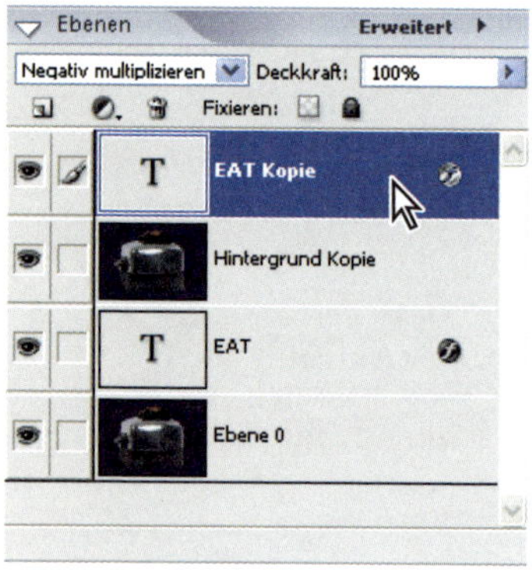

4 Wählen Sie **Ebene: Mit darunter liegender auf eine Ebene reduzieren**, um die Ebenen *EAT Kopie* und *Hintergrund Kopie* in einer Ebene zu kombinieren.

Hinweis: *Falls der Befehl »Mit darunter liegender auf eine Ebene reduzieren« nicht verfügbar (abgeblendet) ist, prüfen Sie, ob in der Ebenen-Palette die Ebene* EAT *gewählt ist und ob die beiden Ebenen* EAT Kopie *und* Hintergrund Kopie *mit dem Augensymbol (👁) versehen sind. Starten Sie dann einen neuen Versuch.*

5 Wählen Sie in der Ebenen-Palette die Ebene *EAT* und erneut **Ebene: Mit darunter liegender auf eine Ebene reduzieren**, um die Textebene mit *Ebene 0* in einer Ebene zu kombinieren.

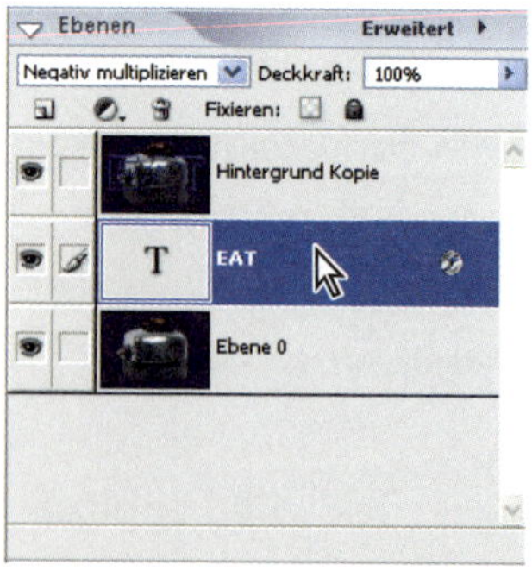

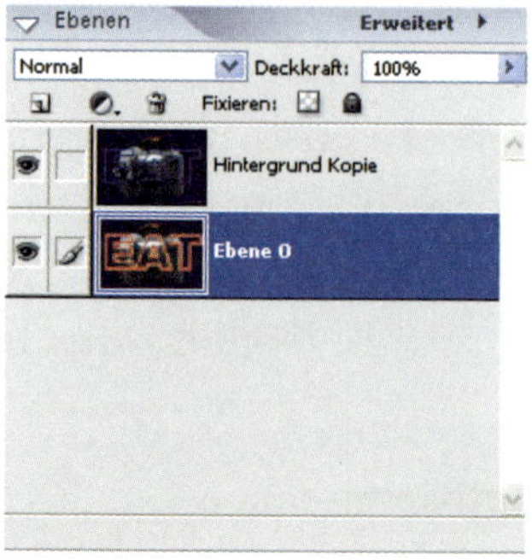

6 Wählen Sie **Datei: Speichern**. Klicken Sie im Dialogfeld »Speichern unter« ohne weitere Änderungen vorzunehmen auf »Speichern«.

Dieser Prozess hat die Datei auf zwei Ebenen reduziert: eine mit dem blauen Neon-Text auf dem Foto mit dem Toaster und die andere mit dem roten Neon-Text auf dem gleichen Foto. Zeigen Sie beide Ebenen einzeln an, indem Sie durch Klicken auf die Augensymbole die jeweilige Ebene ein- bzw. ausblenden.

Die beiden Ebenen animieren

Die schwierigste Phase dieses Projekts haben Sie bereits hinter sich. Wir kommen jetzt zum lustigen Teil, dem Erzeugen der Animation. Wie überraschend einfach das ist, sehen Sie jetzt.

1 Die Datei *02_05_Redu* ist weiterhin aktiviert. Achten Sie darauf, dass die beiden Ebenen *Hintergrund Kopie* und *Ebene 0* sichtbar sind. Ansonsten müssen die Ebenen mit Augensymbolen (👁) versehen sein.

2 Wählen Sie **Datei: Für Web speichern**.

3 Wählen Sie aus dem Popup-Menü »Vorgabe« die Option »GIF 128 kein Dithering«. Aktivieren Sie die Option »Animieren«.

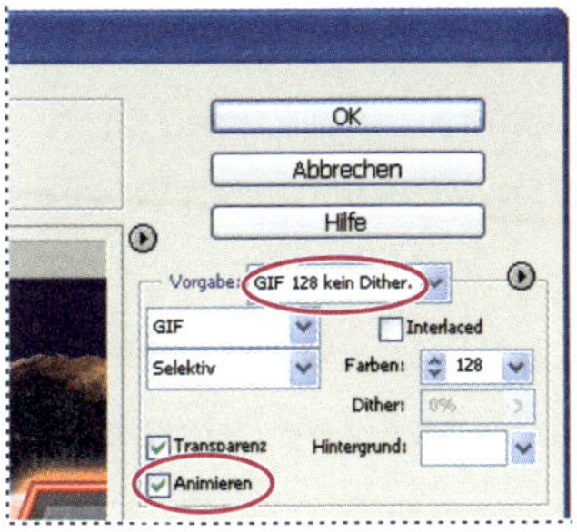

4 Wählen Sie unter »Animation« die Option »Schleife« (falls gewünscht) und geben Sie in das Feld »Frameverz.« den Wert **1,0** für eine Frameverzögerung von einer Sekunde ein. (Falls die Optionen für eine Animation nicht zur Verfügung sehen, prüfen Sie, ob Sie im Dialogfeld oben unter »Vorgabe« die Option »Animieren« aktiviert haben (siehe Schritt 3).

5 Wählen Sie unter »Neue Größe« nacheinander Folgendes:

- Aktivieren Sie »Proportionen erhalten«.
- Geben Sie in das Feld »Breite« den Wert **320** Pixel ein.

- Klicken Sie auf »Anwenden« und beachten Sie unter der optimierten Bildversion die geringere Dateigröße und Ladezeit.

Hinweis: *Sobald Sie auf »Anwenden« geklickt haben, lässt sich dieser Schritt nicht mehr rückgängig machen. Wenn Sie entscheiden, dass Dateigröße und Qualität zu gering sind, klicken Sie auf »Abbrechen«, um das Dialogfeld »Für Web speichern« zu schließen. Fangen Sie danach einfach wieder von vorne an.*

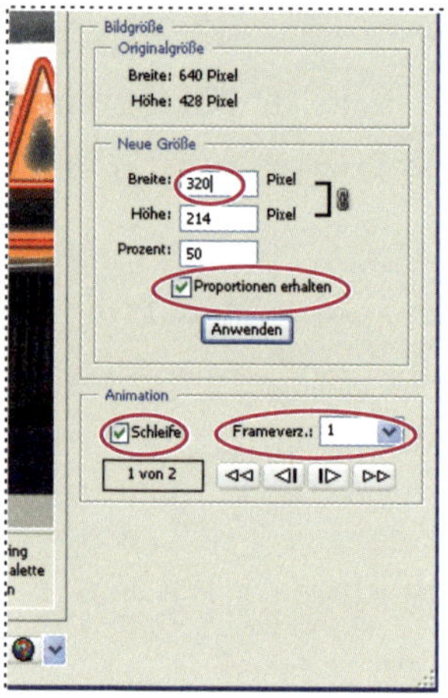

6 Gehen Sie noch einmal alle Einstellungen durch und klicken Sie auf OK. Geben Sie im Dialogfeld »Optimierte Version speichern unter« den Dateinamen **EAT_anim.gif** ein, wählen Sie oben unter »Speichern in« den Ordner *Meine CIB-Arbeit* und klicken Sie auf »Speichern«.

7 Speichern und schließen Sie die Datei *02_05_Redu*. Klicken Sie unter Windows auf »Start« und wählen Sie **Dokumente: Eigene Dateien: Lektionen: Meine CIB-Arbeit: EAT_anim.gif**.

Oder suchen Sie die Datei *EAT_anim.gif* im Windows-Explorer und doppelklicken Sie auf die Datei.

Die Animation öffnet sich im vorgegebenen Programm für die Anzeige von Gif-Dateien, wie z.B. der *Windows Bild- und Faxanzeige* oder Ihr Webbrowser. Sehen Sie sich Ihre Animation an, schließen Sie dann das Anzeigeprogramm und gehen Sie zurück in Photoshop Elements.

Noch einmal – Glückwunsch. Sie haben das letzte Projekt in Lektion 2 erfogreich beendet. Diesmal haben Sie in der Ebenen-Palette die Stapelfolge von Ebenen verändert. Sie haben die Fixierung der Hintergrundebene aufgehoben, indem Sie einfach den Ebenennamen geändert haben. Dann haben Sie mehrere Ebenenstile auf unterschiedlichen Ebenen angewendet und zwei Ebenen zu einer reduziert – und das gleich zweimal! Schließlich haben Sie eine der möglichen Anwendungen ausprobiert, indem Sie direkt im Dialogfeld »Für Web speichern« eine Animation erzeugt haben.

Die fertigen Projektdateien organisieren

Die gestalterische Arbeit in dieser Lektion ist abgeschlossen. Jetzt gibt es nur noch einige Aufräumarbeiten, damit Sie die erzeugten Arbeitsdateien auch noch nach einiger Zeit schnell wiederfinden können.

In den Dialogfeldern »Speichern«, »Speichern unter« und »Für Web speichern« ist standardmäßig die Option »In Organizer aufnehmen« aktiviert. Das bedeutet, dass alle Arbeitsdateien in Ihrem CIB-Katalog für den einfachen Zugriff enthalten sein sollten. Bevor Sie mit anderen Bildern arbeiten, sollten Sie jetzt die Bilder mit entsprechenden Tags versehen.

1 Klicken Sie in der Symbolleiste auf die Schaltfläche »Browser« (), um zum Organizer umzuschalten. Falls über dem Miniaturenbereich die Schaltfläche »Alle Fotos anzeigen« erscheint, klicken Sie auf diese Schaltfläche.

2 Wählen Sie in der Tags-Palette aus dem Popup-Menü »Neu« die Option »Neue Kategorie«.

3 Geben Sie im Dialogfeld »Kategorie erstellen« als Kategorienamen **Arbeitsdateien** ein und wählen Sie dann ein Kategoriesymbol (rollen Sie nach rechts für weitere Symbole). Klicken Sie auf OK.

4 Wählen Sie den Befehl **Suchen: Elemente ohne Tags**.

Da alle Originalbilder im Katalog bereits mit einem Tag versehen sind, erscheinen nur die gespeicherten Arbeitsdateien in der Miniaturansicht.

5 Wählen Sie **Bearbeiten: Alles auswählen** oder drücken Sie Strg+A, um alle Miniaturen auszuwählen.

6 Ziehen Sie das Arbeitsdateien-Tag auf eine der gewählten Miniaturen. Lassen Sie die Miniaturen weiterhin gewählt.

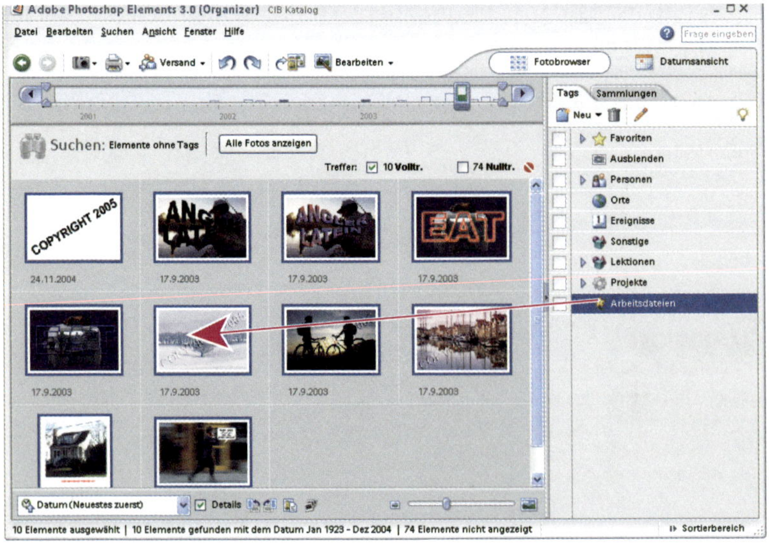

7 Erweitern Sie die Tag-Kategorie »Lektionen« und ziehen Sie das Tag »Lektion 2« auf die Miniaturen.

Ob Sie jetzt noch die einzelnen Tags mit den Projekt-Nummern den jeweiligen Dateien zuweisen, liegt ganz bei Ihnen. Für die noch folgenden Lektionen in diesem Buch ist dieser Schritt nicht erforderlich, aber natürlich könnten Sie ihn trotzdem ausführen. Oder Sie erstellen neue Tags und weisen sie zu.

Wählen Sie jetzt »Alle Fotos anzeigen«, um wieder den kompletten Katalog mit allen Miniaturen zu zeigen.

Wie Sie fehlende Arbeitsdateien dem Organizer hinzufügen

Wenn einige der Arbeitsdateien bei Speichern nicht automatisch dem Organizer hinzugefügt wurden, können Sie diese Dateien dem CIB-Katalog hinzufügen. Befolgen Sie dafür die folgenden Hinweise oder eine der Techniken aus Lektion 1.

1. *Wählen Sie im Organizer den Befehl* **Datei: Fotos laden: Aus Dateien und Ordnern**.
2. *Suchen Sie im Dialogfeld den Ordner* Meine CIB-Arbeit, *wählen Sie ihn aus und führen Sie anschließend einen der folgenden Schritte aus:*
   - *Klicken Sie auf die Schaltfläche »Fotos laden«, um den kompletten Ordnerinhalt dem Organizer hinzuzufügen.*
   - *Öffnen Sie den Ordner* Meine CIB-Arbeit *und wählen Sie bestimmte Dateien, die Sie dem Katalog hinzufügen möchten. Oder klicken Sie mit gedrückter Strg-Taste, um mehrere Dateien zu wählen. Klicken Sie anschließend auf »Fotos laden«.*
3. *Falls eine Meldung mit dem Hinweis erscheint, dass sich einige Dateien bereits im Katalog befinden, klicken Sie auf OK.*
4. *Versehen Sie die jeweiligen Miniaturen mit den gewünschten Tags.*
5. *Klicken Sie auf die Schaltfläche »Alle Fotos anzeigen«.*

Falls Sie im Organizer gewählte Dateien benutzen wollen und eine Fehlermeldung erhalten, informieren Sie sich in der Photoshop Elements Hilfe.

Glückwunsch! Damit haben Sie die Lektion für den Umgang mit Text in Photoshop Elements abgeschlossen.

Sie sollten jetzt Ihr Wissen überprüfen, indem Sie sich den Fragen und Antworten zuwenden.

Fragen

1 Welchen Vorteil bietet Text auf einer eigenen Ebenen?

2 Welche Funktion hat die Optionsleiste? Nennen Sie deren Unterschied zur Werkzeug-Palette?

3 Was ist eine Palette?

4 Wie blenden Sie eine Ebene aus, ohne sie zu entfernen?

5 Was bewirkt das Schloss-Symbol in der Ebenen-Palette?

Antworten

1 Da der Text vom Bild getrennt ist, lassen sich die Textebenen in Photoshop Elements auch noch in späteren Arbeitssitzungen bearbeiten, d.h. so wie die meisten Dokumente typischer Textverarbeitungsprogramme.

2 Die *Werkzeug-Palette* enthält die unterschiedlichsten Werkzeugsymbole. Im standardmäßigen Arbeitsbereich sind die Werkzeug einspaltig am linken Rand des Arbeitsbereichs angeordnet. Die *Optionsleiste* steht oben über dem Arbeitsbereich – direkt unter den Menüs und der Symbolleiste. Die Optionsleiste zeigt die verschiedenen Einstellungen und Optionen, die Sie für das jeweils aktive Werkzeug wählen können. Wählen Sie beispielsweise das Textwerkzeug, zeigt die Optionsleiste die Einstellungsmöglichkeiten für Schriftfamilie, Textfarbe usw. Sobald Sie ein anderes Werkzeug wählen, zeigt die Optionsleiste die Einstellungen für dieses neue Werkzeug.

3 Eine Palette ist ein schwebendes Fenster mit Optionen, die nicht an ein bestimmtes Werkzeug gebunden sind. Die Ebenen-Palette zeigt beispielsweise die Struktur in einer Datei und bietet verschiedene Optionen für die Funktionsweise von Ebenen. Die Navigator-Palette eröffnet Ihnen eine alternative Möglichkeit, innerhalb eines Bildes zu zoomen und zu rollen. Diese Funktionen sind unabhängig vom gerade gewählten Werkzeug. Nicht angezeigte Paletten öffnen Sie über das Fenster-Menü. Im Palettenbereich finden Sie standardmäßig die am häufigsten benötigten Paletten.

4 Ebenen lassen sich ausblenden, indem Sie auf das Augensymbol (👁) neben der gewünschten Ebene in der Ebenen-Palette klicken. Um eine Ebene wieder anzuzeigen, klicken Sie in das leere Feld außen links neben dem Ebenennamen für das Augensymbol.

5 Das Schloss-Symbol verhindert Änderungen an einer Ebene. Sobald Sie auf »Alles fixieren« klicken (🔒), sind alle Pixel in der zuvor gewählten Ebene gesperrt. Oder klicken Sie auf das Symbol »Transparente Pixel fixieren« (▩), um nur diese Bereiche zu fixieren bzw. zu sperren. Um eine Fixierung zu entfernen, wählen Sie die gesperrte Ebene und klicken Sie oben in der Ebene auf ein Fixieren-Symbol. (Das funktioniert allerdings nicht mit der Hintergrundebene, die sich nur durch Umbenennen und Konvertieren in eine normale Ebene entsperren lässt.)

Lektion 3

3 Farbe in Bildern korrigieren

Photoshop Elements 3.0 bietet Ihnen die unterschiedlichsten Möglichkeiten, um Farben im Bild zu verändern. Das geht von Auto-Korrekturen – für die meisten Fotos mehr als ausreichend – bis hin zu subtilen manuellen Eingriffen, die Ihnen die volle Kontrolle über das Bild geben.

In dieser Lektion lernen Sie Folgendes:

- Auto-Korrektur von Bildern mit der Schnellkorrektur oder dem Standard-editor
- Mit individuellen Auto-Optionen Bilder verbessern
- Mit Farbvariationen die Farbbalance ändern
- Durch Kamerablitz veränderte Augenfarben korrigieren
- Farbe in einem Bildobjekt durch eine andere Farbe ersetzen
- Auswahlbereiche erstellen und bearbeiten
- Auswahlbereiche zur späteren Wiederverwendung speichern
- Probleme bei der Arbeit in Photoshop Elements 3.0 lösen

Diese Lektion zeigt Ihnen, wie Sie auf unterschiedliche Art und Weise die Farben in Bildern ändern. Wir beginnen mit der scheinbar magischen Ein-Schritt-Korrektur. Anschließend entdecken Sie die fortschrittlicheren Möglichkeiten und Anpassungstechniken, die einfach zu beherrschen sind – besonders, wenn Sie etwas mehr Erfahrung mit Auswahlen und Ebenen gesammelt haben.

Für diese Lektion benötigen Sie etwa 90 Minuten. Sie beschäftigen sich mit vier voneinander unabhängigen Projekten, die Sie insgesamt oder in einzelnen Sitzungen durchgehen können.

Wir gehen davon aus, dass Sie sich bereits mit dem Arbeitsbereich von Photoshop Elements 3.0 vertraut gemacht haben und wissen, wie Sie auf die beiden Komponenten (Editor und Organizer) in Photoshop Elements zugreifen und mit ihnen arbeiten. Diese Lektion konzentriert sich vorrangig auf den Editor und baut auf das Wissen auf, das Sie sich bereits in den Lektionen 1 und 2 angeeignet haben. Zusätzliche Informationen finden Sie in der *Photoshop Elements Hilfe*, den Tutorials über den Startbildschirm oder das Handbuch *Adobe Photoshop Elements 3.0 Erste Schritte*.

Falls Sie die Projektdateien von der Buch-CD noch nicht auf Ihre Festplatte kopiert haben, sollten Sie das jetzt tun (siehe »Die Classroom-in-a-Book-Dateien installieren« auf Seite 12).

Hinweis: *Je mehr Erfahrung Sie sich mit Photoshop Elements 3.0 aneignen, desto mehr möchten Sie sicherlich mit anspruchsvolleren Techniken experimentieren. Hilfe zu häufigen Problemen während der Arbeit mit den Buchprojekten finden Sie unter »Warum macht Photoshop Elements nicht das, was es soll?« auf Seite 152.*

Vorbereitungen

Bevor Sie mit der Arbeit an den Dateien beginnen, müssen Sie sicherstellen, dass Ihr Arbeitsbereich und die Paletten den Buchabbildungen für die Projekte entsprechen.

1. Starten Sie Photoshop Elements im Standardeditor, indem Sie im Startbildschirm auf das Symbol »Fotos bearbeiten und verbessern« klicken. Oder (der Organizer ist bereits geöffnet) klicken Sie auf »Bearbeiten« ( ) und wählen Sie »Gehe zum Standardeditor«.
2. Benutzen Sie rechts oben im Bildschirm die Schaltflächen »Standardeditor« ( ) und »Schnellkorrektur« ( ), um zwischen diesen beiden Modi umzuschalten. Vergleichen Sie die Anordnung im Palettenbereich mit den folgenden Abbildungen.

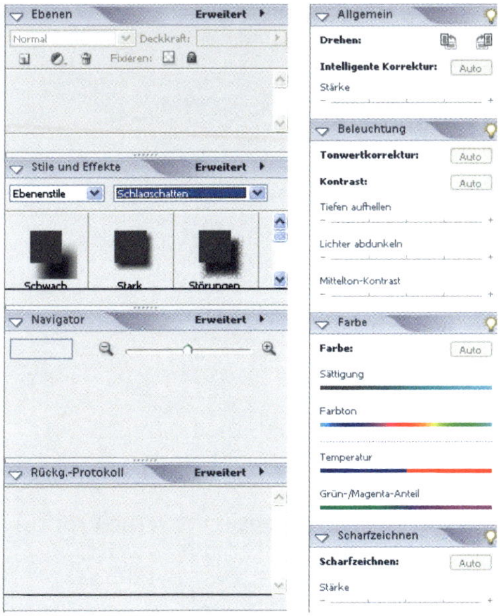

Palettenbereich für Standardeditor und Schnellkorrektur

Im Standardeditor benötigen Sie nur die Ebenen-Palette sowie die Paletten »Stile und Effekte«, »Navigator« und »Rückg.-Protokoll«, wobei die Reihenfolge der Paletten unwichtig ist. In der Schnellkorrektur können Sie bei Bedarf Paletten erweitern, indem sie in der Palettenleiste auf den Pfeil neben dem Namen klicken.

Hinweis: *Informationen über das Hinzufügen und Entfernen von Paletten im Palettenbereich des Standardeditors finden Sie unter »Der Palettenbereich« auf Seite 74. (Paletten in der Schnellkorrektur sind fest und lassen sich deshalb nicht entfernen.)*

Die Paletten sind jetzt für beide Korrekturmodi und damit für die Arbeit in dieser Lektion optimal eingerichtet.

Fotos automatisch korrigieren

Nicht alle Fotos in diesem Projekt haben Profiqualität. Doch auch ein Schnappschuss mit schlechterer Qualität bedeutet nicht, dass dieses Foto nicht noch zu verbessern wäre – besonders, wenn sich das Foto nicht wiederholen lässt. Viele Fotos in diesem Buch wurden von Leuten mit durchschnittlichen fotografischen Kenntnissen aufgenommen, die aber diese Fotos behalten und am PC das Beste aus den Bildern herausholen möchten.

Mehrere Dateien im Stapel automatisch korrigieren

Lassen sich Bilder korrigieren, ohne die entsprechenden Dateien erst zu öffnen? Ja, das geht in Photoshop Elements. Sie weisen jetzt allen in dieser Lektion verwendeten Bildern eine automatische Korrektur zu. Die korrigierten Dateien speichen Sie als Kopien, um dann am Schluss eines Projekts die Ergebnisse in den Arbeitskopien mit der (unveränderten) Originaldatei zu vergleichen.

1 Wählen Sie **Datei: Mehrere Dateien verarbeiten**.

2 Nehmen Sie im Dialogfeld »Mehrere Dateien verarbeiten« die folgenden Einstellungen vor:

- Wählen Sie aus dem Popup-Menü »Dateien verarbeiten von« die Option »Ordner« (sofern nicht schon angezeigt).

- Deaktivieren Sie unter »Quelle« die Option »Alle Unterordner einschließen«. Klicken Sie dann auf die Schaltfläche »Durchsuchen«. Suchen Sie den Ordner *Lektion03* im Ordner *Lektionen* und wählen Sie ihn aus. Klicken Sie auf OK, um das Dialogfeld »Ordner suchen« zu schließen.
- Klicken Sie unter »Ziel« auf die Schaltfläche »Durchsuchen«. Suchen Sie den Ordner *Meine CIB-Arbeit*, den Sie in Lektion 2 im Ordner *Lektionen* angelegt haben, und wählen Sie ihn aus. Klicken Sie auf OK, um das Dialogfeld »Ordner suchen« zu schließen.

3 Aktivieren Sie die Option »Dateien umbenennen«. Geben Sie in das erste Feld **Autokor_** ein und wählen Sie aus dem Menü rechts daneben die Option »Dokumentname«.

4 Wählen Sie oben rechts im Dialogfeld unter »Schnellkorrektur« alle vier Optionen: »Auto-Tonwertkorrektur«, »Auto-Kontrast«, »Auto-Farbe« und »Scharfzeichnen«.

5 Vergleichen Sie alle Einträge und Optionen im Dialogfeld mit der Abbildung auf der nächsten Seite. Achten Sie darauf, dass die Optionen »Bilder skalieren« und »Dateien konvertieren in« in jedem Fall deaktiviert, d.h. ohne Häkchen sind.

Hinweis: *Falls eine Fehlermeldung erscheint und darauf hinweist, dass einige Dateien nicht verarbeitet werden konnten, ignorieren Sie es. Die Meldung bezieht sich nur auf eine versteckte Datei, die keine Bilddatei ist, und hat keine Bedeutung für den weiteren Fortgang unseres Projekts. Falls eine andere Fehlermeldung darauf hinweist, dass Dateien fehlen, wurde zwischendurch der Lektionen-Ordner an einen anderen Speicherort bewegt. Informieren Sie sich unter »Die Classroom-in-a-Book-Dateien installieren« auf Seite 12 und wiederholen Sie die dort aufgeführten Schritte.*

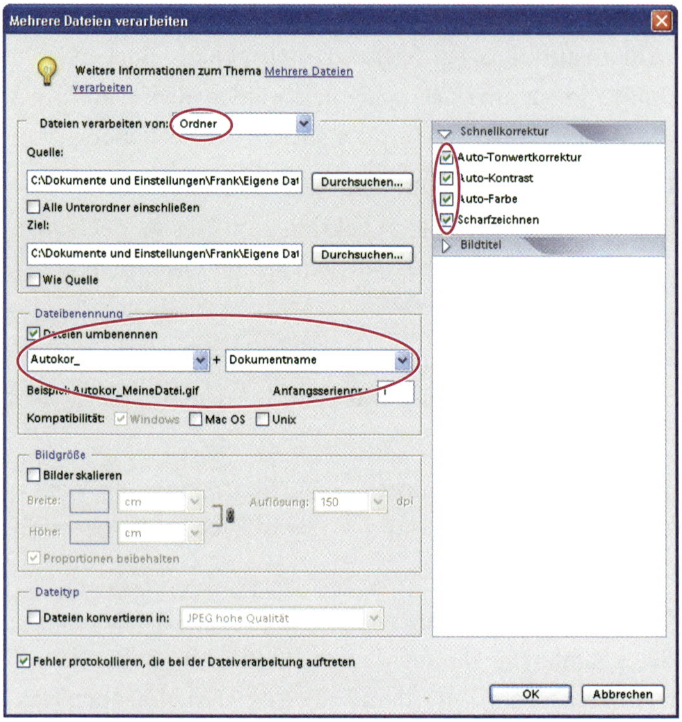

6 Klicken Sie auf OK, sofern alle Einstellungen im Dialogfeld in Ordnung sind.

Photoshop Elements beginnt damit, automatisch Bildfenster zu öffnen und wieder zu schließen. Sie brauchen nur noch abzuwarten, bis dieser Vorgang abgeschlossen ist.

Hinweis: *Falls Sie erwartet haben, dass die Dateien am Schluss dieser Stapelverarbeitung im Bildfenster geöffnet sind, sind Sie von falschen Vorstellungen ausgegangen – die Dateien sind nicht geöffnet! Sie können sich jedoch die automatisch korrigierten Bilder im Windows-Explorer oder in Photoshop Elements ansehen, indem Sie »Datei: Ordner durchsuchen« wählen. In der Ordner-Palette suchen Sie dann den Ordner* Meine CIB-Arbeit *und öffnen ihn, um die Miniaturen für die automatisch korrigierten Dateien im Dateibrowser anzuzeigen (die Dateinamen beginnen mit* Autokor_*). Weitere Informationen über den Dateibrowser finden Sie in der* Photoshop Elements Hilfe.

Die korrigierten Dateien in den Organizer aufnehmen

Standardmäßig ist in den Dialogfeldern »Speichern«, »Speichern unter« und »Für Web speichern« die Option »In Organizer aufnehmen« enthalten. Wenn Sie das Feature »Mehrere Dateien verarbeiten« benutzen, steht diese Option nicht zur Verfügung – Sie müssen die Dateien manuell in den Organizer aufnehmen.

1 Klicken Sie in Photoshop Elements auf die Schaltfläche »Browser« ( ), um den Organizer zu öffnen.

2 Wählen Sie den Befehl **Datei: Fotos laden: Aus Dateien und Ordnern**.

3 Suchen Sie im Dialogfeld den Ordner *Meine CIB-Arbeit* und öffnen Sie ihn.

4 Wählen Sie die vier *Autokor_*-Dateien, indem Sie mit gedrückter Umschalt- oder Strg-Taste die vier Dateien wählen. Klicken Sie anschließend auf »Fotos laden«.

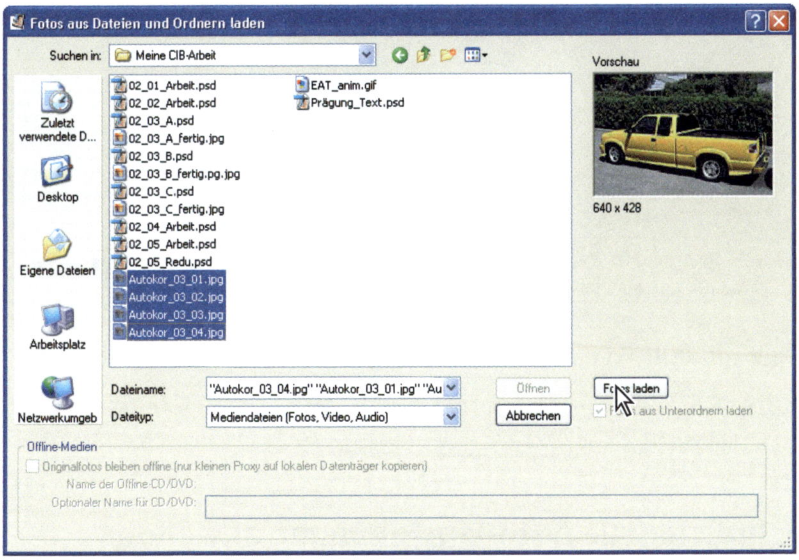

Der Organizer zeigt nur die gerade hinzugefügten Bilddateien an. Übergehen Sie das erste Dialogfeld »Eingefügte Tags importieren«, indem Sie auf »Abbrechen« klicken. Danach weist eine weitere Meldung darauf hin, dass nur die neuen Fotos angezeigt werden. Klicken Sie auf OK, um die Meldung zu schließen.

5 Wählen Sie **Bearbeiten: Alles auswählen** oder drücken Sie Strg+A.

6 Ziehen Sie das Tag »Lektion 3« auf eine der ausgewählten Bildminiaturen. Ziehen Sie anschließend die Tag-Kategorie »Arbeitsdateien« (ganz unten im Tags-Bereich) ebenfalls auf die Miniaturen. (Falls Sie Lektion 2 nicht durchgearbeitet haben, müssen Sie das Tag »Arbeitsdateien« jetzt einrichten. Hinweise dazu finden Sie unter »Die fertigen Projektdateien organisieren« auf Seite 113.)

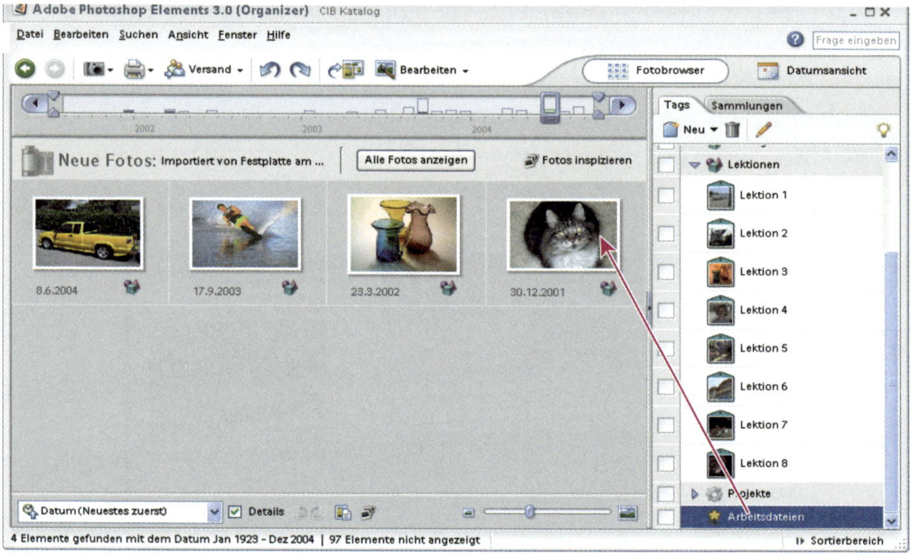

7 Klicken Sie auf »Alle Fotos anzeigen«.

Damit steht der erste Satz von korrigierten Arbeitsdateien. Sie lernen jetzt weitere Methoden der Farbkorrektur kennen.

Projekt 1: Individuelle Auto-Einstellungen anwenden

Wenn Sie Bilder mit Hilfe des Dialogfelds »Mehrere Dateien verarbeiten« automatisch korrigieren, sehen Sie die Bilder selbst nicht – weder vor noch nach der Korrektur. Auch wenn die automatische Korrektur bei vielen Bildern gute Ergebnisse bringt, möchte man aber in manchen Fällen nicht nur der Automatik vertrauen.

In diesem Projekt weisen Sie die verschiedenen Auto- bzw. Schnellkorrekturen Einzelschritten zu. Das ist sinnvoll, da Sie so kontrollieren, wie sich die Bilder in den einzelnen Phasen ändern. Im Zweifelsfall greifen Sie dann einfach manuell in die automatische Korrektur ein.

Bilddateien für die Schnellkorrektur öffnen

Sie benutzen die gleichen Techniken wie in Lektion 2, das heißt, Sie suchen und öffnen Dateien im Organizer, um sie anschließend in Photoshop Elements zu bearbeiten.

Sie bearbeiten zwei Fotos von farbigen Glasgefäßen. Ein Foto hat einen gewaltigen Farbstich, den Sie korrigieren möchten. Das korrekte Foto benutzen Sie dabei zum Vergleich für die eigene Farbkorrektur der Glasobjekte.

1 Der Bildschirm zeigt den aktivierten Organizer.

2 Klicken Sie im Tags-Register im Suchfeld für das Tag »Lektion 3« in der Kategorie »Lektionen« und dann in das Suchfeld für das Tag »Projekt 1« in der Kategorie *Projekte*.

3 Wählen Sie **Bearbeiten: Alles auswählen**.

4 Klicken Sie auf »Bearbeiten« ( ) in der Organizer-Symbolleiste und wählen Sie die Option »Gehe zur Schnellkorrektur«.

Im Gegensatz zum Standardeditor nimmt das aktive Bild jetzt den gesamten Arbeitsbereich ein.

5 Wählen Sie aus dem Popup-Menü »Ansicht« (links unter dem Bild) die Option »Vorher und nachher (Hochformat)«.

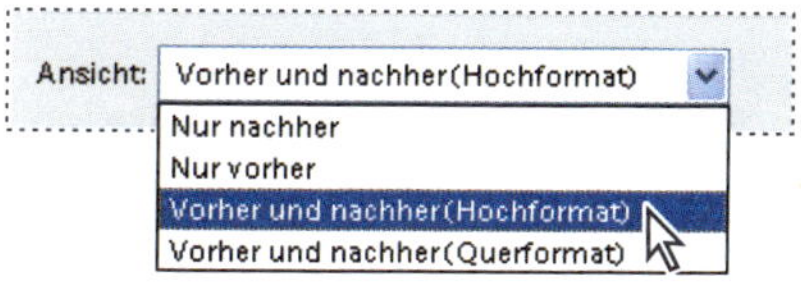

Hinweis: *Wechseln Sie zwischen den Optionen »Vorher und nachher (Hochformat)« und »Vorher und nachher (Querformat)«, um die für die jeweilige Arbeit beste Ansicht einzustellen. Beim Hochformat stehen die Bilder nebeneinander und beim Querformat untereinander.*

Auto-Korrekturen schrittweise ausführen

Sie führen jetzt die Auto-Korrektur schrittweise aus, wobei Photoshop Elements weiterhin im Schnellkorrektur-Modus geöffnet ist.

1 Wählen Sie unten im Fotobereich die Miniatur *03_01.jpg*, um diese Datei zu aktivieren.

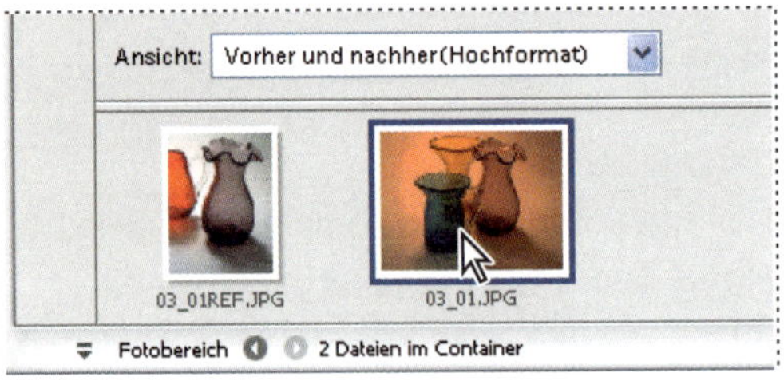

2 Klicken Sie im Palettenbereich unter »Beleuchtung« neben »Tonwertkorrektur« auf die Schaltfläche »Auto«. Beachten Sie die sofortige Veränderung im Bild.

3 Klicken Sie nacheinander auf die »Auto«-Schaltflächen für »Kontrast«, »Farbe« und »Scharfzeichnen«. Beachten Sie die Bildänderungen nach jeder Aktion.

4 Klicken Sie oben in der Symbolleiste auf das Symbol »Standardeditor« ( ).

Hinweis: *Falls das aktive Bild den kompletten Arbeitsbereich einnimmt, wählen Sie* ***Fenster: Bilder: Maximieren-Modus****, um das Häkchen neben dem Befehl zu entfernen bzw. den Befehl abzuwählen. Das Bild erscheint jetzt in der Mehrfensteransicht. Oder klicken Sie ganz rechts in der Photoshop Elements-Menüleiste auf die Schaltfläche »Mehrfenstermodus« ( ).*

5 Verschieben Sie das Bildfenster so, dass Sie die Bilder *03_01.jpg* und *03_01ref.jpg* gleichzeitig sehen. Vergleichen Sie die Farben, indem Sie das Bild *03_01ref.jpg* als Referenz für die korrekten Farben in der violetten Vase heranziehen.

6 Wählen Sie das korrigierte Bild *03_01.jpg* und dann **Datei: Speichern unter**.

7 Suchen Sie im Dialogfeld »Speichern unter« den Ordner *Meine CIB-Arbeit* (im Ordner *Lektionen*), wählen Sie ihn aus und benennen Sie die Datei mit

03_01_Arbeit und speichern Sie sie im JPEG-Format. Achten Sie vor dem Speichern darauf, dass die Option »Mit Original im Versionssatz speichern« deaktiviert ist. Wählen Sie im Dialogfeld »JPEG-Optionen« aus dem Popup-Menü »Qualität« die Option »Hoch« und klicken Sie auf OK.

Schließen Sie Ihre Dateien, um mit dem nächsten Projekt fortzufahren.

Projekt 2: Methoden für Farbkorrektur vergleichen

Die automatische Korrektur in Photoshop Elements 3.0 bringt bei den meisten Fotos optimale Ergebnisse. Weil aber jedes Foto ein Unikat ist, kann das Originalfoto die unterschiedlichsten Probleme mit sich bringen. Einige Fotos reagieren einfach nicht gut auf automatische Korrekturen und erfordern dann eine manuelle Farbkorrektur.

Photoshop Elements 3.0 bietet verschiedene Möglichkeiten der Farbkorrektur. Je mehr dieser Möglichkeiten Sie beherrschen, desto eher werden Sie auch schwierige Fotos in den Griff bekommen. Sie lernen in diesem Projekt drei verschiedene Vorgehensweisen für die Korrektur von Farbproblemen kennen und vergleichen die jeweiligen Ergebnisse.

Arbeitskopien eines Bilds erzeugen

Sie werden drei unterschiedliche Ansätze zur Farbkorrektur miteinander vergleichen und sollten deshalb vorher drei Kopien eines Fotos erzeugen.

Wir gehen davon aus, dass Ihnen die Suche nach Dateien mit Hilfe von Tags im Photoshop Elements 3.0-Organizer einfach von der Hand geht. Deshalb gibt es von nun an nur noch eine Kurzanweisung für das Öffnen von Dateien.

1 Klicken Sie in der Symbolleiste auf »Browser« (), um zum Organizer zu wechseln. Suchen Sie mit Hilfe der Tags »Lektion 3« und »Projekt 2« die Datei *03_02.jpg*, d.h. das Foto mit dem Wasserskiläufer.

2 Wählen Sie die Miniatur. Klicken Sie auf »Bearbeiten« () und wählen Sie die Option »Gehe zu Schnellkorrektur«.

3 Wählen Sie im Schnellkorrektur-Modus im Editor den Befehl **Datei: Duplizieren**. Klicken Sie im Dialogfeld auf OK, um den Namen *03_02 Kopie.jpg* zu übernehmen.

4 Wiederholen Sie Schritt 3 für eine weitere Kopie (*03_02 Kopie 2.jpg*).

Lassen Sie alle drei Kopien für die nächsten Schritte geöffnet. Sie erkennen geöffnete Dateien daran, dass sie unten im Fotobereich zu sehen sind.

Nur die Schnellkorrektur Farbe anwenden

Sie haben zu Beginn dieser Lektion in einem Schritt alle vier Schnellkorrekturen sämtlichen Bildern dieser Lektion zugewiesen und die Ergebnisse an einem neuen Speicherort gespeichert. Dieser eine Schritt (Auto-Korrektur) ist bequemer, da Sie nur eine und nicht vier Optionen wählen müssen.

Im folgenden Schritt wenden Sie nur eine Schnellkorrektur-Option an.

1 Wählen Sie im Fotobereich die Miniatur *03_02.jpg*.

2 Klicken Sie in der Farbe-Palette auf »Auto«, um ausschließlich die Farbe zu korrigieren.

3 Vergleichen Sie die Vorher- und Nachher-Ansicht der Datei.

4 Speichern Sie die Datei (**Datei: Speichern**) im Ordner *Lektionen\Meine CIB-Arbeit* im JPEG-Format. Ändern Sie den Namen in **03_02_Arbeit**, deaktivieren Sie die Option »Mit Original im Versionssatz speichern« und übernehmen Sie alle anderen Vorgaben in den Dialogfeldern »Speichern unter« und »JPEG-Optionen«.

Ergebnis der Schnellkorrektur anpassen

Jetzt experimentieren Sie mit einem der Regler in den Schnellkorrektur-Paletten.

1 Wählen Sie im Fotobereich die Miniatur *03_02_Kopie*.

2 Klicken Sie in der Farbe-Palette auf die Schaltfläche »Auto«. Das Ergebnis entspicht dem der vorherigen Prozedur.

3 Ziehen Sie den Temperatur-Regler etwas nach links.

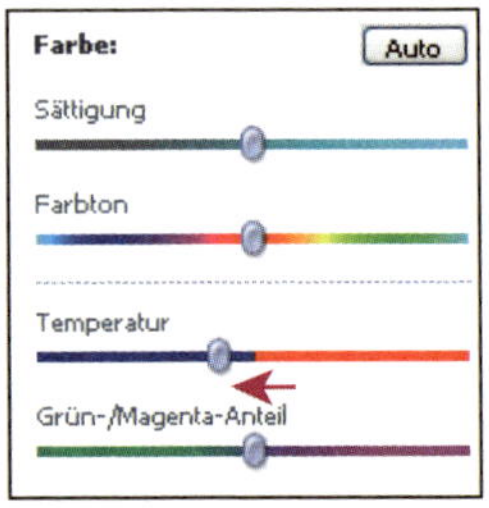

Das Bild wird etwas kühler, das heißt, die blauen und grünen Töne werden verstärkt und die gelben, roten sowie orangefarbigen Töne verringert.

4 Prüfen Sie das Ergebnis und achten Sie besonders auf die Hauttöne und die Wasserfarbe.

5 Ziehen Sie so lange am Temperatur-Regler, bis Sie die richtige Balance zwischen den warmen Hauttönen und der kühlen Wasserfarbe gefunden haben. Klicken Sie dann im Register der Farbe-Palette auf »Bestätigen« (✔).

Hinweis: *Gefällt Ihnen die Korrektur noch nicht und möchten Sie von vorn beginnen, klicken Sie im Register der Farbe-Palette auf »Abbrechen« (⊘). Falls Sie die Schnellkorrektur widerrufen möchten, nachdem Sie auf »Bestätigen« geklickt haben, klicken Sie auf die Schaltfläche »Zurück« in der Nachher-Ansicht. Anschließend nimmt das Bild wieder den ursprünglichen Zustand ein, so dass Sie mit der Korrektur von vorn beginnen können.*

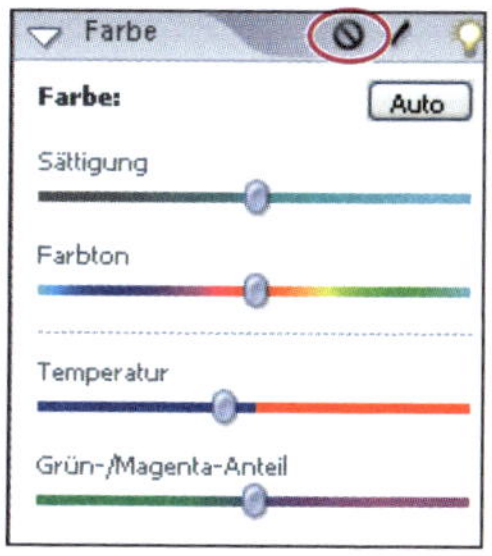

6 Speichern Sie die Datei (**Datei: Speichern**) im Ordner *Lektionen\Meine CIB-Arbeit* im JPEG-Format. Ändern Sie den Namen in **03_02 Kopie_Arbeit**, deaktivieren Sie die Option »Mit Original im Versionssatz speichern« und übernehmen Sie alle anderen Vorgaben in den Dialogfeldern »Speichern unter« und »JPEG-Optionen«.

Schnellkorrektur und manuelle Korrektur kombinieren

Die ersten vier Befehle oben im Überarbeiten-Menü weisen die gleichen Änderungen wie die »Auto«-Schaltflächen in der Schnellkorrektur zu. Diese Befehle sind sowohl in der Schnellkorrektur als auch im Standardeditor verfügbar.

Die Schnellkorrektur und der Standardeditor bieten noch andere Methoden zur Farbkorrektur von Bildern. Die entsprechenden Optionen finden Sie in den Untermenüs in der unteren Hälfte des Überarbeiten-Menüs. Sie greifen nun manuell in das Ergebnis einer automatischen Korrektur ein.

1. Wählen Sie im Fotobereich die Miniatur *03_02 Kopie 2*.
2. Klicken Sie wieder in der Farbe-Palette auf »Auto« für die automatische Farbkorrektur.
3. Wählen Sie **Überarbeiten: Farbe anpassen: Farbvariationen**.
4. Achten Sie darauf, dass unten links im Dialogfeld die Option »Mitteltöne« gewählt ist und der Stärkeregler auf der Mitte steht. Führen Sie dann die folgenden Schritte aus:
   - Klicken Sie einmal auf die Miniatur »Blau verstärken«.
   - Klicken Sie einmal auf die Miniatur »Rot reduzieren«.
   - Klicken Sie auf OK.

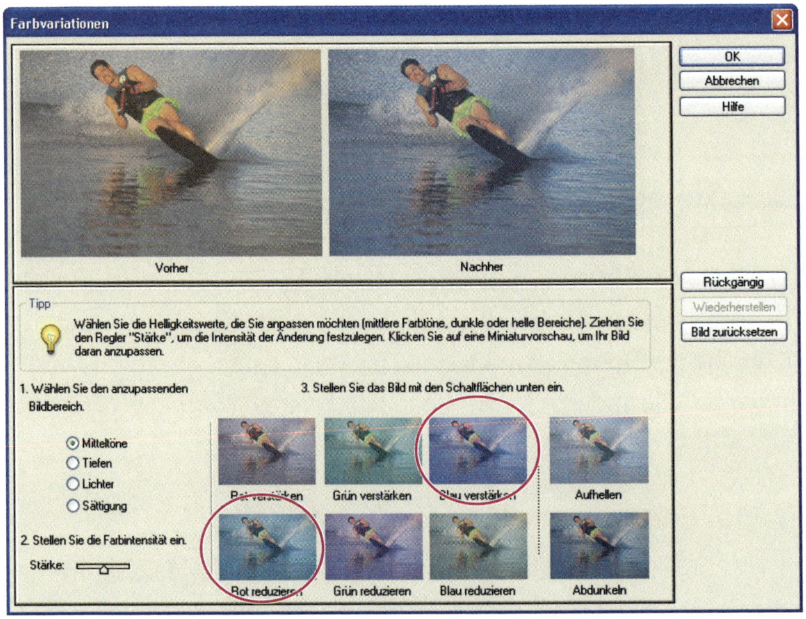

5. Wählen Sie **Datei: Speichern unter**.

6 Speichern Sie die Datei im Ordner *Lektionen\Meine CIB-Arbeit* im JPEG-Format. Ändern Sie den Namen in **03_02 Kopie 2_Arbeit**, deaktivieren Sie die Option »Mit Original im Versionssatz speichern« und übernehmen Sie alle anderen Vorgaben in den Dialogfeldern »Speichern unter« und »JPEG-Optionen«.

Diese Kombination von Korrekturen lässt das Wasser türkis und die Badehose giftgrün aussehen. Um andere Kombinationen auszuprobieren, machen Sie die Änderungen einfach rückgängig und beginnen von vorn. (Wählen Sie **Bearbeiten: Rückgängig: Farbvariationen** und starten Sie wieder mit Schritt 4.)

Ergebnisse vergleichen

An diesem Punkt sind alle drei Kopien des Bildes geöffnet (was Sie im Fotobereich erkennen). Sie vergleichen die Kopien mit der Datei, die Sie am Anfang dieser Lektion bearbeitet haben.

1 Wählen Sie **Datei: Öffnen**. Suchen Sie die Datei *Autokor_03_03.jpg* im Ordner *Meine CIB-Arbeit* und öffnen Sie sie.

2 Klicken Sie in der Symbolleiste auf »Standardeditor« ().

3 Wählen Sie **Fenster: Bilder: Nebeneinander**.

4 Wählen Sie in der Werkzeug-Palette das Zoom-Werkzeug ( ).

5 Klicken Sie in der Optionsleiste auf »Auszoomen« ( ) und führen Sie einen der folgenden Schritte aus:

- Klicken Sie im aktiven Bildfenster, bis Sie das komplette Foto sehen. Wählen Sie dann **Fenster: Bilder: Gleiche Zoomstufe**.
- Aktivieren Sie in der Optionsleiste »Alle Fenster« und klicken Sie anschließend im aktiven Fenster.

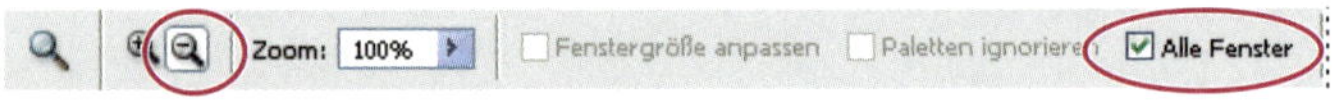

Sie erkennen an der gewählten bzw. hervorgehobenen Miniatur im Fotobereich, welche Datei aktiv ist. Außerdem wird bei der jeweils aktiven Datei die Titelleiste im Bildfenster klar angezeigt und nicht abgeblendet wie bei den inaktiven Bilddateien.

6 Prüfen Sie das Wasser, die Hauttöne und die Farben der Kleidung in den vier Versionen. Entscheiden Sie selbst, welcher Prozess am effektivsten war. Ziehen Sie dann an der Ecke eines Bildfensters, um es ein wenig zu verkleinern. (Die automatische Anordnung der Bildfenster wird so abgeschaltet.)

7 Wählen Sie **Datei: Alle schließen**. Falls danach gefragt wird, speichern Sie keine Änderungen.

Es gibt noch weitere Möglichkeiten der Farbkorrektur, die ausführlich in der Hilfe beschrieben sind (wählen Sie **Hilfe: Photoshop Elements-Hilfe**). Suchen Sie in der Hilfe nach Informationen zu anderen Befehlen im Menü »Überarbeiten: Farbe anpassen«, wie z.B. »Farbstich entfernen« oder »Farbton/Sättigung anpassen«.

Projekt 3: Augenfarbe in einem Bild ändern

Rote Augen entstehen dann, wenn der Kamerablitz von der Netzhaut des Auges so reflektiert wird, dass die dunkle Pupille strahlend rot wird. Das Rote-Augen-entfernen-Werkzeug ( ) ist eine einfache, automatische und äußerst überzeugende Lösung für dieses Problem. Die Anwendung dieses Werkzeugs ist so einfach und so gut in der Hilfe und auch in der Anweisungen-Palette beschrieben, dass wir an dieser Stelle nur kurz darauf eingehen. Wenn Sie ein Foto mit Rote-Augen-Effekt haben, sollten Sie das Rote-Augen-entfernen-Werkzeug einfach selber ausprobieren.

So intelligent das Rote-Augen-entfernen-Werkzeug auch sein mag – der Einsatz beschränkt sich ausschließlich auf rote Augen. Es lässt sich nicht benutzen, um z.B. braune Augen blau zu machen. Das Werkzeug funktioniert auch nicht bei anderen Reflexionen auf der Netzhaut, wie z.B. bei glühenden Katzenaugen verursacht durch einen Scheinwerfer oder Kamerablitz. Zum Glück gibt es noch ein anderes Werkzeug, das sich ebenso einfach wie das Rote-Augen-entfernen-Werkzeug einsetzen lässt.

Reflektierende Tieraugen abdunkeln

In diesem Projekt arbeiten Sie mit einer Blitzlichtaufnahme einer Katze. Das Bild zeigt die typische Netzhautreflexion, die in Tieraugen bei direktem hellen Licht entsteht.

1 Suchen Sie im Organizer oder im Browser das Bild für dieses Projekt (*03_03.jpg*) und öffnen Sie es im Standardeditor.

2 Führen Sie in der Werkzeug-Palette Folgendes aus:

- Drücken Sie auf Ihrer Tastatur die Taste D, um die standardmäßigen Vorder- und Hintergrundfarben (Schwarz und Weiß) einzustellen. Oder klicken Sie auf das Symbol »Standardfarben für Vordergrund und Hintergrund«. Das Symbol finden Sie bei den Farbfeldern in der Werkzeug-Palette.
- Wählen Sie das Farbe-ersetzen-Werkzeug (), indem Sie mit gedrückter Maustaste auf den Pinsel () klicken. Wählen Sie dann aus der Liste das Farbe-ersetzen-Werkzeug.

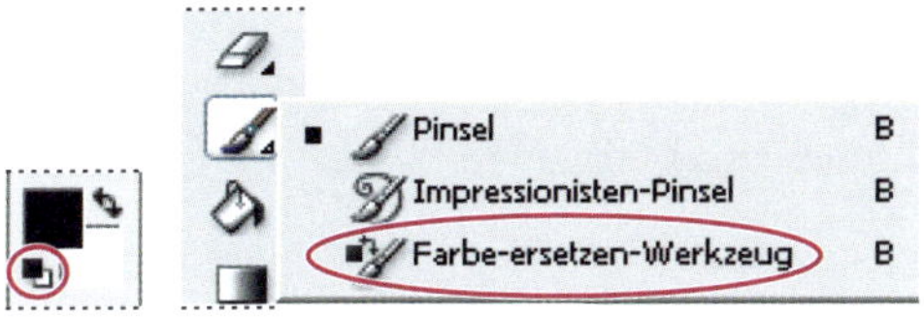

3 Verwenden Sie in der Optionsleiste die Popup-Menüs, Popup-Regler oder Eingaben, um folgende Einstellungen vorzunehmen: **13 Px** als Durchmesser (Standardeinstellung) in der Pinsel-Palette, **Luminanz** als Malmodus, **Einmal** für Sampling (Aufnehmen) und **25%** als Toleranz.

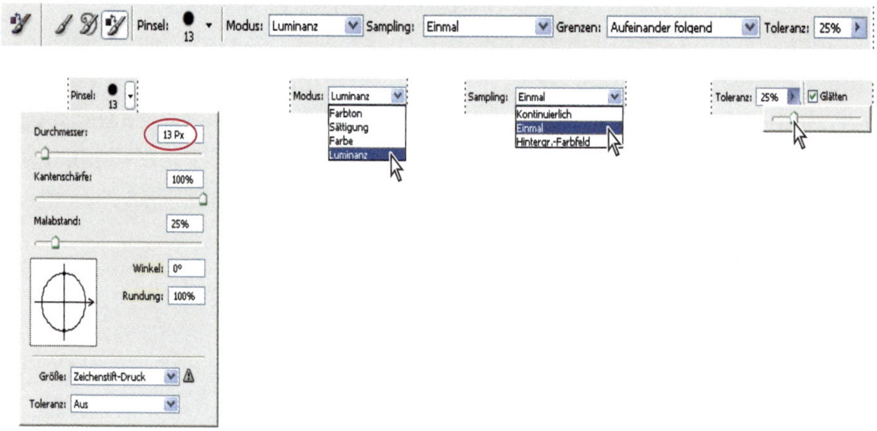

4 Ziehen Sie den Regler in der Navigator-Palette nach rechts, um die Ansicht zu vergrößern. Ziehen Sie anschließend den roten Rahmen so in der Miniatur, dass die Katzenaugen im Bild zentriert sind und das Bildfenster fast vollständig ausfüllen.

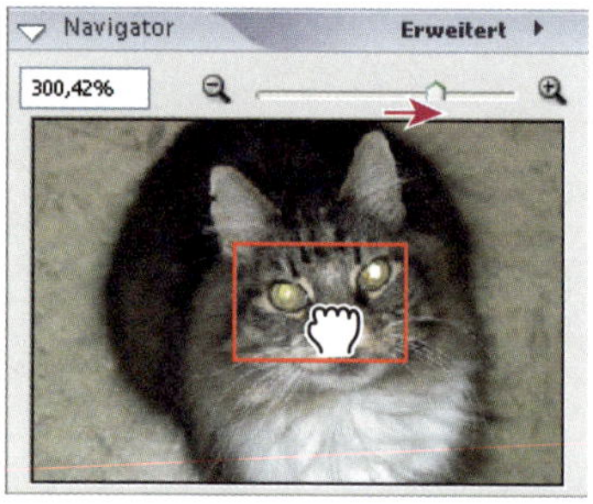

5 Zentrieren Sie das Farbe-ersetzen-Werkzeug im oberen Teil der linken Pupille. Ziehen Sie über diesen Bereich des Auges mit gedrückter Maustaste, bis der größte Teil der Pupille schwarz ist (ein kleiner Teil bleibt weiß für ein Spitzlicht).

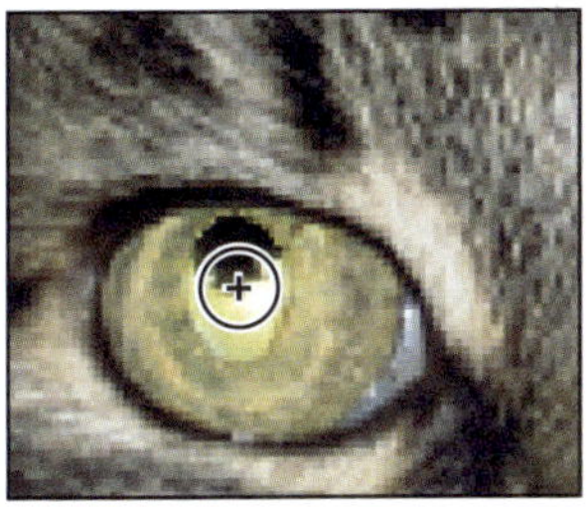
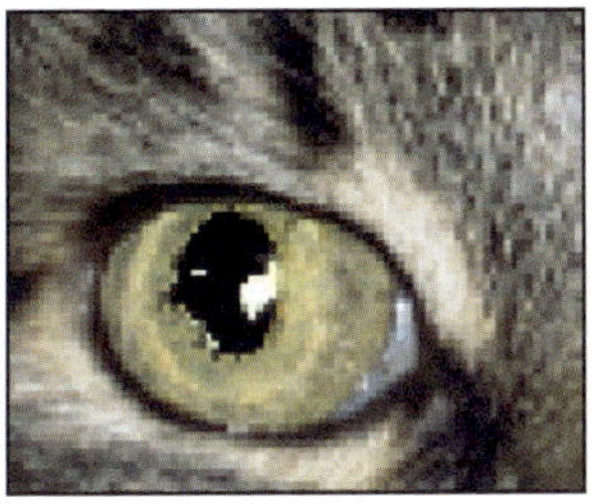

Hinweis: *Der Pinsel muss sich nicht unbedingt innerhalb der Pupille bewegen. Wenn alle in Schritt 3 eingestellten Optionen wirksam sind, ersetzt das Werkzeug nur die strahlend gelben Reflexionen auf der Netzhaut. Falls Ihr Ergebnis anders als in obiger Abbildung ausfällt, überprüfen Sie die für das Werkzeug eingestellten Optionen und beginnen Sie dann von vorn.*

6 Ziehen Sie jetzt über die rechte Pupille, um sie ebenfalls mit Schwarz zu füllen.

Die Navigator-Palette vereinfacht das Zoomen und Rollen in einem Bild mit dem Vorteil, dass Sie nicht erst das Zoom-Werkzeug und dann wieder das Bearbeiten-Werkzeug wählen müssen. Den roten Rahmen auf den Bereich zu ziehen, den Sie sehen möchten, ist erheblich schneller und intuitiver als ein vertikales und horizontales Rollen. Außerdem verlieren Sie bei dieser Methode nie die Orientierung, das heißt, Sie wissen immer, in welchem Bereich Sie sich auch bei sehr hohen Zoomstufen befinden.

Bei einigen numerischen Optionen lässt sich der Wert auch durch das so genannte Scrubbing *ändern. Bewegen Sie den Zeiger einfach über die Bezeichnung (wie z.B.* Größe *oder* Toleranz *für das Farbe-ersetzen-Werkzeug). Der Zeiger ändert seine Form ( ). Ziehen Sie nun nach links oder rechts über die Bezeichnung, um den Zahlenwert größer oder kleiner zu machen.*

> ***Was ist eine Auswahl?***
>
> *Projekt 3 in Lektion 3 führt in das Erstellen von Auswahlbereichen ein. Normalerweise ändert sich der komplette Bildbereich, sobald Sie Änderungen einem Bild oder einer Bildebene zuweisen. Grund: Das gesamte Bild ist aktiviert. Eine Auswahl ist ein Teil eines Bildbereichs und gleichzeitig der einzig aktive Bereich des Bildes. Jede Änderung wirkt sich jetzt nur noch auf den Bereich innerhalb der Auswahl aus, während das restliche Bild geschützt bzw. maskiert ist.*
>
> *Um eine Auswahl zu erstellen, verwenden Sie bestimmte Werkzeuge. Die meisten dieser Werkzeuge lernen Sie im weiteren Verlauf dieses Buches kennen. Eine Auswahl kann eine geometrische oder eine freie Form sein und harte oder weiche Kanten besitzen.*
>
> *In den meisten Fällen zeigt ein Auswahlrahmen aus blinkenden und gestrichelten Linien die äußere Begrenzung einer Auswahl. Eine Auswahl lässt sich sogar speichern und später erneut verwenden. Das ist äußerst zeitsparend, wenn Sie die Auswahl mehrmals benötigen.*
>
> *Weitere Informationen über Auswahlen finden Sie in der Photoshop Elements-Hilfe.*

Wiederherstellen der Spitzlichter

Im Gegensatz zu den Reflexionen auf der Netzhaut bringen die Reflexionen auf der Oberfläche der Augen Leben in ein Bild. Das Farbe-ersetzen-Werkzeug hat leider im rechten Katzenauge diese Reflexionen entfernt. Sie kopieren jetzt einfach die noch im linken Augen vorhandene Reflexion bzw. das Spitzlicht in das rechte Auge.

1 Wählen Sie in der Werkzeug-Palette die Auswahlellipse (◌), die mit dem Auswahlrechteck (⬚) gruppiert ist.

2 Ziehen Sie eine Auswahl um die kleine weiße Reflexion (einschließlich etwas Schwarz) im linken Auge.

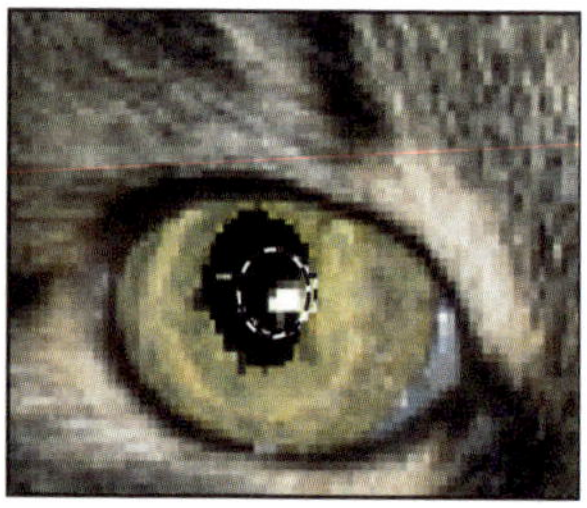

3 Vergrößern Sie noch mehr und wählen Sie dann das Verschieben-Werkzeug (▸✥).

4 Setzen Sie den Zeiger in die Auswahl, bis er zur Pfeilspitze wird (▶). Ziehen Sie dann ein kurzes Stück mit gedrückter Alt-Taste, um eine Kopie des gewählten Bereichs zu erzeugen und aus diesem zu verschieben. Lassen Sie die Alt-Taste wieder los und ziehen Sie die kopierte Auswahl auf das andere Katzenauge.

***Hinweis:** Ziehen Sie nicht an einem der Eckgriffe, da Sie sonst die Aufwahl vergrößern oder verzerren statt sie zu kopieren und zu verschieben. Falls Ihnen dieser Fehler unterläuft, klicken Sie in der Optionsleiste auf »Abbrechen« (⦸) und starten Sie einen neuen Versuch.*

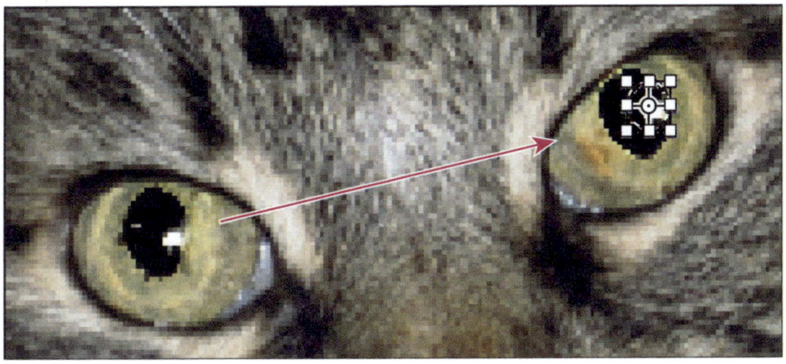

5 Heben Sie die Auswahl auf, indem Sie **Auswahl: Auswahl aufheben** wählen oder Strg+D drücken.

6 Ziehen Sie den Regler in der Navigator-Palette nach links, um wieder das komplette Bild anzuzeigen, und prüfen Sie das Ergebnis.

7 Wählen Sie **Datei: Speichern unter**. Speichern Sie die Datei im Ordner *Lektionen\Meine CIB-Arbeit* im JPEG-Format. Ändern Sie den Namen in **03_03 _Arbeit**, deaktivieren Sie die Option »Mit Original im Versionssatz speichern« und übernehmen Sie alle anderen Vorgaben in den Dialogfeldern »Speichern unter« und »JPEG-Optionen«.

Die gedrückte Alt-Taste beim Ziehen des Verschieben-Werkzeugs wird oft von Profis benutzt. Die Technik gleicht dem Kopieren und Einfügen mit der Einschränkung, dass der kopierte Bereich in eine separate Ebene eingefügt wird. Sie erkennen in der Ebenen-Palette, dass bei der Profitechnik die kopierten Pixel auf der gleichen Ebene wie die Quelle verbleiben.

Erneuter Glückwunsch! Wieder haben Sie ein Projekt beendet, das heißt, in dieser Lektion bleibt nur noch ein Projekt übrig. Sie haben erfahren, wie Sie das Farbe-ersetzen-Werkzeug in den Situationen einsetzen, in denen das Rote-Augen-entfernen-Werkzeug nicht das gewünschte Ergebnis erzielt. Außerdem haben Sie mit dem Ziehen des Verschieben-Werkzeugs bei gedrückter Alt-Taste einen trickreichen Kurzbefehl zum Duplizieren eines gewählten Bereichs kennen gelernt.

Die Sampling-Optionen für das Farbe-ersetzen-Werkzeug

Die Option »Sampling« legt fest, welche Farben mit dem Farbe-ersetzen-Werkzeug geändert werden. Die Farbe wird durch Aufnehmen der Pixel direkt unter dem Farbenkreuz in der Mitte des Pinsels gewählt. Es gibt zwei Sampling-Arten: Einmal *und* Kontinuierlich.

Einmal *Wählen Sie diese Option, damit die Sampling-Farbe bei jedem Pinselstrich gleich bleibt. Wenn sich beispielsweise das Fadenkreuz über einem gelben Bereich befindet und Sie ziehen, ändern sich beim weiteren Ziehen über das Bild nur die gelben Bildbereiche. Trifft das Fadenkreuz auf eine andere Farbe, ändert das Farbe-ersetzen-Werkzeug weiterhin nur die Pixel, die mit dem Originalgelb übereinstimmen. Diese Option bietet sich an, wenn kleine Bereiche ohne große Farbvariationen (z.B. die Katzenaugen) zu ändern sind.*

Kontinuierlich *Wählen Sie diese Option, um beim Bewegen des Farbe-ersetzen-Werkzeugs ständig neue Farbe aufzunehmen. Befindet sich beispielsweise das Fadenkreuz beim Beginn des Ziehens über einem gelben Bereich und trifft anschließend auf einen roten Bereich, ändert das Farbe-ersetzen-Werkzeug von da an die roten Pixel. Die Sampling-Option »Kontinuierlich« eignet sich gut für große Bereiche mit Farbverschiebungen, da Sie die Maustaste zwischendurch loslassen können. Wenn Ihnen in diesem Fall ein Fehler unterläuft und Sie deshalb einen Schritt rückgängig machen wollen, müssen Sie nur den allerletzten Pinselstrich wiederholen.*

Projekt 4: Farbe eines Bildobjekts ändern

Photoshop Elements bietet zwei Methoden, um eine Farbe in eine andere zu ändern. Die erste beinhaltet das Farbe-ersetzen-Werkzeug, mit dem Sie im vorherigen Projekt das Gelb in den Katzenaugen durch Schwarz ersetzt haben. Mit dieser Technik lässt sich jede Farbe in eine andere ändern, indem Sie einfach für die standardmäßige Vordergrundfarbe Schwarz eine andere Vordergrundfarbe wählen.

Mit der zweiten Methode arbeiten Sie nun in diesem Projekt. Die Methode ist schneller als das Farbe-ersetzen-Werkzeug, funktioniert dafür aber auch nicht bei allen Bildarten. Es gelingt am besten, wenn die Farbe des zu ändernden Objekts in keinem der anderen Bildbereiche vorhanden ist. Das Farbfoto des hellgelben Pickups (PKW mit Ladefläche) hat kaum weiteres Gelb im Bild und eignet sich deshalb hervorragend für das vorliegende Projekt.

Ebenen einrichten und eine Auswahl speichern

Sie ändern in diesem Projekt die Farbe des gelben Pickups. Dabei arbeiten Sie in einer Kopie der Hintergrundebene, die den Vergleich des fertigen Projekts mit dem Originalfoto vereinfacht.

Sie haben im vorherigen Projekt zum ersten Mal eine Auswahl für das Spitzlicht im Katzenauge angelegt. In diesem Projekt arbeiten Sie mit einer etwas schwierigeren Freiform-Auswahl. Um sicherzugehen, speichern Sie dann diese Auswahl als permanenten Bestandteil der Arbeitsdatei. Das Speichern einer komplexen Auswahl bietet sich immer dann an, wenn sie später erneut benötigt wird.

1 Suchen Sie mit Hilfe des Browsers oder Organizers die Datei *03_04.jpg*, die sich im Ordner *Lektion03* befindet, und öffnen Sie die Datei im Standardeditor.

2 Wählen Sie **Ebene: Ebene duplizieren** und übernehmen Sie den vorgegebenen Namen. Oder ziehen Sie in der Ebenen-Palette die Hintergrundebene auf das Symbol »Neue Ebene erstellen«.

3 Wählen Sie das Lasso () und ziehen Sie für eine rohe Auswahl des Pickups. Dabei macht es nichts, wenn Teile des Strauches und der Hecke in der Auswahl enthalten sind.

Hinweis: *Das Lasso () finden Sie in der Werkzeug-Palette zusammen mit dem Magnetischen Lasso () und dem Polygon-Lasso (). Sie schalten schnell zwischen den Lasso-Werkzeugen um, indem Sie das gewünschte Lasso links oben in der Optionsleiste wählen.*

4 Klicken Sie in der Optionsleiste auf das Symbol »Von Auswahl subtrahieren« () und ziehen Sie dann eine Form über den in der Auswahl enthaltenen Hintergrund, um diesen aus der Auswahl zu entfernen.

Hinweis: *Es ist hilfreich, bei diesem Teil der Lektion einzuzoomen. Benutzen Sie den Regler in der Navigator-Palette zum Vergrößern (Sie brauchen dann nicht das Werkzeug zu wechseln) oder arbeiten Sie mit dem Tastaturbefehl Strg+=.*

5 Entfernen Sie so viel von der Hecke, bis die Auswahl gut an die Karosserie angepasst ist. Das Ganze muss nicht perfekt sein, nur muss das Fahrzeug innerhalb der Auswahl enthalten sein.

6 Wählen Sie **Auswahl: Auswahl speichern** und benennen Sie die Auswahl mit **Pickup**. Klicken Sie anschließend auf OK.

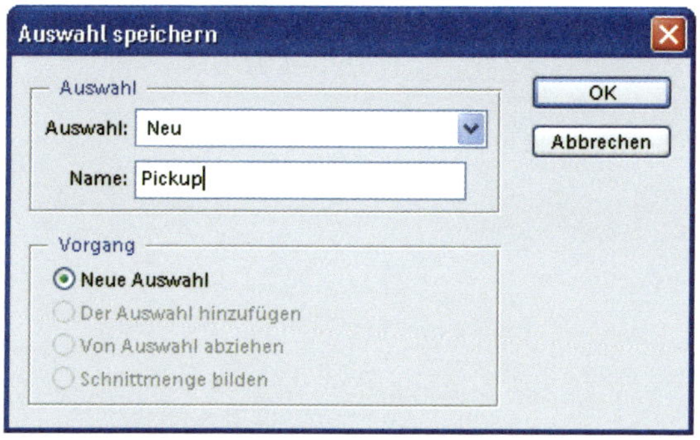

7 Drücken Sie Strg+D, um die Auswahl aufzuheben, oder wählen Sie **Auswahl: Auswahl aufheben**.

Falls Sie in Schritt 4 eingezoomt haben, sollten Sie jetzt wieder auszoomen, um das komplette Bild anzuzeigen.

Eine Farbe im ganzen Bild ersetzen

Das Besondere beim Farbe-ersetzen-Feature ist, dass Sie auch weniger präzise arbeiten können – selbst dann erhalten Sie spektakuläre Ergebnisse.

Eine Warnung vorweg: Diese Übung führen Sie zweimal aus. Zuerst arbeiten Sie ohne die bereits gespeicherte Auswahl, damit Sie erkennen, wie sehr die Farbbereiche außerhalb des Pickups (wie z.B. die Hecke) beeinflusst werden.

1 In der Ebenen-Palette ist die Ebene *Hintergrund Kopie* gewählt.

2 Wählen Sie **Überarbeiten: Farbe anpassen: Farbe ersetzen**.

3 Wählen Sie im Dialogfeld »Farbe ersetzen« die Option »Bild«, um die farbige Miniatur des Pickups anzuzeigen. Achten Sie darauf, dass die Pipette (✐) im

Dialogfeld gewählt ist. Klicken Sie jetzt in einem hellen Bereich der gelben Farbe.

4 Wählen Sie unter der Miniatur die Option »Auswahl«, um in der jetzt schwarzweißen Miniatur die gewählten Bereiche (weiße Farbe) anzuzeigen.

5 Ziehen Sie die Regler Farbton, Sättigung und Helligkeit, um die Farbe des gewählten Bereichs zu ändern (z.B. Farbton -60, Sättigung 8 und Helligkeit -9 für ein leuchtendes Rot). Sie können die Werte auch eingeben, indem Sie den Reglernamen nach links oder rechts ziehen (scrubben).

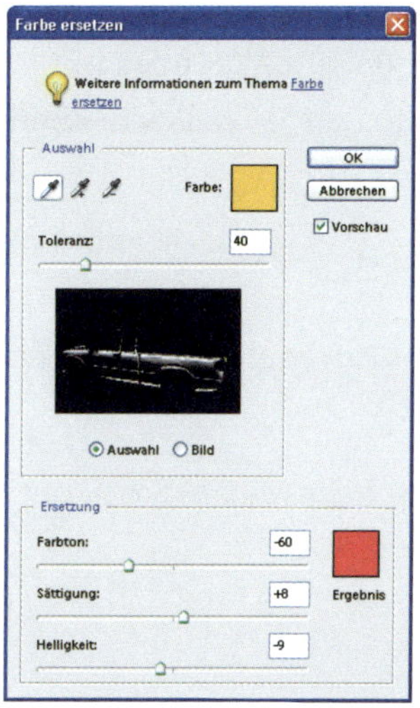

6 Passen Sie den Bereich für die neue Farbe folgendermaßen an:

- Wählen Sie die Pipette »Der aufgenommenen Farbe hinzufügen« ( ) und klicken Sie in einem Bereich der Miniatur, der in der Original-Bildansicht noch schmutzig-gelb ist.
- Ziehen Sie den Toleranz-Regler so weit nach rechts, bis das Ergebnis ein guter Kompromiss zwischen der neuen Farbe im Pickup und der Auswirkung auf das Grün im Hintergrund ist.

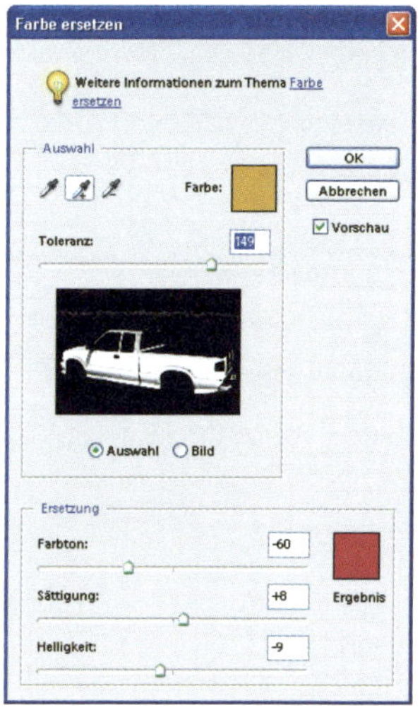

7 Wenn Ihnen das Ergebnis zusagt, klicken Sie auf OK.

Abhängig von der ersetzten Farbe und der Farbcharakteristik erkennen Sie eventuell eine Farbverschiebung in den Büschen hinter dem Pickup. Wenn Sie mit diesem Kompromiss leben können – fein. Wenn nicht, müssen Sie vielleicht eine andere Technik ausprobieren, die Sie nun kennen lernen.

Farbe in einem begrenzten Bildbereich ersetzen

Sie arbeiten wieder mit der bekannten Vorgehensweise, begrenzen diesmal aber den zu ersetzenden Bereich, indem Sie eine Auswahl laden.

1 Wählen Sie **Bearbeiten: Rückgängig: Farbe ersetzen** oder wählen Sie in der Rückg.-Protokoll-Palette den Schritt vor »Farbe ersetzen«.

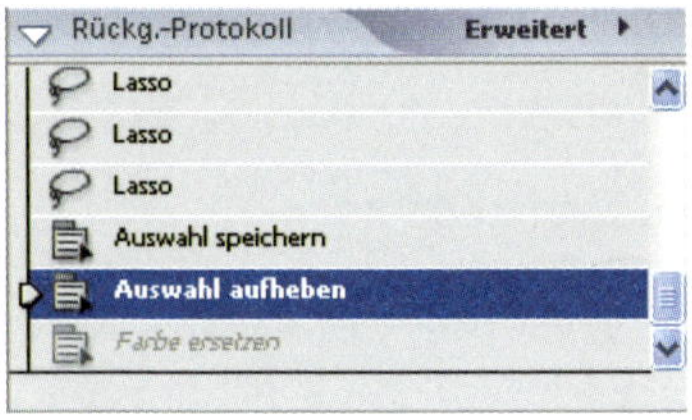

***Hinweis:** Wenn Sie Ihre Arbeit nicht permanent rückgängig machen wollen, speichern Sie einfach eine Kopie der Datei mit dem Befehl **Datei: Duplizieren**. Speichern Sie die Kopie unter einem neuen Namen. Oder verwenden Sie die Original-Arbeitsdatei und erstellen Sie eine neue Kopie der Ebene »Hintergrund Kopie« (**Ebene: Ebene duplizieren**). Ziehen Sie dann diese Ebenenkopie im Ebenenstapel ganz nach oben, um nur die neue Ebene anzuzeigen und in ihr zu arbeiten.*

2 Wählen Sie **Auswahl: Auswahl laden**. Achten Sie darauf, dass unter »Auswahl« der Name *Pickup* gezeigt wird. Klicken Sie auf OK.

3 Wählen Sie **Überarbeiten: Farbe anpassen: Farbe ersetzen**.

4 Arbeiten Sie im Dialogfeld »Farbe ersetzen« mit den gleichen Einstellungen und Techniken wie in der vorherigen Prozedur, um die Farbe des Pickups zu ersetzen. (Siehe »Eine Farbe im ganzen Bild ersetzen« ab Seite 145, Schritte 3 bis 6.)

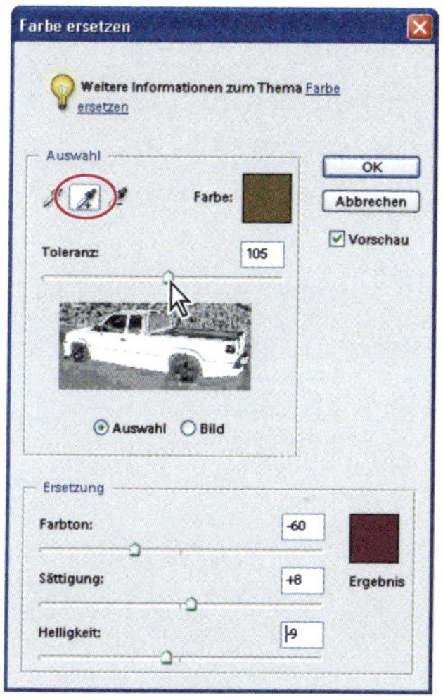

5 Wenn Ihnen das Ergebnis gefällt, klicken Sie auf OK, um das Dialogfeld zu schließen.

6 Wählen Sie **Auswahl: Auswahl aufheben** oder drücken Sie Strg+D.

7 Wählen Sie **Datei: Speichern unter**. Speichern Sie die Datei im Ordner *Lektionen\Meine CIB-Arbeit* im JPEG-Format. Ändern Sie den Namen in **03_04 _Arbeit**, deaktivieren Sie die Option »Mit Original im Versionssatz speichern« und übernehmen Sie alle anderen Vorgaben in den Dialogfeldern »Speichern unter« und »JPEG-Optionen«. Schließen Sie nach dem Speichern die Datei.

Damit haben Sie die vier Projekte dieser Lektion erfolgreich abgeschlossen. Sie haben in Projekt 4 erfahren, wie Sie mit dem Lasso eine Auswahl anlegen. Die Auswahl haben Sie dann besser angepasst und anschließend zur späteren Verwendung gespeichert. Danach haben Sie im Dialogfeld »Farbe ersetzen« eine Farbe durch eine andere ersetzt (und diesmal nicht mit dem Farbe-ersetzen-Werkzeug gearbeitet). Sie sind in der Rückg.-Protokoll-Palette zu einem bestimmten Punkt der bisherigen Arbeit zurückgegangen und haben von diesem Punkt aus weitergearbeitet.

Fertige Dateien speichern und organisieren

Sie benutzen die Tags aus Lektion 2, um die neuen Arbeitsdateien zu organisieren. Die aktuellen Lektionsdateien sind eine gute Gelegenheit, das Stapel-Feature im Organizer kennen zu lernen, um Bilddateien noch einfacher suchen und sichten zu können.

1 Falls erforderlich, klicken Sie in der Symbolleiste auf »Browser« ( ), um zum Organizer umzuschalten. Klicken Sie im Organizer auf die Schaltfläche »Alle Fotos anzeigen« (sofern vorhanden).

2 Wählen Sie **Suchen: Elemente ohne Tags.**

Das Miniaturenfenster zeigt ausschließlich die in dieser Lektion erstellten Arbeitsdateien an.

3 Wählen Sie **Bearbeiten: Alles auswählen** oder drücken Sie Strg+A.

4 Ziehen Sie das Tag »Arbeitsdateien« auf die Miniaturen. Wiederholen Sie diesen Schritt mit dem Tag »Lektion 3«.

5 Wählen Sie die erste Miniatur mit dem Wasserskiläufer und klicken Sie dann mit gedrückter Umschalttaste auf die letzte Wasserski-Miniatur, um alle vier Versionen dieses Bildes zu wählen. Falls die Wasserski-Miniaturen nicht nebeneinander angeordnet sind, halten Sie die Strg-Taste gedrückt und klicken Sie dann auf die einzelnen Wasserski-Miniaturen. (Die vier Miniaturen sind jetzt gewählt, d.h. mit einer blauen Kontur versehen.)

6 Wählen Sie **Bearbeiten: Stapel: Ausgewählte Fotos stapeln.**

Es ist nur noch ein Wasserski-Bild zu sehen, dieses ist aber in der oberen rechten Ecke mit dem Symbol »Stapel« ( ) versehen. Das Symbol weist darauf hin, dass mit diesem Bild noch andere Versionen des gleichen Bildes gestapelt sind.

7 Wiederholen Sie die Schritte 4 und 5 für die beiden Kopien der anderen drei Projekte: Katze, Vasen und Pickup.

Sie können bestimmen, welches Bild ganz oben im Stapel sein soll. Wählen Sie einfach die gewünschte Stapel-Miniatur und dann ***Bearbeiten: Stapel: Fotos im Stapel anzeigen****. Der Organizer zeigt jetzt nur die Bildminiaturen des entsprechenden Stapels. Wählen Sie die gewünschte Miniatur und dann* ***Bearbeiten: Stapel: Als erstes Foto festlegen****. Wenn Sie anschließend oben im Miniaturenbereich auf »Alle Fotos anzeigen« klicken, repräsentiert die gerade gewählte Miniatur den kompletten Stapel.*

Farbige Fotos drucken

Manchmal sehen Fotos großartig auf dem Computer, aber schlecht nach dem Druck aus. Wie lassen sich Fotos mindestens so gut wie die Bildschirmdarstellung drucken?

Farbprobleme in Bildern haben die unterschiedlichsten Ursachen. Ein Grund könnten die Kamera und die Umstände sein, unten denen das Bild aufgenommen wurde. Sollte das Foto flau sein, lässt es sich in den meisten Fällen in Photoshop Elements verbessern (siehe die einzelnen Projekte in dieser Lektion).

Doch es gibt noch andere Faktoren für mögliche Farbprobleme. Häufig ist es der Farbbildschirm, der die Farben einfach verschiebt bzw. falsch darstellt. Das können Sie korrigieren, indem Sie den Monitor kalibrieren.

Die Farbwiedergabe ist geräteabhängig. Deshalb könnte beispielsweise Ihr Farbdrucker die Farbinformationen anders als Ihr Computer interpretieren. Das können Sie korrigieren, indem Sie das *Farbmanagement* aktivieren (wählen Sie **Bearbeiten: Farbeinstellungen** und wählen Sie im Dialogfeld die passenden Einstellungen).

Monitorkalibrierung, Farbmanagement und die jeweiligen Wahlmöglichkeiten finden Sie unter verschiedenen Themen in der *Photoshop Elements Hilfe*.

Warum macht Photoshop Elements nicht das, was es soll?

Es gibt Situationen, in denen einem Foto zugewiesene Änderungen nicht zu funktionieren scheinen. Oder Sie hören einen Warnton, der darauf hinweist, dass Sie etwas tun wollen, was so nicht erlaubt oder nicht möglich ist.

Die folgende Aufstellung zeigt Erklärungen und Lösungen für das, was Ihren Arbeitsfluss eventuell unterbrechen könnte.

Bestätigen ist erforderlich *Verschiedene Werkzeug einschließlich Textwerkzeug (T) erfordern, dass Sie in der Optionsleiste erst auf »Bestätigen« (✓) klicken und anschließend eine andere Aufgabe in Angriff nehmen. Das Gleiche gilt, wenn Sie mit dem Freistellungswerkzeug beschneiden oder mit dem Verschieben-Werkzeug eine Ebene oder Auswahl größenmäßig ändern.*

Abbrechen ist erforderlich *Der Rückgängig-Befehl steht nicht zur Verfügung, so lange noch nicht bestätigte Änderungen beispielsweise mit dem Textwerkzeug, Verschieben-Werkzeug oder Freistellungswerkzeug durchgeführt wurden. Wenn Sie diese Änderungen rückgängig machen wollen, klicken Sie in der Optionsleiste auf »Abbrechen «(⃠), statt mit dem Rückgängig-Befehl bzw. dem entsprechenden Tastaturbefehl zu arbeiten.*

Bearbeitungen sind durch eine aktive Auswahl eingeschränkt *Wenn Sie eine Auswahl erstellen (beispielsweise mit dem Auswahlrechteck, dem Zauberstab oder dem Auswahlpinsel), schränken Sie den aktiven Bereich eines Bildes ein. Alle weiteren Bearbeitungen beeinflussen nur die Elemente innerhalb des Auswahlbereichs. Falls Sie Änderungen außerhalb der Auswahl versuchen, passiert nichts. Um eine Auswahl zu deaktivieren, wählen Sie »Auswahl: Auswahl aufheben«. Anschließend können Sie wieder im gesamten Bildbereich arbeiten.*

Das Radiergummi wirkt nur im aktiven Bereich innerhalb der Auswahl.

Verschieben-Werkzeug ist erforderlich *Wenn Sie eine Auswahl ziehen, bewegt sich die Auswahlbegrenzung und nicht das Bild innerhalb der Auswahlbegrenzung. Möchten Sie den gewählten Teil eines Bildes oder eine komplette Ebene bewegen, benutzen Sie das Verschieben-Werkzeug (▸✥).*

Hintergrundebene ist gewählt *Viele Änderungen lassen sich einer Hintergrundebene nicht zuweisen. Sie können beispielsweise nicht löschen, die Deckkraft ändern oder eine Hintergrundebene im Stapel nach oben ziehen. Möchten Sie Änderungen der Hintergrundebene zuweisen, doppelklicken Sie in der Ebenen-Palette auf die Hintergrundebene und geben ihr einen anderen Namen (oder übernehmen Sie den standardmäßigen Namen* Ebene 0).

Aktive Ebene ist ausgeblendet *Meist gelten die von Ihnen vorgenommenen Änderungen nur für die aktuell gewählte Ebene, die in der Ebenen-Palette hervorgehoben ist. Eine Ebene ohne Augensymbol ( ) ist ausgeblendet und lässt sich nicht bearbeiten. Wenn ein Bild auf der ausgewählten Ebene nicht zu sehen ist, d.h. von einer undurchsichtigen Ebene überlagert wird, ändern Sie dennoch die Ebene, obwohl das Ergebnis nicht im Bildfenster zu sehen ist.*

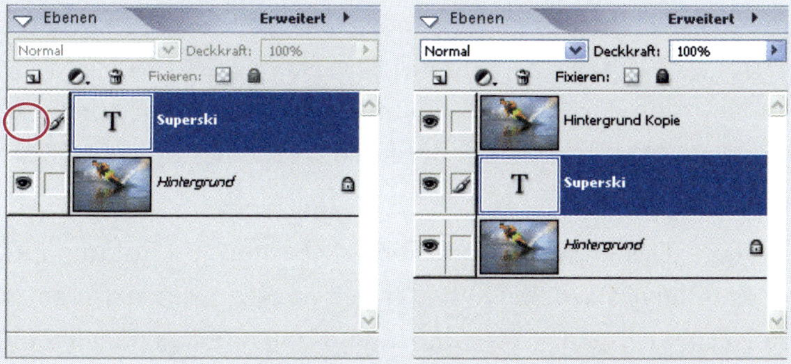

Ausgeblendete aktive Ebene und mit undurchsichtiger Ebene überlagerte Ebene

Aktive Ebene ist gesperrt *Ist eine Ebene mit dem Schloss-Symbol ( ) in der Ebenen-Palette gesperrt, lässt sich die Ebene auch nicht ändern. Um eine Ebene zu entsperren, wählen Sie die Ebenen und dann oben in der Ebenen-Palette das Schloss-Symbol.*

Falsche Ebene gewählt (zum Bearbeiten von Text) *Wenn Sie Änderungen in einer Textebene vornehmen möchten, wählen Sie die Ebene in der Ebenen-Palette. Ist eine Nicht-Text-Ebene beim Klicken mit dem Textwerkzeug im Bildfenster gewählt, erstellt Photoshop Elements eine neue Textebene, statt den Cursor in der vorhandenen Textebene zu platzieren.*

Fragen

1 Wie schalten Sie zwischen dem Standardeditor und der Schnellkorrektur um?

2 Lassen sich Auto-Korrekturen im Standardeditor anwenden?

3 Mit welchem Werkzeug reparieren Sie den Rote-Augen-Effekt, der durch den Kamerablitz hervorgerufen wird? Lassen sich mit dem gleichen Werkzeug auch überstrahlte Tieraugen korrigieren?

4 Was versteht man unter einer Auswahl?

5 Nennen Sie zwei Auswahlwerkzeuge und beschreiben Sie deren Funktionsweise.

Antworten

1 Wenn Sie im Photoshop Elements 3.0 Editor arbeiten, klicken Sie in der Symbolleiste auf die Schaltfläche »Standardeditor« ( ) und »Schnellkorrektur« ( ), um zwischen den beiden Bearbeitungsmodi hin- und herzuschalten.

2 Ja. Das Überarbeiten-Menü enthält Befehle, die den Schaltflächen in den Schnellkorrektur-Paletten entsprechen: Intelligente Auto-Korrektur, Auto-Tonwertkorrektur, Auto-Kontrast und Auto-Farbkorrektur. Das Überarbeiten-Menü enthält außerdem den Befehl »Intelligente Korrektur anpassen«, der ein Dialogfeld öffnet, in dem sich der Korrekturbetrag anpassen lässt.

3 Das Rote-Augen-entfernen-Werkzeug ( ) repariert erstaunlich gut den Rote-Augen-Effekt. Das Werkzeug funktioniert aber nur mit Rot und nicht mit der Überstrahlung bzw. dem Glühen in gelben oder grünen Tieraugen. Dieser Effekt ist ebenfalls eine Auswirkung des Kamerablitzes oder anderer starker Lichteinwirkungen. Um diesen störenden Effekt zu reparieren, benötigt man andere Techniken wie das Farbe-ersetzen-Werkzeug ( ), das in dieser Lektion in Projekt 3 beschrieben wird.

4 Eine Auswahl ist der durch ein Werkzeug gewählte und einzige Bereich einer Ebene, der sich verändern lässt. Bereiche außerhalb der Auswahl sind geschützt, das heißt, sie lassen sich so lange nicht ändern, wie die Auswahl aktiv ist.

5 Die Auswahlellipse ( ) und das Auswahlrechteck ( ) erzeugen Auswahlen in festen geometrischen Formen, sobald Sie mit den Werkzeugen über das Bild ziehen. Das Lasso erzeugt dagegen eine Freiform-Auswahl. Sie ziehen das Lasso um einen auszuwählenden Bereich. Später in diesem Buch lernen Sie noch den Zauberstab kennen, der Bereiche mit gleicher Farbe wählt. Und Sie arbeiten noch mit dem Auswahlpinsel, der beim Ziehen über das Bild statt zu malen Bereiche wählt.

Lektion 4

4 Belichtungsfehler korrigieren

War der Blitz ausgefallen? Das lässt sich reparieren. Ist die Farbe durch starke Reflexe ausgewaschen? Können Sie auf dem uralten Foto kaum noch etwas erkennen? Kein Problem mit Photoshop Elements 3.0!

In dieser Lektion lernen Sie Folgendes:

- Unterbelichtete Fotos aufhellen
- Details und Farben in überbelichteten und ausgeblichenen Fotos wieder herstellen
- Unterschiedliche Bildbereiche individuell korrigieren
- Auswahlformen zur späteren Wiederverwendung speichern
- Einstellungsebenen erstellen und anwenden

Lektion 4 zeigt Ihnen verschiedene Möglichkeiten, um Belichtungsfehler in Fotografien zu korrigieren. Dieser Teil der Farbkorrektur ist meist einfacher, als Sie denken.

Für diese Lektion benötigen Sie eine gute Stunde.

Wir gehen davon aus, dass Sie sich bereits mit dem Arbeitsbereich von Photoshop Elements 3.0 vertraut gemacht haben und wissen, wie Sie auf die beiden Komponenten (Editor und Organizer) in Photoshop Elements zugreifen und mit ihnen arbeiten. Diese Lektion baut außerdem auf den bisherigen Lektionen auf.

Falls Sie die Projektdateien von der Buch-CD noch nicht auf Ihre Festplatte kopiert haben, sollten Sie das jetzt tun (siehe »Die Classroom-in-a-Book-Dateien installieren« auf Seite 12).

Informieren Sie sich außerdem in Lektion 3 unter »Vorbereitungen« auf Seite 123 über die Anordnung des Arbeitsbereichs, auf der die folgenden Projekte aufbauen.

Vorbereitungen

Sie beginnen diese Lektion in der gleichen Art und Weise wie in Lektion 3: Sie weisen allen benötigten Bilddateien in einem Durchgang automatische Korrekturen zu. Anschließend speichern Sie die Dateien, um sie später mit den individuellen Korrekturen und zusätzlich vorgenommenen Änderungen zu vergleichen.

1 Starten Sie Photoshop Elements im Standardeditor, indem Sie im Startbildschirm auf das Symbol »Fotos bearbeiten und verbessern« klicken. Oder (der Organizer ist bereits geöffnet) klicken Sie auf »Bearbeiten« () und wählen Sie »Gehe zum Standardeditor«.

2 Wählen Sie **Datei: Mehrere Dateien verarbeiten**.

3 Nehmen Sie im Dialogfeld »Mehrere Dateien verarbeiten« die folgenden Einstellungen vor:

- Wählen Sie aus dem Popup-Menü »Dateien verarbeiten von« die Option »Ordner« (sofern nicht schon angezeigt).
- Klicken Sie unter »Quelle« auf die Schaltfläche »Durchsuchen«. Suchen Sie den Ordner *Lektion04* im Ordner *Lektionen* und wählen Sie ihn aus. Klicken Sie anschließend auf OK.
- Klicken Sie unter »Ziel« auf die Schaltfläche »Durchsuchen«. Suchen Sie den Ordner *Meine CIB-Arbeit*, der sich im Ordner *Lektionen* befindet, und wählen Sie ihn aus.
- Aktivieren Sie die Option »Dateien umbenennen«. Geben Sie in das erste Feld **Autokor_** ein und wählen Sie aus dem Menü rechts daneben die Option »Dokumentname«.

4 Wählen Sie oben rechts im Dialogfeld unter »Schnellkorrektur« alle vier Optionen: »Auto-Tonwertkorrektur«, »Auto-Kontrast«, »Auto-Farbe« und

»Scharfzeichnen«. Vergleichen Sie alle Einträge und Optionen im Dialogfeld mit der folgenden Abbildung und klicken Sie dann auf OK.

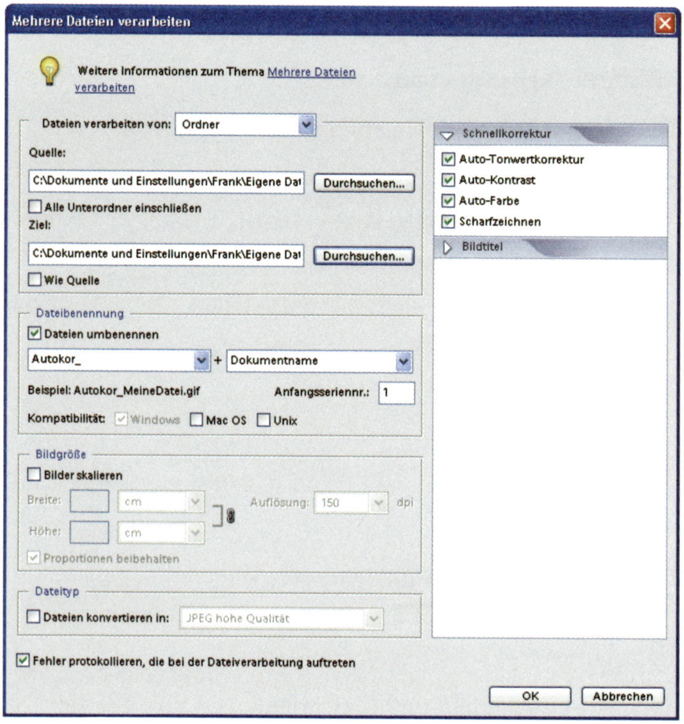

Photoshop Elements beginnt damit, automatisch Bildfenster zu öffnen und wieder zu schließen. Sie brauchen nur noch abzuwarten, bis dieser Vorgang abgeschlossen ist. Falls eine Fehlermeldung erscheint, klicken Sie auf OK.

Sie vergleichen zum Schluss dieser Lektion die Ergebnisse dieser einfachen automatischen Korrektur mit den manuellen Techniken. In vielen Fällen reicht die automatische Korrektur völlig aus, um die gewünschten Ergebnisse zu erzielen.

Projekt 1: Unterbelichtetes Bild aufhellen

Ein leicht unterbelichtetes Foto sieht etwas schmutzig und trübe aus. Bei vielen derartigen Fotos funktioniert die automatische Beleuchtung-Korrektur überraschend gut, das heißt, die Fotos werden entsprechend aufgehellt. Sie arbeiten in diesem Projekt mit einer anderen Technik, die fast ebenso einfach wie die Auto-Korrektur ist.

In dieser Lektion suchen und öffnen Sie Dateien mit dem Dateibrowser. Natürlich könnten Sie (wie in den Lektionen 2 und 3) die Dateien mit Hilfe von Tags im Organizer anzeigen lassen. An dieser Stelle sollen Sie jedoch mit einer alternativen Methode der Dateisuche vertraut gemacht werden. Der Dateibrowser besitzt eine eigene Menüleiste und Paletten, die sich erweitern, reduzieren, gruppieren und neu anordnen lassen, indem Sie auf das Register klicken oder es ziehen. Paletten im Dateibrowser sind fest und lassen sich aus dem Palettenbereich auch nicht entfernen. Weitere Informationen finden Sie in der *Photoshop Elements Hilfe*.

1 Wählen Sie **Datei: Ordner durchsuchen**, um den Dateibrowser zu öffnen.

2 Suchen Sie in der Ordner-Palette den Ordner *Lektion 4* innerhalb des Ordners *Lektionen* auf Ihrer Festplatte und wählen Sie ihn aus. Wählen Sie dann rechts im Dateibrowser die Miniatur *04_01.jpg*.

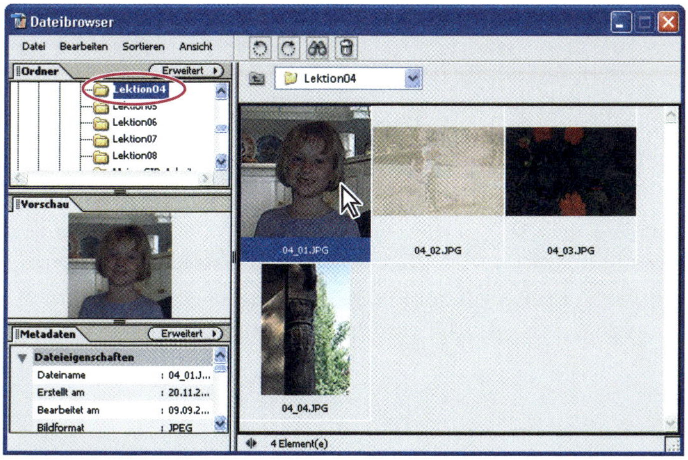

3 Öffnen Sie die Datei innerhalb des Dateibrowsers mit einem der folgenden Schritte:

- Wählen Sie in der Menüleiste des Dateibrowsers den Befehl **Datei: Öffnen**.
- Doppelklicken Sie auf die Miniatur *04_01.jpg*.
- Doppelklicken Sie im Dateibrowser auf die Miniatur in der Vorschau-Palette.

4 Schließen oder minimieren Sie den Dateibrowser. Führen Sie dann einen der folgenden Schritte aus, um die Hintergrundebene des Bildes zu duplizieren:

- Wählen Sie **Ebene: Ebene duplizieren** und klicken Sie auf OK, um den standardmäßigen Namen zu übernehmen.
- Klicken Sie mit der rechten Maustaste auf *Hintergrund* in der Ebenen-Palette und wählen Sie aus dem Kontextmenü die Option »Ebene duplizieren«. Klicken Sie auf OK.
- Ziehen Sie die Ebene *Hintergrund* auf das Symbol »Neue Ebene erstellen« () oben in der Ebenen-Palette.

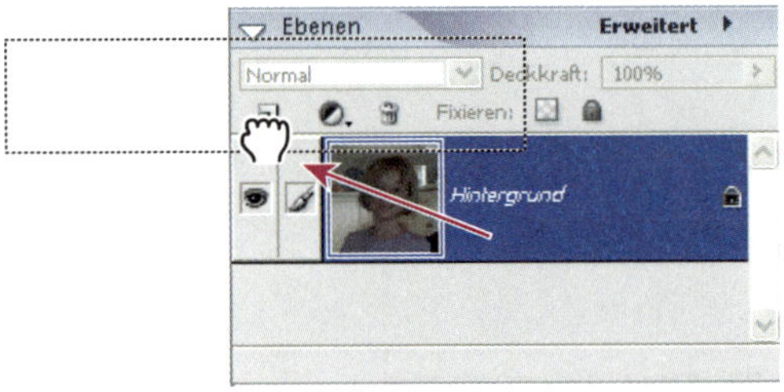

Die neue Ebene *Hintergrund Kopie* ist in der Ebenen-Palette hervorgehoben bzw. als aktive Ebene gewählt.

5 Wählen Sie in der Ebenen-Palette oben aus dem Popup-Menü »Füllmethode« die Option »Negativ multiplizieren«, um »Normal« zu ersetzen.

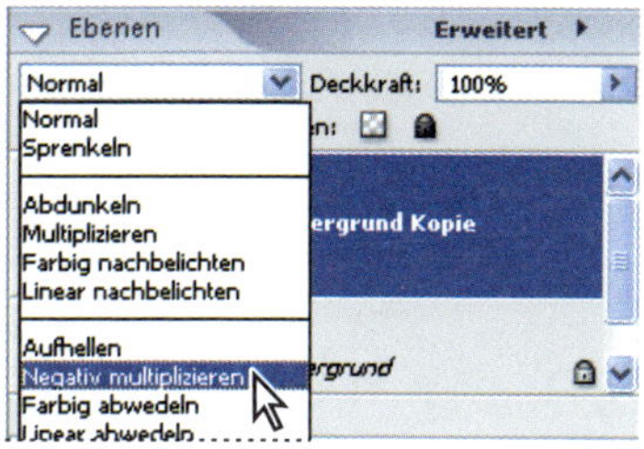

***Hinweis:** Falls das Popup-Menü »Füllmethode« nicht verfügbar ist, prüfen Sie, ob die Ebene* Hintergrund Kopie *gewählt ist. Eine Füllmethode lässt sich nicht auf eine Original-Hintergrundebene anwenden.*

6 Wählen Sie **Datei: Speichern** und speichern Sie die Datei mit dem Namen **04_01_Arbeit.psd** im Ordner *Lektionen\Meine CIB-Arbeit* (diesen Ordner haben Sie in Lektion 2 eingerichtet). Achten Sie darauf, dass die Option »Im Organizer aufnehmen« aktiviert und die Option »Mit Original im Versionssatz speichern« deaktiviert ist.

Falls eine Meldung hinsichtlich der Kompatibilität erscheint, klicken Sie auf OK oder schließen Sie das Fenster. Oder folgen Sie den Hinweisen, wie das Fenster zukünftig geschlossen bleibt.

7 Schließen Sie die Datei.

Sie haben in diesem ersten Projekt erfahren, wie einfach sich ein unterbelichtetes Fotos mit Hilfe einer Füllmethode aufhellen lässt. Sie lernen in anderen Projekten noch andere Füllmethoden kennen, mit denen sich die unterschiedlichsten Bildprobleme korrigieren lassen. Weitere Informationen über Füllmethoden finden Sie in der *Photoshop Elements Hilfe.*

Projekt 2: Verblichene oder überbelichtete Bilder korrigieren

Sie arbeiten in diesem Projekt mit dem Scan eines verblichenen uralten Fotos, das restauriert werden soll. Obwohl die Aufnahme selbst kaum preisverdächtig ist, sind es persönliche Erinnerungen, die Sie mit zukünftigen Generationen teilen möchten.

Die bereits in dieser Lektion durchgeführten automatischen Korrekturen an einer Kopie dieses Bildes haben es schon etwas verbessert. In diesem Projekt verbessern Sie nun diese Korrektur noch mit anderen Techniken.

Dateien kopieren

Sie vergleichen in diesem Projekt unterschiedliche Techniken. Deshalb erzeugen Sie für jede Technik eine eigene Datei mit einem unverwechselbaren Namen, wobei der Name bereits auf die angewendete Technik hinweist.

1 Wählen Sie **Datei: Ordner durchsuchen**, um wieder den Dateibrowser zu öffnen. Suchen Sie wie beim vorherigen Projekt die Datei *04_02.jpg* im Ordner *Lektion04* und wählen Sie sie aus. Schließen Sie dann den Dateibrowser.

2 Wählen Sie **Datei: Duplizieren** und geben Sie als Dateinamen **Tief_Licht** ein. Klicken Sie anschließend auf OK.

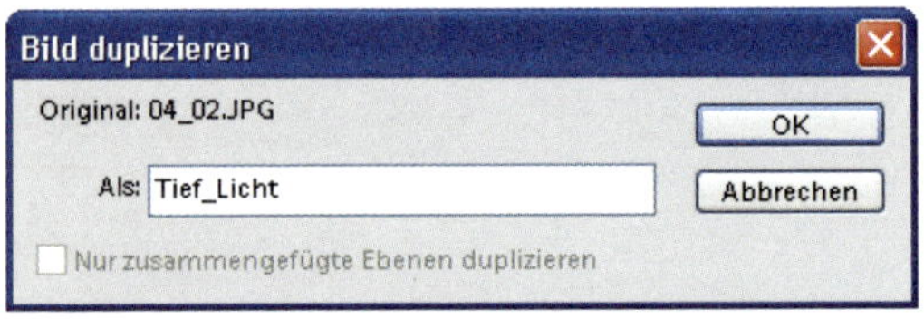

3 Wiederholen Sie Schritt 2 zwei weitere Male und benennen Sie die eine Kopie mit **Hell_Kon** und die andere mit **Tonwert**.

4 Wählen Sie im Fotobereich die Miniatur *04_02.jpg*, um das entsprechende Bild zu aktivieren.

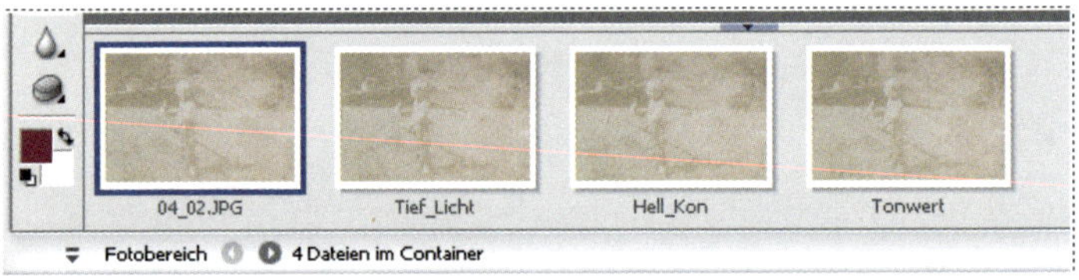

5 Wählen Sie **Datei: Speichern unter**. Geben Sie im Dialogfeld den Dateinamen **Fuellmethode** ein und wählen Sie das Format »Photoshop (*.PSD,

*.PDD)«. Wählen Sie unter »Speichern in« den Ordner *Meine CIB-Arbeit* innerhalb des Ordners *Lektionen*. Achten Sie vor dem Speichern darauf, dass die Option »Mit Original im Versionssatz speichern« deaktiviert ist. Klicken Sie in allen weiteren Dialogfeldern auf OK, um deren Vorgaben zu übernehmen.

6 Lassen Sie alle vier Bilder für den Rest des Projekts geöffnet.

Mit Füllmethoden ein verblichenes Bild reparieren

Die Technik ähnelt der, die Sie bereits früher benutzt haben, um ein unterbelichtetes Bild zu reparieren. Diesmal wählen Sie andere Füllmethoden, um den vorliegenden Belichtungsfehler zu korrigieren.

1 Achten Sie darauf, dass im Fotobereich die Datei *Fuellmethode* gewählt ist. Ansonsten klicken Sie auf diese Miniatur, um sie zu aktivieren.

2 Duplizieren Sie die Hintergrundebene (wählen Sie **Ebene: Ebene duplizieren**) oder benutzen Sie eine der Techniken aus dem vorherigen Projekt. Klicken Sie im Dialogfeld auf OK, um den standardmäßigen Namen *Hintergrund Kopie* zu übernehmen.

Lassen Sie die Ebene *Hintergrund Kopie* für den nächsten Schritt gewählt.

3 Führen Sie in der Ebenen-Palette Folgendes aus:

- Wählen Sie aus dem Popup-Menü »Füllmethode« die Option »Multiplizieren«.
- Ziehen Sie die Ebene *Hintergrund Kopie* auf das Symbol »Neue Ebene erstellen« (▣) für die weitere Kopie *Hintergrund Kopie 2*.

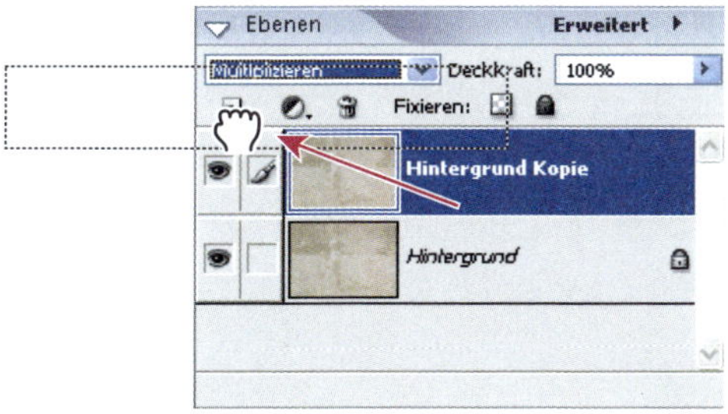

4 Wählen Sie in der Ebenen-Palette die folgenden Optionen für die Ebene *Hintergrund Kopie 2*:

- Ändern Sie die Füllmethode von *Multiplizieren* in *Ineinanderkopieren*.
- Stellen Sie die Deckkraft auf etwa **50%** ein. Tippen Sie den Wert ein oder ziehen Sie den Deckkraft-Regler.

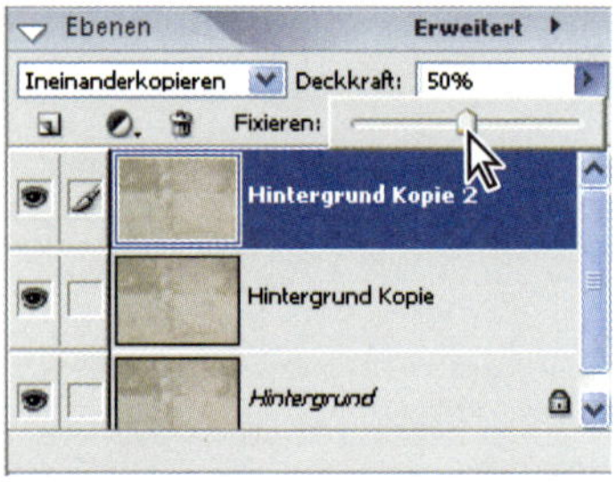

Die Füllmethode *Ineinanderkopieren* verbessert das Bild merklich, doch der Kontrast überzeugt noch nicht.

5 Wählen Sie die Ebene *Hintergrund Kopie* (nicht *Hintergrund Kopie 2*) und dann **Ebene: Ebene duplizieren**. Klicken Sie im Dialogfeld auf OK, um den standardmäßigen Namen *Hintergrund Kopie 3* zu übernehmen.

Die neu duplizierte Ebene ist ebenfalls mit der Füllmethode *Multiplizieren* versehen, was das Bild etwas kräftiger macht.

6 (Optional) Verfeinern Sie das Ergebnis, indem Sie die Deckkraft-Einstellungen für die einzelnen Ebenen so lange ändern, bis das Bild ausgewogen ist. (Da es sich hier um eine reine Geschmackssache handelt, entscheiden Sie selber über das Endresultat.)

***Hinweis:** Die Deckkraft einer gesperrten Hintergrundebene lässt sich nicht ändern.*

7 Wählen Sie **Datei: Speichern** und speichern Sie im Ordner *Meine CIB-Arbeit* innerhalb des Ordners *Lektionen*. Achten Sie vor dem Speichern darauf, dass die Option »Mit Original im Versionssatz speichern« deaktiviert ist. Lassen Sie die Datei geöffnet.

Füllmethoden beeinflussen die Ebenen untereinander in unterschiedlicher Weise. *Multiplizieren* intensiviert die dunklen Pixel in einem Bild, während *Ineinanderkopieren* zum Aufhellen eines Bildes tendiert. In diesem Projekt hat die Füllmethode *Ineinanderkopieren* Zeichnung und Brillanz gebracht, ohne dabei den Effekt der Multiplizieren-Füllmethode in den darunter befindlichen Ebenen aufzuheben.

Die Stapelfolge der Ebenen bringt einen Unterschied. Sobald Sie eine Ebene mit der *Multiplizieren*-Füllmethode ganz oben in den Ebenenstapel ziehen, zeigt sich ein etwas anderes Ergebnis.

Tiefen und Lichter manuell einstellen

Die Auto-Korrektur und die Füllmethoden haben das verblichene Bild zwar schon recht gut korrigiert, dennoch könnten die Anforderungen bei eigenen Bildern größer sein. Deshalb probieren Sie jetzt drei neue Techniken aus.

Die erste Technik arbeitet mit Reglern für Tiefen, Lichter und Mittelton-Kontrast.

1 Wählen Sie im Fotobereich die Miniatur *Tief_Licht*.

2 Wählen Sie **Überarbeiten: Beleuchtung anpassen: Tiefen/Lichter**.

3 Eventuell müssen Sie im Dialogfeld »Tiefen/Lichter« die Vorschau-Option aktivieren. Ziehen Sie das Dialogfeld so, dass Sie möglichst viel vom Fenster *Tief_Licht* sehen.

Die Einstellung »Tiefen aufhellen« ist standardmäßig auf 50% eingestellt, so dass Sie bereits einen Unterschied im Bild erkennen.

4 Nehmen Sie im Dialogfeld »Tiefen/Lichter« die folgenden Einstellungen vor:

- Ziehen Sie den Regler »Tiefen aufhellen« nach links auf 30% oder tippen Sie den Wert **30%** direkt ein.
- Ziehen Sie den Regler oder tippen Sie, um »Lichter abdunkeln« auf **15%** einzustellen.

- Ziehen Sie den Regler oder tippen Sie, um »Mittelton-Kontrast« auf etwa +**30%** einzustellen.

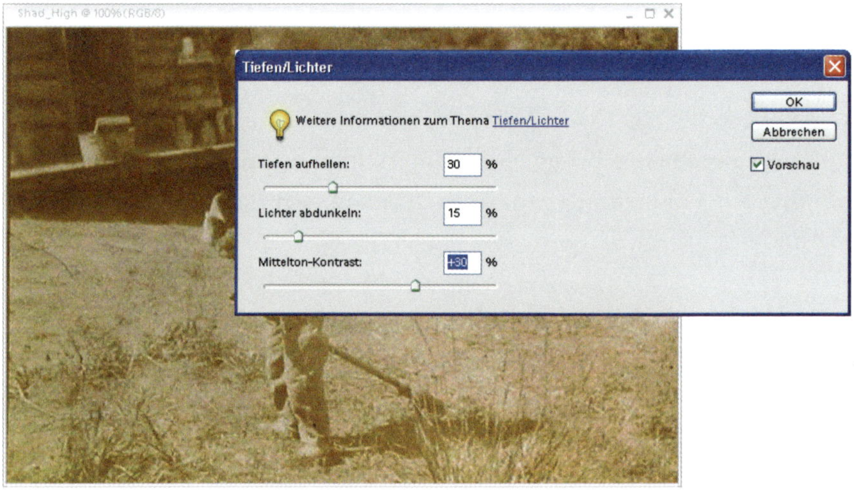

5 Korrigieren Sie die drei Einstellungen, bis Sie das Beste aus dem Bild herausgeholt haben. Klicken Sie dann auf OK, um das Dialogfeld zu schließen.

6 Wählen Sie **Datei: Speichern unter** und speichern Sie die Datei im Ordner *Meine CIB-Arbeit* im Ordner *Lektionen*. Achten Sie vor dem Speichern darauf, dass die Option »Mit Original im Versionssatz speichern« deaktiviert ist. Falls das Dialogfeld »JPEG-Optionen« erscheint, klicken Sie auf OK. Lassen Sie die Datei geöffnet.

Die Regler, die Sie bei dieser Technik benutzt haben, sind auch in der Beleuchtung-Palette der Schnellkorrektur verfügbar. Allerdings zeigen die Regler im Dialogfeld »Tiefen/Lichter« noch die Werte der Reglereinstellungen an.

Helligkeit und Kontrast manuell einstellen

Der nächste Ansatz zur Korrektur von Belichtungsfehlern ist ein anderes Dialogfeld, das Sie ebenfalls über den Befehl »Überarbeiten: Beleuchtung anpassen« öffnen.

1 Wählen Sie im Fotobereich die Miniatur *Hell_Kon*.

2 Wählen Sie **Überarbeiten: Beleuchtung anpassen: Helligkeit/Kontrast**.

Ziehen Sie das Dialogfeld so, dass Sie möglichst viel vom Fenster *Hell_Kon* sehen.

3 Nehmen Sie im Dialogfeld »Helligkeit/Kontrast« die folgenden Einstellungen vor:

- Aktivieren Sie die Vorschau-Option.
- Ziehen Sie den Helligkeit-Regler auf -30 oder tippen Sie den Wert **-30** direkt ein.
- Ziehen Sie den Kontrast-Regler auf **+55** oder tippen Sie den Wert direkt ein.

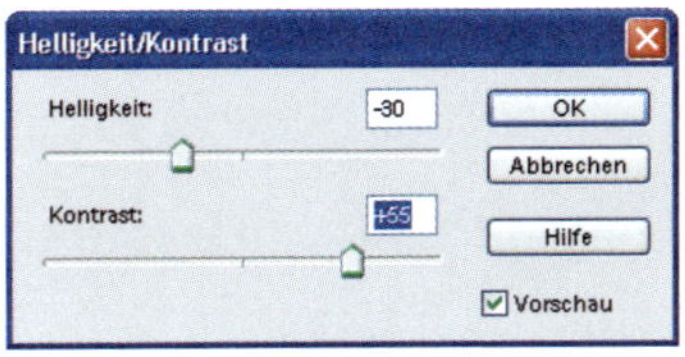

4 Verändern Sie die Einstellungen für Helligkeit und Kontrast so lange, bis Sie das Beste aus dem Bild gemacht haben. Klicken Sie anschließend auf OK, um das Dialogfeld zu schließen.

5 Wählen Sie **Datei: Speichern unter** und wählen Sie den Ordner *Meine CIB-Arbeit* im Ordner *Lektionen*. Achten Sie vor dem Speichern darauf, dass die Option »Mit Original im Versionssatz speichern« deaktiviert ist. Falls das Dialogfeld »JPEG-Optionen« erscheint, klicken Sie auf OK. Lassen Sie die Datei geöffnet.

Tonwerte manuell einstellen

Tonwerte sind der Bereich mit *Farbwerten*, d.h. der Grad an Dunkelheit und Helligkeit. Das ist unabhängig davon, ob es sich bei der Farbe um Rot, Gelb, Violett oder eine andere Farbe handelt. Sie versuchen nun, das Foto zu verbessern, indem Sie die Bezugspunkt für die Tonwerte verschieben.

1 Wählen Sie im Fotobereich die Miniatur *Tonwert*.

2 Wählen Sie **Überarbeiten: Beleuchtung anpassen: Tonwertkorrektur**.

3 Achten Sie darauf, dass im Dialogfeld »Tonwertkorrektur« die Vorschau-Option aktiviert ist.

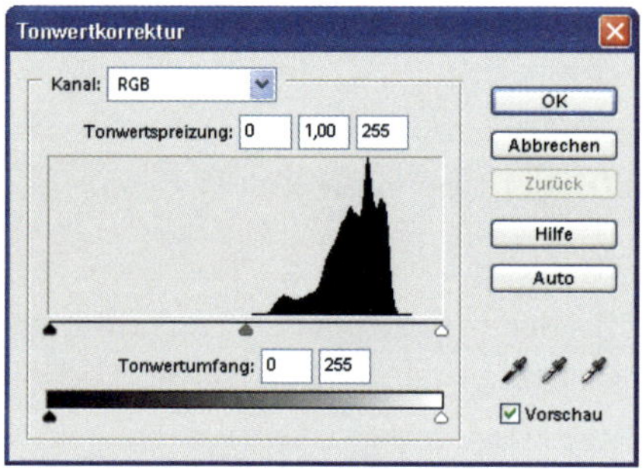

Ziehen Sie das Dialogfeld so, dass Sie möglichst viel vom Fenster *Tonwert* sehen.

4 Nehmen Sie im Dialogfeld »Tonwertkorrektur« folgende Einstellungen vor:

- Ziehen Sie den schwarzen Pfeil an der linken Seite der Grafik nach rechts unter den ersten Anstieg der Kurve. An dieser Position beträgt der Wert im ersten Feld unter »Tonwertspreizung« etwa 143.

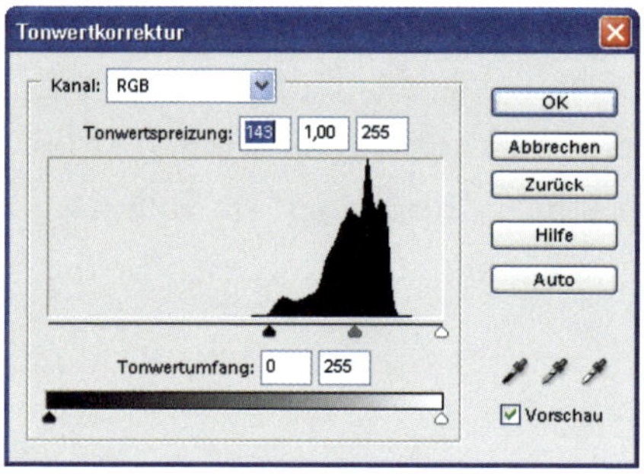

- Ziehen Sie den Pfeil an der rechten Seite der Grafik nach links bis zum ersten Anstieg der Kurve an dieser Seite. An dieser Position beträgt der Wert im dritten Feld unter »Tonwertspreizung« etwa 225.

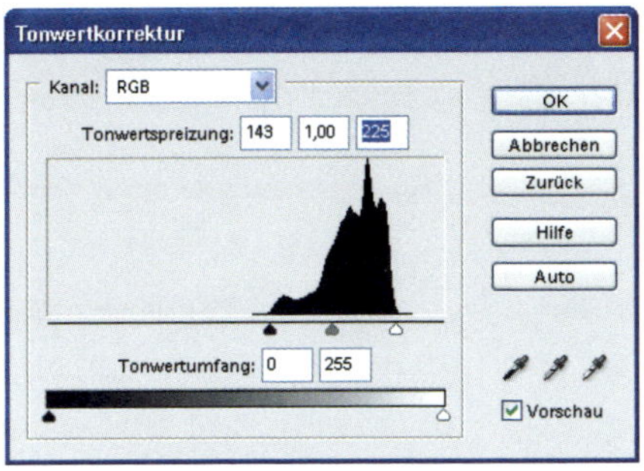

- Ziehen Sie den grauen mittleren Pfeil nach rechts, bis der Wert im mittleren Feld unter »Tonwertspreizung« etwa 0,90 beträgt.

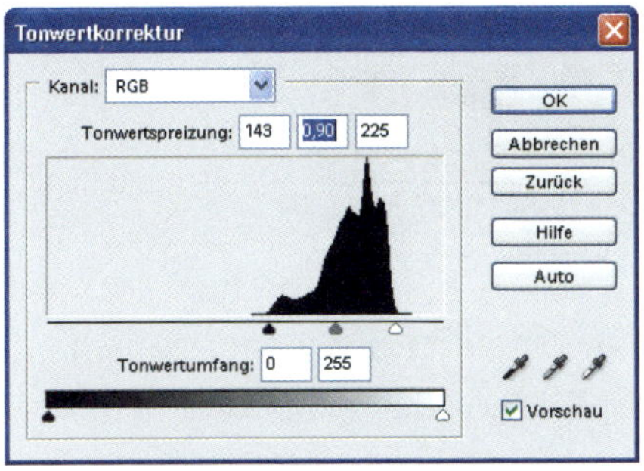

5 Regeln Sie die Einstellungen für die Tonwertkorrektur so weit nach, bis Sie das Optimum aus dem Bild herausgeholt haben. Klicken Sie anschließend auf OK, um das Dialogfeld zu schließen.

6 Wählen Sie **Datei: Speichern unter** und wählen Sie den Ordner *Meine CIB-Arbeit* im Ordner *Lektionen*. Achten Sie vor dem Speichern darauf, dass die Option »Mit Original im Versionssatz speichern« deaktiviert ist. Falls das Dialogfeld »JPEG-Optionen« erscheint, klicken Sie auf OK. Lassen Sie die Datei geöffnet.

Die Tonwertkurve zeigt die Verteilung der Pixelwerte im Bild. Es sind keine wirklich schwarzen oder weißen Pixel vorhanden. Indem Sie die Regler nach innen (wo die Pixel in der Kurve beginnen) ziehen, bestimmen Sie, welche Tonwerte als dunkel oder hell berechnet werden sollen. Das wiederum verstärkt den Kontrast zwischen den hellsten und den dunkelsten Pixeln im Bild.

Ergebnisse vergleichen

Sie vergleichen jetzt die fünf Bildversionen, d.h. die vier Bilder aus diesem Projekt und das Bild mit Auto-Korrektur vom Beginn dieser Lektion (siehe »Vorbereitungen« auf Seite 158).

1 Suchen Sie im Dateibrowser die Datei *Autokor_04_02.jpg* im Ordner *Meine CIB-Arbeit* innerhalb des Ordners *Lektionen* und öffnen Sie sie. Schließen Sie anschließend den Dateibrowser.

2 Im Fotobereich sind die fünf Dateien für dieses Projekt geöffnet: *Autokor_04_02*, *Fuellmethode*, *Tief_Licht*, *Hell_Kon* und *Tonwert*. Schließen Sie andere eventuell geöffnete Dateien.

3 Klicken Sie oben ganz rechts in der Menüleiste auf »Fenster automatisch anordnen« (▦). Oder wählen Sie **Fenster: Bilder: Nebeneinander**.

Hinweis: *Falls Sie das Symbol für die Fensteranordnung nicht sehen, achten Sie darauf, dass Sie sich im Standardeditor und nicht in der Schnellkorrektur befinden.*

4 Führen Sie eine der folgenden Aktionen aus, um die Zoomstufe für alle aktiven Fenster zu reduzieren:

- Verwenden Sie den Regler in der Navigator-Palette, das Zoom-Werkzeug oder die Befehle im Ansicht-Menü, um die Vergrößerung des aktiven Bildfensters zu ändern. Lassen Sie dieses Fenster weiterhin aktiviert und wählen Sie **Fenster: Bilder: Gleiche Zoomstufe** und **Fenster: Bilder: Gleiche Position**, um allen geöffneten Bildern übereinstimmende Zoomwerte und Bildbereiche zuzuweisen.
- Wählen Sie das Zoom-Werkzeug (🔍) und anschließend die Optionen »Auszoomen« (🔍) und »Alle Fenster«. Klicken Sie im Bildfenster.

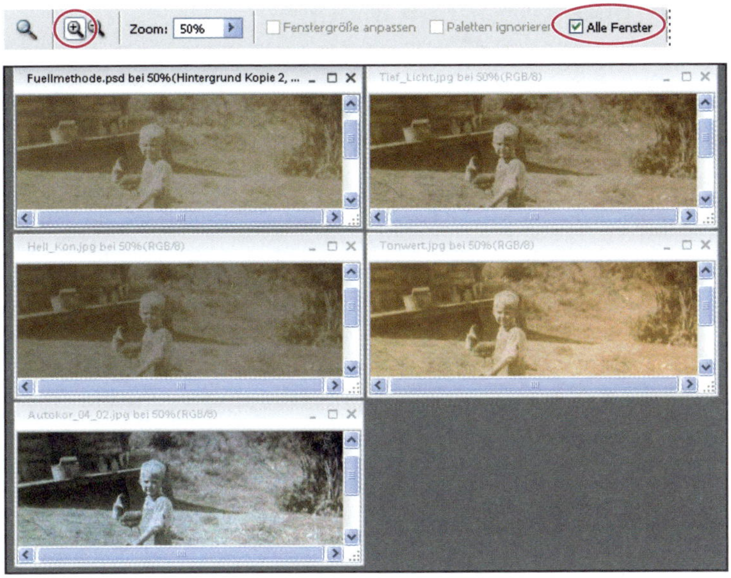

5 Vergleichen Sie die Dateien und entscheiden Sie, welche Technik das überzeugendste Ergebnis gebracht hat.

6 Klicken Sie erneut auf »Fenster automatisch anordnen« (▦), um diese Option zu deaktivieren. (Die Anordnung im Bildfenster ändert sich erst, wenn Sie andere Bilder öffnen oder schließen.)

7 Wählen Sie **Datei: Alle schließen**.

Welche der fünf Techniken in diesem Projekt Sie für eigene Arbeiten bevorzugen, liegt ganz bei Ihnen. An einem bestimmten Punkt ist die Entscheidung über das am besten aussehende Bild nicht nur eine Frage der angewandten Techniken, sondern auch eine Frage des persönlichen Geschmacks und des Einsatzbereichs für das Bild.

Glückwunsch! Wieder haben Sie erfolgreich ein weiteres Projekt abgeschlossen. Sie haben mit automatischen und manuellen Techniken ein überbelichtetes Foto und den Scan eines alten ausgeblichenen Fotos korrigiert. Sie beherrschen jetzt Auto-Korrekturen, Füllmethoden und die drei Untermenüs unter »Überarbeiten: Beleuchtung anpassen«. Sie wissen, dass sich diese drei verschiedenen Einstellungen einzeln oder kombiniert anwenden lassen.

Projekt 3: Mit Einstellungsebenen arbeiten

Wenn Sie eine Datei aus dem vorherigen Projekt öffnen, in der Sie mit dem Untermenü »Beleuchtung anpassen« gearbeitet haben, sind die in den jeweiligen Dialogfeldern eingegebenen Werte nicht mehr vorhanden. Stattdessen hat sich die Ausgangsbasis in der Datei verändert, das heißt, die Werte lassen sich nicht mehr auf den ursprünglichenAnfangspunkt zurücksetzen. Die Datei wurde in dem Augenblick geändert, als Sie in den Dialogfeldern zum Anpassen der Beleuchtung auf OK geklickt haben.

Es kann aber durchaus vorkommen, dass Sie Einstellungen zurücksetzen möchten – und das auch in späteren Arbeitssitzungen. Einstellungsebenen sind eine Möglichkeit, Ebenen zu ändern und jederzeit (auch nach dem Speichern) wieder zu bearbeiten.

Einstellungsebenen für Beleuchtung erstellen

In diesem Projekt arbeiten Sie mit einem stark unterbelichteten Pflanzenfoto. Es ist kaum vorstellbar, dass sich aus diesem Foto noch etwas herausholen lässt – doch dank Photoshop Elements lassen sich auch scheinbar hoffnungslos verpfuschte Fotos in den meisten Fällen noch retten.

Achten Sie darauf, dass Photoshop Elements im Standardeditor geöffnet und im Palettenbereich die Ebenen-Palette verfügbar ist.

1 Suchen Sie mit dem Dateibrowser (**Datei: Ordner durchsuchen**) die Datei *04_03.jpg* im Ordner *Lektion04* und öffnen Sie sie. Oder schalten Sie um zum Organizer und suchen Sie die Datei mit den Tags »Lektion 4« und »Projekt 3«. Wenn Sie im Organizer arbeiten, wählen Sie die Datei und klicken Sie anschließend auf »Bearbeiten« ( ). Wählen Sie die Option »Gehe zum Standardeditor«.

2 Wählen Sie **Ebene: Neue Einstellungsebene: Helligkeit/Kontrast** oder klicken Sie in der Ebenen-Palette auf das Symbol »Einstellungsebene erstellen« ( ) und wählen Sie aus dem Popup-Menü die Option »Helligkeit/Kontrast«.

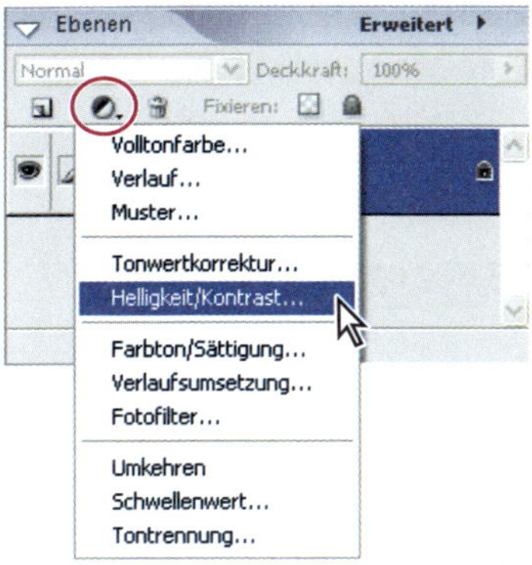

Falls das Dialogfeld »Neue Ebene« erscheint, klicken Sie auf OK, um den standardmäßigen Namen *Helligkeit/Kontrast 1* zu übernehmen. (Photoshop Elements blendet den vollständigen Ebenennamen ein, sobald Sie die Maus rechts auf den Ebenennamen bewegen.)

3 Ziehen Sie im Dialogfeld »Helligkeit/Kontrast« die Regler, um die Helligkeit auf 60 und den Kontrast auf 30 einzustellen. Klicken Sie dann auf OK.

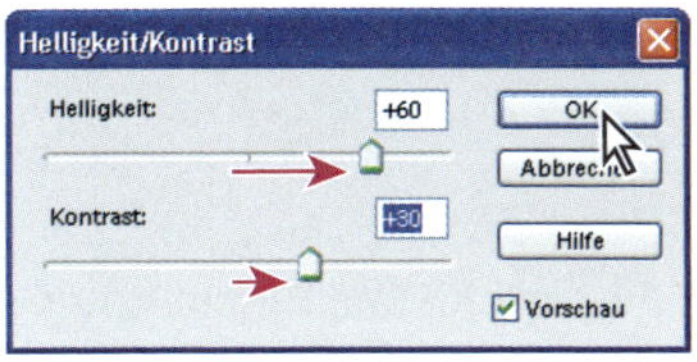

4 Wiederholen Sie Schritt 2. Wählen Sie diesmal »Tonwertkorrektur«. Die neue Ebene wird automatisch mit *Tonwertkorrektur 1* benannt.

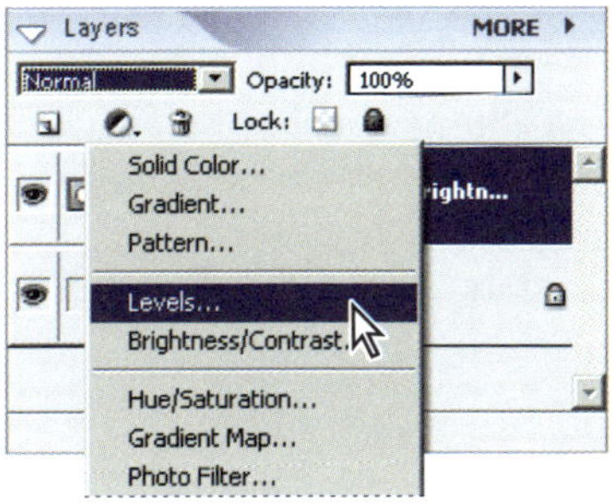

5 Ziehen Sie im Dialogfeld »Tonwertkorrektur« die drei Pfeile unter der Grafik so lange nach links bzw. rechts, bis die dunklen und hellen Bereiche ausgeglichen erscheinen. (Im Beispiel wurden die Werte 30, 1,2 und 155 verwendet.)

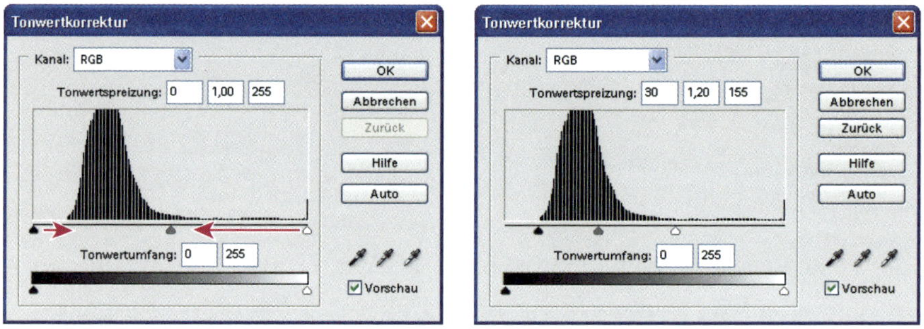

6 Klicken Sie auf OK, um das Dialogfeld »Tonwertkorrektur« zu schließen.

Das Ideale an Einstellungsebenen ist, dass Sie zu früheren Einstellungen zurückkehren können – selbst in späteren Arbeitssitzungen –, so lange Sie die Datei im standardmäßigen Photoshop-Format (PSD) speichern. Wenn Sie beispielsweise auf die Ebenen-Miniatur der Ebene *Helligkeit/Kontrast 1* klicken, erscheinen die ursprünglichen Einstellungen (+60 und +30) weiterhin im Dialogfeld »Helligkeit/Kontrast«.

Sie erhalten das unkorrigierte Ausgangsbild zurück, indem Sie die Einstellungsebenen ausblenden oder löschen.

Einstellungsebenen für bestimmte Bereiche

Obwohl die Einstellungsebenen recht gut die Farben und Details des dunklen Originals herausgearbeitet haben, leuchten die orangefarbigen Blüten jetzt zu stark. Das gleichen Sie aus, indem Sie eine neue Einstellungsebene für die Farbe statt für die Beleuchtung einrichten.

1 Wählen Sie in der Werkzeug-Palette den Zauberstab ( ). Geben Sie in der Optionsleiste für »Toleranz« den Wert **48** ein und achten Sie darauf, dass die Optionen »Neue Auswahl« ( ) und »Benachbart« gewählt sind.

2 Klicken Sie auf eine der strahlenden Blüten oben im Bild. Die Blüte ist jetzt fast vollständig mit einer Auswahlbegrenzung umgeben.

3 Klicken Sie in der Optionsleiste auf »Der Auswahl hinzufügen« ().

4 Klicken Sie auf die zweite strahlende Blume, um sie der Auswahl hinzuzufügen. Eventuell müssen Sie mehrmals klicken, um sämtliche noch nicht gewählten Flecken in den zwei Blumen auszuwählen.

5 Wählen Sie **Ebene: Neue Einstellungsebene: Farbton/Sättigung**. Klicken Sie auf OK, um den standardmäßigen Namen *Farbton/Sättigung 1* zu übernehmen. (Beachten Sie, dass die Auswahlbegrenzungen nicht mehr im Bildfensterzu sehen sind. Keine Sorge, die Auswahl ist noch vorhanden.)

6 Lassen Sie den Farbton unverändert. Stellen Sie die Sättigung auf **-20** und die Lab-Helligkeit auf **+5** ein. Nachdem Sie vielleicht noch etwas nachgeregelt haben, klicken Sie auf OK.

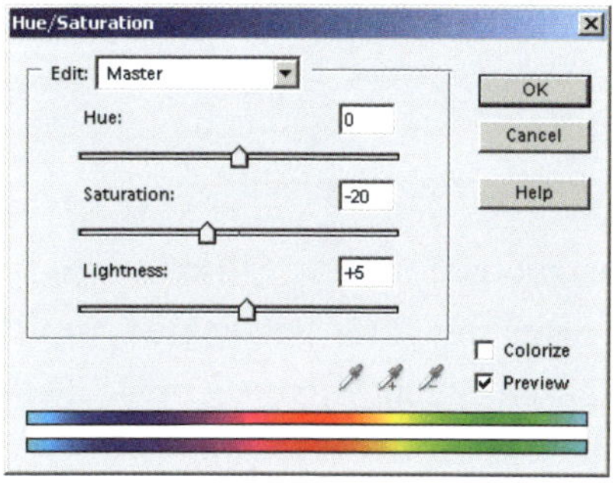

Beachten Sie, dass diese Änderungen nur den beiden gewählten Blumen und nicht dem restlichen Bild zugewiesen wurden.

7 Wählen Sie **Datei: Speichern** und wählen Sie den Ordner *Meine CIB-Arbeit* im Ordner *Lektionen*. Benennen Sie die Datei mit **04_03_Arbeit.psd** und übernehmen Sie das Photoshop-PSD-Format. Achten Sie darauf, dass die Option »Mit Original im Versionssatz speichern« deaktiviert ist. Klicken Sie auf »Speichern«.

Ein so stark unterbelichtetes Foto wird selbst mit vielen Tricks nie so gut werden, dass Sie es ins Wohnzimmer hängen. Dennoch zeigt dieses Projekt, mit welcher Flexibilität sich Bilder in Photoshop Elements 3.0 korrigieren bzw. reparieren lassen.

Arbeiten Sie bei komplexen Auswahlen mit Tastaturbefehlen statt mit den Symbolen in der Optionsleiste, um bei gewähltem Auswahlwerkzeug zwischen den Auswahlmodi Neu, Hinzufügen *und* Subtrahieren *zu wählen. Halten Sie die Umschalt- bzw. Alt-Taste gedrückt, um beim Klicken oder Ziehen mit dem Auswahlwerkzeug hinzuzufügen oder zu subtrahieren.*

Einstellungsebenen und Auto-Korrekturen im Vergleich

Sie haben dieses Projekt gleich beendet.

1 Öffnen Sie mit dem Dateibrowser die Datei *Autokor_04_03.jpg* im Ordner *Meine CIB-Arbeit*. Schließen Sie dann den Dateibrowser.

Es handelt sich hier um eine der Dateien, denen Sie zu Beginn der Lektion Auto-Korrekturen zugewiesen haben (siehe »Vorbereitungen« auf Seite 158).

2 Wählen Sie **Fenster: Bilder: Nebeneinander**, um die Dateien entsprechend im Arbeitsbereich anzuordnen.

3 Prüfen und entscheiden Sie, welches Bild besser ist.

4 Wählen Sie **Datei: Alle schließen.**

Glückwünsch – Sie haben ein weiteres Projekt erfolgreich abgeschlossen.

Sie haben in diesem Projekt die Stärke und Variationsbreite von Einstellungsebenen kennen gelernt. Sie wissen jetzt, wie Einstellungen für Beleuchtung und Farbe erhalten bleiben und sich jederzeit umkehren lassen, selbst wenn Sie die entsprechende PSD-Datei bereits gespeichert und geschlossen haben.

Projekt 4: Bild teilweise korrigieren

Ob Sie Farbe und Beleuchtung direkt einstellen oder mit Einstellungsebenen arbeiten – in beiden Fällen gibt es Situationen, in denen Änderungen nur in einem bestimmten Bildbereich sinnvoll sind. Einige Bilder haben mehrere Probleme, die sich nur individuell und voneinander getrennt korrigieren lassen.

Sie haben in dieser Lektion bereits mit einem unterbelichteten Foto eines kleinen Mädchens und mit dem verblichenen, sepiagetönten Foto eines kleinen Jungen gearbeitet. Sie wenden jetzt die gleichen Korrekturen auf verschiedene Bereiche eines anderen Bildes an, das mehrere Belichtungsfehler hat. Sie korrigieren die überbelichteten Bereiche mit den Bäumen und dem Himmel. Danach verbessern Sie in der Säule und auf der Wand die Durchzeichnung und die Farben.

Grobe Auswahl erstellen

Für diese Aufgabe wählen Sie den Bereich rechts von der Säule, d.h. die grünen Bäume und den Himmel. Sie beginnen mit einer groben rechteckigen Auswahl, die Sie anschließend verfeinern.

Achten Sie darauf, dass Sie für diese beiden Aufgaben und die folgende genügend Zeit einplanen (15 Minuten) und erst danach eine Pause einlegen. Grund: Die dann folgende Aufgabe verfeinert die jetzt von Ihnen erstellte Auswahl.

1 Öffnen Sie im Dateibrowser oder Organizer die Datei *04_04.jpg* im Ordner *Lektion04*. Die Datei ist mit den Tags »Lektion 4« und »Projekt 4« versehen.

2 Wählen Sie in der Werkzeug-Palette das Auswahlrechteck (⬚), das mit der Auswahlellipse gruppiert ist.

3 Ziehen Sie im Bild von der oberen rechten Ecke bis nach unten rechts von der Säule. Achten Sie darauf, dass die Auswahlbegrenzung bis zur rechten Bildseite geht (siehe folgende Abbildung).

4 Wählen Sie das magnetische Lasso (), das mit dem Lasso () in der Werkzeug-Palette gruppiert ist.

5 Klicken Sie in der Optionsleiste auf das Symbol »Der Auswahl hinzufügen« (), *nicht* auf »Neue Auswahl«.

Die Optionsleiste sollte mit folgenden Einstellungen versehen sein: Weiche Kante **0 Px**, Breite **10 Px**, Kantenkontrast **10%** und Frequenz **57**.

6 Klicken Sie in der oberen linken Ecke der Auswahl, um einen Ankerpunkt zu setzen. Bewegen Sie dann das magnetische Lasso entlang der rechten Kante der Säule. (Ziehen Sie die Maus ohne gedrückte Maustaste.)

7 Sobald Sie den unteren Rand erreichen, klicken Sie einmal. Bewegen Sie den Mauszeiger in die untere linke Ecke innerhalb des ursprünglichen Auswahlrechtecks. Doppelklicken Sie, um die Auswahl abzuschließen, oder ziehen

Sie den Zeiger an den Ausgangspunkt. Klicken Sie hier einmal, um die Auswahl zu schließen.

Das magnetische Lasso erkennt automatisch die Kanten kontrastierender Bereiche – allerdings nicht hundertprozentig perfekt. Machen Sie direkt weiter, ohne die Auswahl aufzuheben.

Auswahl verfeinern und speichern

Das magnetische Lasso eignet sich gut zur Auswahl von Bereichen, die stark zum umgebenden Bereich kontrastieren. In diesem Bild ähnelt das Laub in einigen Bereichen den Werten in der Säule, so dass Sie die Auswahl bestimmt noch verfeinern müssen.

1 Wählen Sie das Zoom-Werkzeug (🔍) in der Werkzeug-Palette und dann »Einzoomen« (🔍) in der Optionsleiste. Vergrößern Sie, um die Details Ihrer Auswahl erkennen zu können.

(Falls die Auswahl nicht mehr aktiv ist, wiederholen Sie »Grobe Auswahl erstellen« auf Seite 179.)

2 Rollen Sie das Bild nach oben und unten und suchen Sie die Bereiche, in denen die Auswahl in die Säule selbst reicht.

3 Wählen Sie das Polygon-Lasso ( ).

4 Entfernen Sie die in der Auswahl enthaltenen Säulenbereiche wie folgt:

- Wählen Sie in der Optionsleiste »Von Auswahl subtrahieren« ( ).
- Klicken Sie einmal für den ersten Ankerpunkt.

- Bewegen Sie das Polygon-Lasso etwas entlang der Säulenkante und klicken Sie erneut für alle benötigten Ankerpunkte.
- Doppelklicken Sie mit dem Werkzeug, um die Form zu schließen und damit die Auswahl anzupassen. Oder bewegen Sie das Werkzeug hin zum Ausgangspunkt. Sobald der Lasso-Zeiger mit einem kleinen Kreis versehen ist, klicken Sie, um die Form zu schließen.

Hinweis: *Falls die Zeigerbewegung weiterhin eine Linie erzeugt, ist die Auswahl noch nicht geschlossen. Versuchen Sie, auf den Ausgangspunkt der Auswahl zu klicken oder doppelklicken Sie erneut, um die Auswahl zu schließen.*

5 Fügen Sie fehlende Bereiche wie folgt der Auswahl hinzu:

- Klicken Sie in der Optionsleiste auf das Symbol »Der Auswahl hinzufügen« (⧉).
- Klicken Sie für Ankerpunkte um den Bereich, den Sie der Auswahl hinzufügen möchten. Schließen Sie dann die Auswahl.

6 Wählen Sie **Auswahl: Auswahl speichern**.

7 Geben Sie im Dialogfeld »Auswahl speichern« als Namen **Bäume & Himmel** ein und klicken Sie auf OK.

Überbelichteten Bildbereich korrigieren

Eines der Ziele bei diesem Projekt ist das Verstärken von Farbe und Kontrast im überbelichteten Teil mit den Bäumen und dem Himmel. Die Säule und die Schattenbereiche sollten Sie von dieser Korrektur ausnehmen, da diese eher etwas zu dunkel sind. Sie müssen also unterschiedliche Lösungen auf die unterschiedlichen Bildbereiche anwenden. Erzeugen Sie jetzt als Erstes eine Kopie des bereits mit einer Auswahl versehenen Bereiches.

1 Klicken Sie oben rechts in der Ebenen-Palette auf »Erweitert« und wählen Sie aus dem Palettenmenü die Option »Paletten-Optionen«.

2 Vergewissern Sie sich, dass die mittelgroße Miniaturansicht gewählt ist, und klicken Sie auf OK.

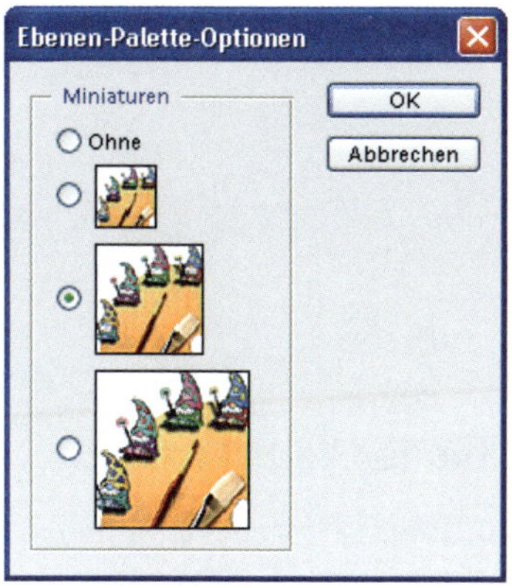

Sie können auch eine andere Größe wählen, nur nicht die Option »Ohne«. Die Ebenen-Miniatur zeigt an, was mit den Ebenen in diesem Projekt geschieht.

3 Zoomen Sie wieder aus, damit Sie das vollständige Bild sehen können, und führen Sie einen der folgenden Schritte aus:

- Falls die angelegte Auswahl noch aktiv ist, setzen Sie sofort mit Schritt 4 fort.
- Ist die Auswahl nicht mehr im Bild vorhanden, wählen Sie **Auswahl: Auswahl laden**. Achten Sie darauf, dass die Auswahl *Bäume & Himmel* gewählt ist, und klicken Sie auf OK.

4 Wählen Sie **Bearbeiten: Kopieren** (oder drücken Sie Strg+C), um den gewählten Bereich zu kopieren.

5 Wählen Sie **Bearbeiten: Einfügen** (oder drücken Sie Strg+V), um den kopierten Bereich in die neue *Ebene 1* einzufügen.

Das Bildfenster zeigt nicht mehr die Auswahlbegrenzung und die Ebenen-Palette enthält jetzt eine neue Ebene.

6 *Ebene 1* (die Kopie mit dem Bereich der Bäume und des Himmels) ist gewählt. Wählen Sie die Füllmethode »Multiplizieren«.

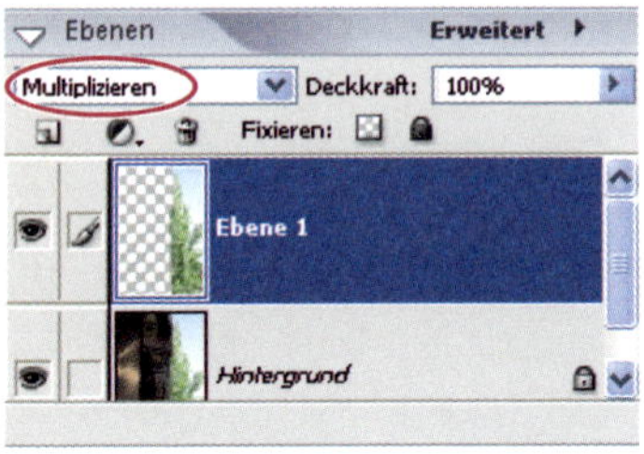

Die Farbe in diesem Bereich hat sich jetzt erheblich verbessert.

Unterbelichtete Bereiche mit anderen Füllmethoden korrigieren

Mit einer ähnlichen Technik wie bei den Bäumen und dem Himmel lassen sich auch die Schatten im Bild aufhellen, um in ihnen die Zeichnung zu verbessern.

1 Wählen Sie in der Ebenen-Palette die Hintergrundebene.

2 Wählen Sie **Auswahl: Erneut wählen** und dann **Auswahl: Auswahl umkehren**.

Jetzt sind nur die Säule und die dahinter befindliche Wand gewählt.

Hinweis: *Falls Sie eine andere Auswahl erhalten oder der Befehl »Erneut wählen« nicht verfügbar ist, wählen Sie* **Auswahl: Auswahl laden** *und dann im Dialogfeld »Auswahl laden« die Option »Umkehren« sowie die Auswahl* Bäume & Himmel.

3 Wählen Sie **Bearbeiten: Kopieren** und anschließend **Bearbeiten: Einfügen**.

Hinweis: *Wenn eine Fehlermeldung darauf hinweist, dass der gewählte Bereich leer ist, achten Sie darauf, dass in der Ebenen-Palette die Hintergrundebene gewählt ist. Starten Sie dann einen neuen Versuch.*

4 In der Ebenen-Palette ist *Ebene 2* (die Kopie mit Säule und Wand) gewählt. Wählen Sie die Füllmethode »Negativ multiplizieren«.

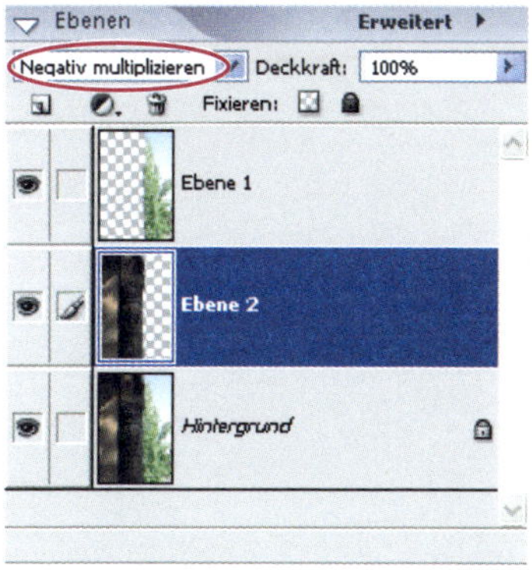

Bild fertig stellen und speichern

Das Foto sieht nun viel natürlicher aus. Sie führen noch kleine zusätzliche Korrekturen aus und vergleichen dann diese Datei mit der Datei, die Sie zu Beginn dieser Lektion automatisch korrigiert hatten.

1 Ziehen Sie in der Ebenen-Palette die *Ebene 1* auf das Symbol »Neue Ebene erstellen« (▫), um das Duplikat *Ebene 1 Kopie* anzulegen.

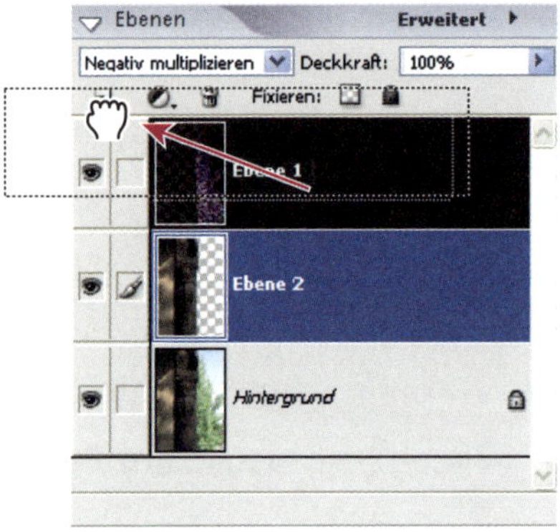

2 Ziehen Sie in der Ebenen-Palette *Ebene 2* auf das Symbol »Neue Ebene erstellen« (▫) für die Kopie *Ebene 2 Kopie*.

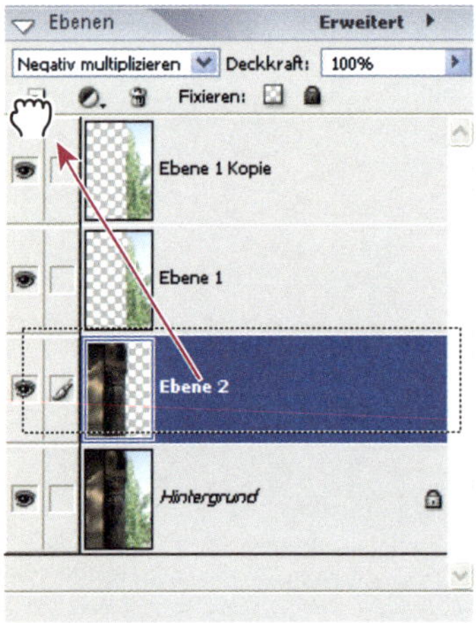

3 *Ebene 2 Kopie* ist in der Ebenen-Palette gewählt. Führen Sie Folgendes aus:

- Wählen Sie die Füllmethode »Ineinanderkopieren«.

• Klicken Sie auf den Pfeil rechts neben Deckkraft und ziehen Sie auf 50%. Oder tippen Sie in das Deckkraft-Feld **50%** ein.

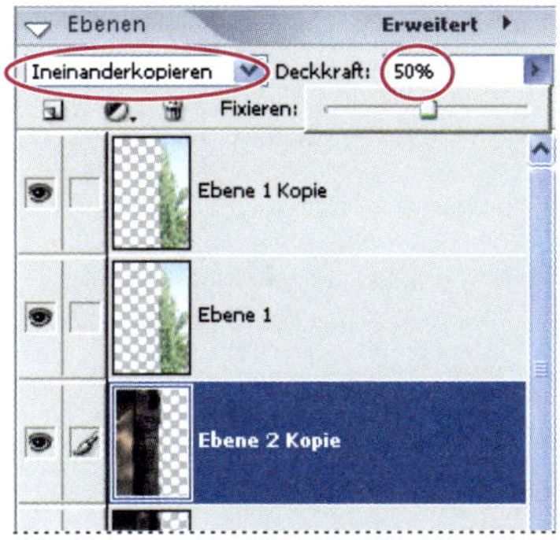

4 Prüfen Sie das Bild und achten Sie besonders auf die Helligkeit und Intensität der verschiedenen Bereiche. Eventuell müssen Sie noch die Deckkraft der kopierten Ebenen nachregeln, um das Bild ausgewogener zu machen.

Hinweis: *Die Deckkraft oder Position der Hintergrundebene lässt sich nicht ändern, da sie von Haus aus gesperrt und somit geschützt ist.*

5 Wenn Ihnen das Ergebnis gefällt, wählen Sie **Datei: Speichern**.

6 Wählen Sie im Dialogfeld »Speichern unter« den Ordner *Meine CIB-Arbeit* im Ordner *Lektionen*. Benennen Sie die Datei mit **04_04_Arbeit.psd** und übernehmen Sie das Photoshop-PSD-Format. Achten Sie darauf, dass die Option »Mit Original im Versionssatz speichern« deaktiviert ist. Klicken Sie auf »Speichern«.

7 Lassen Sie die Datei geöffnet.

Fertige Datei mit der auto-korrigierten Version vergleichen

Vergleichen Sie jetzt Ihre etwas kompliziertere Korrektur mit der Version, die Sie zu Beginn dieser Lektion erstellt hatten.

1 Wählen Sie **Datei: Ordner durchsuchen**, um den Dateibrowser zu öffnen.

2 Wählen Sie in der Ordner-Palette den Ordner *Meine CIB-Arbeit* innerhalb des Ordners *Lektionen*.

3 Doppelklicken Sie auf die Miniatur *Autokor_04_04.jpg*, um die Datei zu öffnen.

Falls die letzte Datei *04_04.psd* nicht mehr geöffnet sein sollte, doppelklicken Sie im Ordner *Meine CIB-Arbeit* auch auf diese Miniatur, um die Datei ebenfalls zu öffnen.

4 Schließen oder minimieren Sie den Dateibrowser.

5 Wählen Sie **Fenster: Bilder: Nebeneinander** oder ziehen Sie die Bilder und stellen Sie die gewünschten Größen ein.

6 Nachdem Sie beide Ergebnisse verglichen haben, wählen Sie **Datei: Alle schließen**.

Damit haben Sie das letzte Projekt dieser Lektion abgeschlossen. Sie haben gelernt, Auswahlen mit anderen Techniken zu kombinieren und so Bilder mit komplexen Belichtungsfehlern zu korrigieren.

Die fertigen Dateien speichern und organisieren

Wenn Sie die Lektionen 2 und 3 in diesem Buch durchgearbeitet haben, kennen Sie bereits diese letzte Phase innerhalb der Lektionen. Sie versehen die Arbeitsdateien mit Tags, die schon im Organizer vorhanden sind. Grund: Sie hatten beim Speichern im Dialogfeld »Speichern unter« die Option »Im Organizer aufnehmen« gewählt.

1 Klicken Sie im Photoshop Elements-Editor in der Symbolleiste auf das Symbol für den Browser ( ), um zum Organizer zu wechseln. Klicken Sie im Miniaturenfenster auf die Schaltfläche »Alle Fotos anzeigen« (sofern vorhanden).

2 Wählen Sie **Datei: Fotos laden: Aus Dateien und Ordnern**. Öffnen Sie den Ordner *Meine CIB-Arbeit* und wählen Sie die vier Dateien, die Sie zu Beginn dieser Lektion automatisch korrigiert hatten (*Autokor_04_01.jpg* bis *Autokor_04_04.jpg*.) Klicken Sie auf »Fotos laden«. Klicken Sie im eventuell angezeigten Dialogfeld »Angehängte Tags importieren« auf OK.

3 Wählen Sie **Suchen: Elemente ohne Tags**.

4 Wählen Sie **Bearbeiten: Alles auswählen** oder drücken Sie Strg+A, um alle Miniaturen zu wählen. Ziehen Sie zuerst das Tag »Lektion 4« und dann das Tag »Arbeitsdateien« aus der Tags-Palette auf eine Miniatur. Die Tags sind jetzt allen gewählten Miniaturen zugewiesen.

***Hinweis:** Falls das Tag »Arbeitsdateien« nicht in der Tags-Palette zu sehen ist, informieren Sie sich unter »Die fertigen Projektdateien organisieren« auf Seite 113. Hier finden Sie die Anleitung zum Erstellen dieser eventuell fehlenden Tags.*

5 Klicken Sie einmal und dann noch ein zweites Mal mit gedrückter Strg-Taste, um alle fünf Projekt-2-Versionen (das Sepia-Bild mit dem kleinen Jungen) zu wählen.

6 Wählen Sie **Bearbeiten: Stapel: Ausgewählte Fotos stapeln**, um die fünf Versionen unter einer Miniatur zu verwalten.

7 Wiederholen Sie die Schritte 5 und 6 für die verschiedenen Versionen der anderen Projekte.

Klicken Sie auf die Schaltfläche »Alle Fotos anzeigen«, um wieder den kompletten Katalog mit Miniaturen zu sehen.

Damit haben Sie Lektion 4 abgeschlossen, in der Sie mit unterschiedlichen Methoden Bilder mit Belichtungsfehlern gerettet bzw. korrigiert haben. Sie haben dabei mit automatischen Korrekturen, Ebenen mit Füllmethoden, Einstellungsebenen und Optionen aus dem Überarbeiten-Menü gearbeitet.

Fragen

1 Beschreiben Sie zwei Möglichkeiten, wie sich eine exakte Kopie einer vorhandenen Ebene erzeugen lässt.

2 Wo finden Sie die Optionen, um die Beleuchtung in einem Foto einzustellen?

3 Wie ändern Sie die Anordnung der Bildfenster im Arbeitsbereich?

4 Was ist eine Einstellungsebene und was sind deren Vorteile?

Antworten

1 Photoshop Elements 3.0 muss für jede der beiden Möglichkeiten im Standardeditor-Modus geöffnet sein. Bei der ersten Methoden wählen Sie die zu duplizierende Ebene in der Ebenen-Palette und dann den Befehl **Ebene: Ebene duplizieren**. Bei der zweiten Methode ziehen Sie die Ebene (der Zeiger befindet sich auf der Ebenen-Miniatur oder dem Ebenennamen) auf das Symbol »Neue Ebene erstellen« (■) oben in der Ebenen-Palette. In beiden Fällen erhalten Sie zwei identische Ebenen, die übereinander gestapelt sind.

2 Sie stellen das Licht bzw. die Beleuchtung für ein Foto entweder im Standardeditor oder in der Schnellkorrektur ein. Im Standardeditor arbeiten Sie mit dem Menü **Überarbeiten: Beleuchtung anpassen**, um anschließend verschiedene Dialogfelder mit Einstellungen zu öffnen. Oder Sie wählen **Überarbeiten: Auto-Tonwertkorrektur** bzw. **Überarbeiten: Auto-Kontrast**. In der Schnellkorrektur arbeiten Sie mit der Beleuchtung-Palette im Palettenbereich.

3 Bildfenster lassen sich nicht im Schnellkorrektur-Modus anordnen, da dieser Modus immer nur ein Foto anzeigt. Im Standardeditor-Modus gibt es verschiedene Möglichkeiten für die Anordnung von Bildfenstern. Wählen Sie z.B. **Fenster: Bilder** und dann die gewünschte Anordnung. Oder klicken Sie auf eine der beiden Schaltflächen ganz oben rechts im Arbeitsbereich unter dem Schließfeld für Photoshop Elements 3.0. Außerdem lässt sich ein Bild durch Ziehen der Titelleiste verschieben oder durch Ziehen einer Ecke skalieren (vorausgesetzt, der Maximieren-Modus ist nicht aktiv).

4 Eine Einstellungsebene enthält keine Bilder, sondern beeinflusst Qualitätsaspekte von darunter befindlichen Ebenen. Beispielsweise ändert eine Helligkeit/Kontrast-Einstellungsebene die Helligkeit und den Kontrast aller unter ihr vorhandenen Ebenen. Der große Vorteil von Einstellungsebenen liegt darin, dass sich die Einstellungen einfach zurücknehmen lassen. Sie klicken nur auf das Augensymbol für eine Einstellungsebene, um den Effekt sofort zu entfernen. Das erneute Klicken für ein Augensymbol der Einstellungsebene bringt die Einstellungen sofort zurück. Sie können eine Einstellung in der Einstellungsebene auch auf null zurücksetzen, um wieder den ursprünglichen Zustand zu erhalten.

Lektion 5

5 Fotos unterschiedlich nutzen

Fotos lassen sich aus Photoshop Elements 3.0 für unterschiedlichste Einsatzbereiche aufbereiten: für die Bildschirmdarstellung, einen Ausdruck oder für andere Dokumente, für Videos, DVDs und Webseiten. Dazu konvertieren Sie die Bilder in Photoshop Elements, ohne groß über die erforderlichen Einzelschritte nachdenken zu müssen.

In dieser Lektion lernen Sie Folgendes:

- Bilder aus PDF-Dokumenten importieren
- Einzelne Frames aus Videoclips als Standbilder importieren
- Interlacing-Probleme in aufgenommenen Videoframes korrigieren
- Panoramen aus mehreren Einzelfotos zusammenfügen
- Mehrseitiges Fotoalbum mit den Lieblingsbildern erstellen
- Kontaktbögen mit allen oder einigen Bildern des Organizer-Katalogs drucken

Für diese Lektion benötigen Sie eine gute Stunde. Die Lektion umfasst fünf unabhängige Projekte, die Sie in einer oder mehreren Arbeitssitzungen durcharbeiten können. Die Projekte in dieser Lektion sind relativ kurz. Einige Projekte benötigen nur fünf Minuten, andere etwas mehr Zeitaufwand – besonders dann, wenn Sie noch alternative Möglichkeiten im Projekt erkunden möchten.

Wenn Sie dieses Buch direkt mit Lektion 5 beginnen, müssen Sie zuvor die Projektdateien von der Buch-CD auf Ihre Festplatte kopieren (siehe »Die Classroom-in-a-Book-Dateien installieren« auf Seite 12).

Vorbereitungen

Sie haben in Lektion 1 Fotos mit Hilfe des Organizers dem Katalog hinzugefügt. In dieser Lektion importieren Sie Bilder mit anderen Formaten in den Editor. Sie benutzen den Editor ebenfalls, um mehrere Fotos zu einem Panorama zusammenzufügen. Die letzten beiden Projekte in dieser Lektion benötigen den Organizer, um Bilder auf unterschiedliche Weise auszugeben bzw. zu exportieren.

1 Starten Sie Photoshop Elements 3.0 im Standardeditor-Modus.

2 (Optional) Schließen Sie den Palettenbereich, indem Sie unten rechts auf den Pfeil neben »Palettenbereich« klicken oder **Fenster: Palettenbereich** wählen. Grund: Der Palettenbereich wird in dieser Lektion nicht benötigt.

Sie können in dieser Lektion mit einem beliebigen Projekt beginnen, allerdings müssen Sie bei den Projekten 4 und 5 in den Organizer umschalten.

Projekt 1: Bilder aus einem PDF-Dokument importieren

Falls Sie sich mit dem Internet auskennen, haben Sie sich bestimmt schon mit Adobe Reader-Dateien im PDF-Format (Portable Document Format) beschäftigt. Derartige Dateien sind eine effiziente und relativ sichere Möglichkeit, komplexe Dokumente im Web oder in einem lokalen Netzwerk zu verteilen.

Bilder in einem PDF-Dokument lassen sich zur Verwendung in Photoshop Elements importieren. Dazu sind nur wenige einfache Schritte erforderlich.

1 Wählen Sie im Standardeditor **Datei: Importieren: PDF-Bild**.

2 Öffnen Sie im Dialogfeld »PDF für den Bildimport auswählen« den Ordner *Lektion05* innerhalb des Ordners *Lektionen*.

3 Wählen Sie die Datei *05_01.pdf* und klicken Sie auf »Öffnen«.

4 Führen Sie im Dialogfeld »PDF Bildimport« einen der folgenden Schritte aus:

- Wählen Sie ein Bild für den Import und klicken Sie auf OK.
- Wählen Sie mehrere Bilder für den Import, indem Sie die Strg-Taste drücken und auf die gewünschten Miniaturen klicken. Klicken Sie anschließend auf OK.
- Drücken Sie Strg+A, um alle acht Bilder zu wählen, und klicken Sie auf OK.

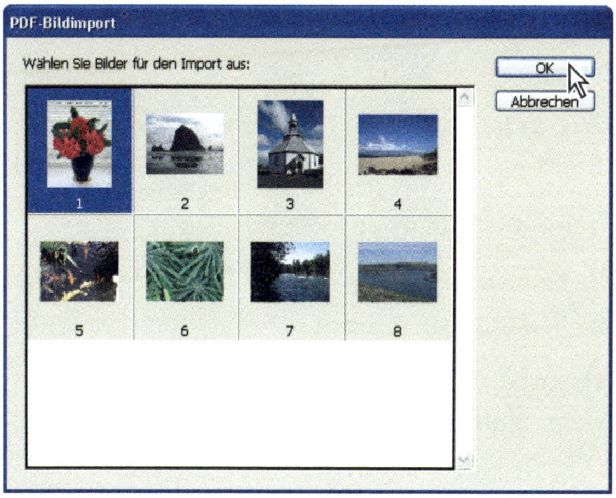

Die gewählten Bilder öffnen sich in einzelnen Bildfenstern.

5 Wählen Sie **Datei: Speichern** und speichern Sie die Datei im Ordner *Meine CIB-Arbeit*. Verwenden Sie den automatisch angezeigten Dateinamen. Achten Sie darauf, dass die Option »Mit Original im Versionssatz speichern« deaktiviert ist. Klicken Sie auf »Speichern« und schließen Sie das Bildfenster.

6 Wiederholen Sie Schritt 5 für andere Bilder, die Sie aus der PDF-Datei importiert haben.

Hinweis: *Einige PDF-Dokumente sind mit Sicherheitsmerkmalen versehen, die den unerlaubten Zugriff Dritter auf bestimmte Features des Dokuments verhindern, Bilder aus derartigen Dokumenten lassen sich erst dann importieren, wenn Sie über die entsprechenden Berechtigungen bzw. Kennwörter verfügen.*

Projekt 2: Standbilder aus einem Video importieren

Wenn Sie Videos haben, die Sie sich auf dem Computer ansehen können, lassen sich aus diesem Film einzelne Frames aufnehmen und als Standbilder verwenden.

Das Video in diesem Beispiel zeigt eine Sportszene mit Aktionen in schneller Geschwindigkeit. Das für den Fernsehbildschirm ausgegebene Video verarbeitet Bilder als Halbbilder im Zeilensprungverfahren, das heißt, eine normale Aufnahme würde zwei Frames mit alternierenden Bildschirmzeilen einfangen. Dieses so genannte Interlacing stört besonders bei Bildern mit schnellen Bewegungsabläufen. Zum Glück verfügt Photoshop Elements 3.0 über eine Funktion, die dieses Problem behebt.

1 Wählen Sie im Standardeditor den Befehl **Datei: Importieren: Frame aus Video**.

2 Klicken Sie im Dialogfeld »Frame aus Video« auf »Durchsuchen«.

3 Öffnen Sie den Ordner *Lektion05* innerhalb des Ordners *Lektionen*, wählen Sie die Datei *05_02.avi* und klicken Sie auf »Öffnen«.

4 Klicken Sie auf »Abspielen« (▶) und sehen Sie sich das Video an. Ziehen Sie anschließend den Regler unter dem Bild für einen Frame, den Sie als Standbild speichern möchten.

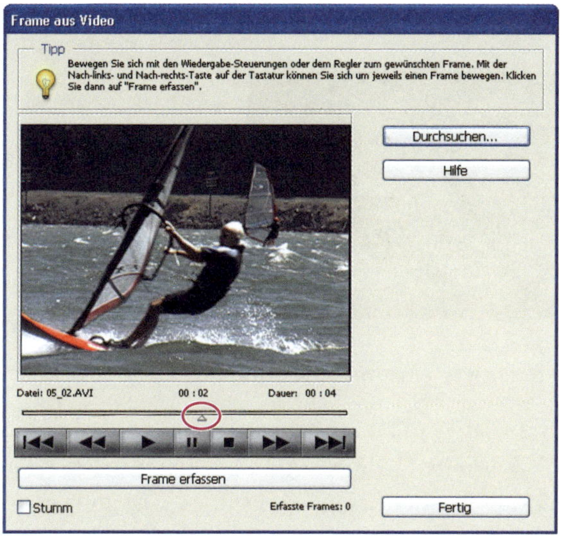

Drücken Sie die linke oder rechte Pfeiltaste auf Ihrer Tastatur, um das Video Frame für Frame anzuzeigen.

5 Klicken Sie auf »Frame erfassen« und dann auf »Fertig«.

Der gespeicherte Frame erscheint in einem eigenen Bildfenster, doch das Ergebnis sieht wie eine Doppelbelichtung aus.

6 Wählen Sie **Filter: Videofilter: De-Interlace**.

7 Klicken Sie im Dialogfeld »De-Interlace« auf OK.

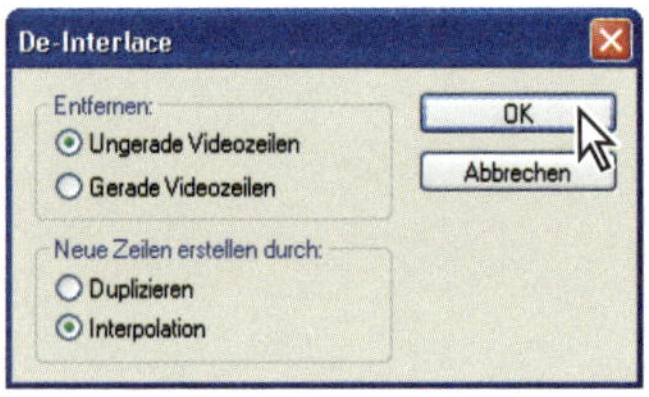

Die Videoaufnahme sieht jetzt wieder wie ein normales Bild aus.

8 Wählen Sie **Datei: Speichern unter**. Wählen Sie im Dialogfeld »Speichern unter« den Ordner *Meine CIB-Arbeit* im Ordner *Lektionen*. Benennen Sie die Datei mit **05_02_Arbeit.psd** und übernehmen Sie das Photoshop-PSD-Format. Achten Sie darauf, dass die Option »Mit Original im Versionssatz speichern« deaktiviert ist. Klicken Sie auf »Speichern«. Schließen Sie die Datei (**Datei: Schließen**), da dieses Projekt jetzt abgeschlossen ist.

Projekt 3: Fotos zu einem Panorama zusammenfügen

Bei den vier Fotos, mit denen Sie in diesem Projekt arbeiten, handelt es sich um Einzelaufnahmen eines Flusses, der durch Weideland fließt. Wenn Sie diese Bilder zu einem Panorama zusammenfügen, achten Sie besonders auf die kleinen Straßen im Bild. Sie verwenden die Straßen bzw. Wege als Referenz zum Ausrichten und Platzieren der Einzelfotos, aber nur, nachdem Photoshop Elements Ihnen den größten Teil der Arbeit bereits abgenommen hat.

1 Wählen Sie im Standardeditor den Befehl **Datei: Neu: Photomerge Panorama**.

2 Klicken Sie im Dialogfeld auf »Durchsuchen«. Wählen Sie im Ordner *Lektion05* die Dateien *05_03a*, *05_03b*, *05_03c* und *05_03d*. Klicken Sie anschließend auf »Öffnen«.

3 Falls im Dialogfeld unter »Quelldateien« weitere Dateien angezeigt sind, wählen Sie sie und klicken Sie auf »Entfernen«. (In diesem Projekt funktioniert Photomerge am besten, wenn die Dateien in alphabetischer Reihenfolge geladen werden.) Klicken Sie dann auf OK.

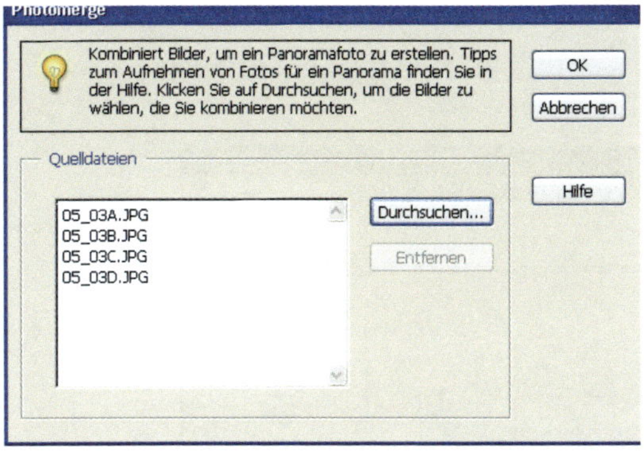

***Hinweis:** Der Photomerge-Vorgang lässt sich auch im Organizer starten. Wählen Sie die Miniaturen der Einzelfotos für das Panorama. Wählen Sie anschließend den Befehl **Datei: Neu: Photomerge Panorama im Editor** erstellen. Photoshop Elements schaltet anschließend automatisch zum Standardeditor um.*

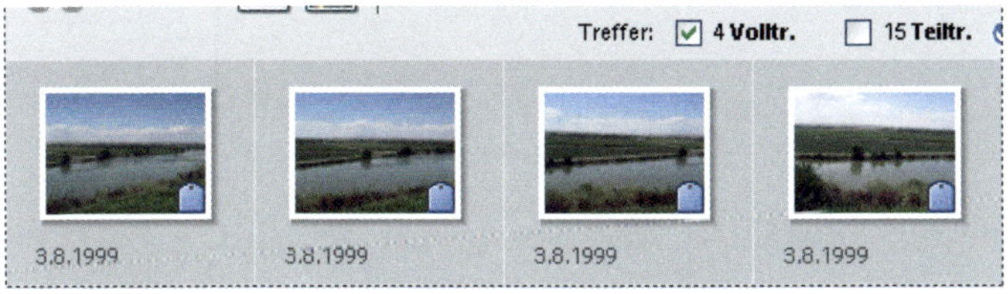

Photoshop Elements öffnet und schließt Fenster, um das Panorama zu erzeugen. Falls eine Meldung darauf hinweist, dass einige Bilder nicht automatisch angeordnet werden konnten, müssen Sie sie manuell anordnen.

4 Führen Sie im großen Photomerge-Dialogfeld die folgenden Schritte aus, um das Panorama zu justieren:

- Klicken Sie mit dem Bild-auswählen-Werkzeug () auf das zweite Foto von links.
- Wählen Sie das Bild-drehen-Werkzeug () und ziehen Sie das Foto so, dass es sich im Uhrzeigersinn dreht und die Straße mit der auf dem Bild rechts daneben ausgerichtet ist.

Hinweis: *Es hilft eventuell, wenn Sie die Option »Am Bild ausrichten« deaktivieren und mit dem Zoom-Werkzeug (🔍) oben links im Dialogfeld einzoomen.*

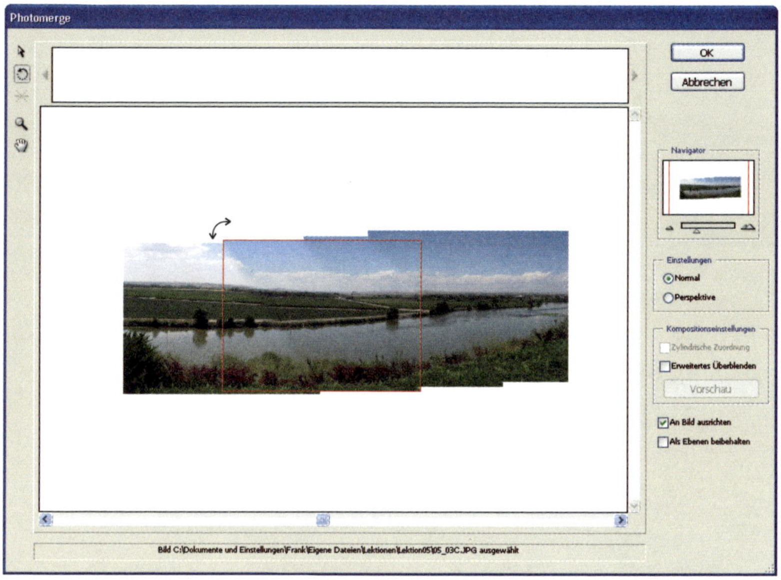

- Wechseln Sie zum Bild-auswählen-Werkzeug und ziehen Sie das zweite Bild etwas nach unten, so dass die Straßen in den beiden mittleren Bildern perfekt ausgerichtet sind. (Das Bild wird während des Ziehens halbtransparent, so dass Sie den darunter liegenden Bereich des dritten Fotos sehen können.)
- Wiederholen Sie den Vorgang für das Bild ganz links, um die Straßen am zweiten Bild auszurichten.
- Gefällt Ihnen das Ergebnis, wählen Sie die Option »Erweitertes Überblenden« und klicken auf »Vorschau«.

5 Verlassen Sie die Vorschau, indem Sie auf »Vorschau beenden« klicken. Klicken Sie dann auf OK.

Das Photomerge-Dialogfeld schließt sich und Photoshop Elements erzeugt im Editor das Panorama.

6 Wählen Sie das Freistellungswerkzeug (⌗) und ziehen Sie eine Auswahl um das Bild. Achten Sie darauf, dass die Auswahl keine transparenten Bereiche (zu sehen am Schachbrettmuster) enthält. Klicken Sie dann in der Optionsleiste auf »Bestätigen« (✓), um das Bild freizustellen.

7 Wählen Sie **Datei: Speichern** und speichern Sie das Bild als **05_03_Arbeit** im JPEG-Format im Ordner *Meine CIB-Arbeit*. Achten Sie darauf, dass die Option »Mit Original im Versionssatz speichern« deaktiviert ist. Nachdem

Sie auf »Speichern« geklickt haben, erscheint das Dialogfeld »JPEG-Optionen«. Wählen Sie die Qualität 12 (Maximal) und klicken Sie auf OK.

Hinweis: *Die ursprüngliche Arbeitsdatei (*Unbenannt-1*) bleibt geöffnet. Schließen Sie die Datei jetzt, ohne die Änderungen zu speichern.*

Eine weitere Übung

Wiederholen Sie einfach die Panaroma-Prozedur bis zu Schritt 3. Anstatt jetzt die Bilder auszurichten, wählen Sie im Photomerge-Dialogfeld die Option »Perspektive«. Wählen Sie dann das Fluchtpunkt-setzen-Werkzeug (✣) und klicken Sie in der Nähe der rechten Bildseite direkt über dem Horizont. Wählen Sie die Option »Erweitertes Überblenden« und klicken Sie auf OK.

Perspektivisches Panorama mit neuem Fluchtpunkt (unten die freigestellte Panoramaversion)

Projekt 4: Album für Bildschirmbetrachtung erstellen

Kreationen sind Gestaltungsformen, mit denen Sie im Organizer-Katalog gewählte Bilder speichern, an Dritte weitergeben und präsentieren. Sie speichern Kreationen auf unterschiedliche Weise: für die Online-Distribution, als Diashow mit Ton oder indem Sie die Kreation drucken. Der Vorgang als solcher ist dabei ganz einfach.

Sie erstellen in diesem Projekt ein Beispielalbum im PDF-Format für die Bildschirmbetrachtung.

1 Klicken Sie im Photoshop Elements 3.0-Editor in der Symbolleiste auf »Browser« ( ), um in den Organizer zu wechseln.

2 Wählen Sie im Organizer den Befehl **Datei: Neu: Fotoalbumseiten**, um den Assistenten *Fotoalbumseiten erstellen* zu laden.

3 Führen Sie in »Schritt 1: Kreation einrichten« Folgendes aus:

- Wählen Sie rechts im Dialogfeld »Ohne Rahmen« (sofern nicht schon hervorgehoben).
- Achten Sie unten links im Dialogfeld darauf, dass die Optionen »Titelseite«, »Bildtitel« und »Seitenzahlen« aktiviert sind.
- Wählen Sie im Popup-Menü »Fotos pro Seite« die Option »Sequenz: 1, 2, wiederholen«.
- Klicken Sie auf »Nächster Schritt«.

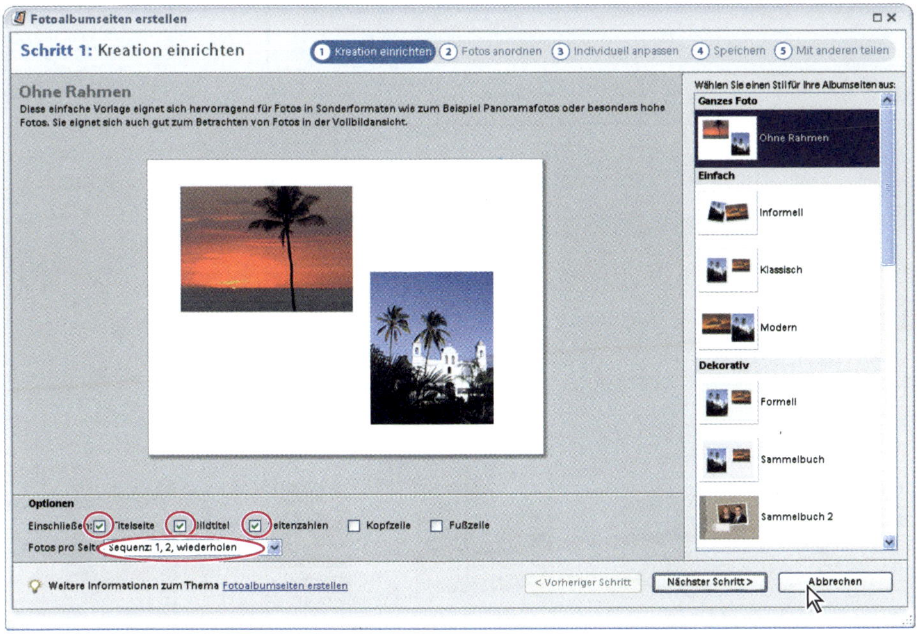

4 Klicken Sie in »Schritt 2: Fotos anordnen« auf »Fotos hinzufügen«, um das Dialogfeld »Fotos hinzufügen« zu öffnen. Führen Sie Folgendes aus:

- Aktivieren Sie »Tag-Marke« und wählen Sie im entsprechenden Popup-Menü »Lektion5«.

- Wählen Sie im Dialogfeld »Fotos hinzufügen« durch Klicken in den Kontrollkästchen mindesten vier bis fünf Bilder. Klicken Sie auf »Ausgewählte Fotos hinzufügen« und dann auf OK.

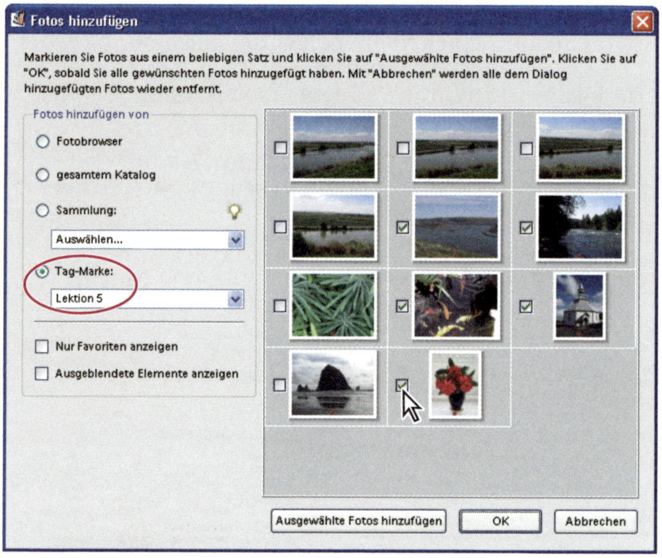

Falls eine Meldung mit dem Hinweis auf eine niedrige Auflösung erscheint, klicken Sie auf OK, um das Meldungsfenster zu schließen.

- Ziehen Sie die Miniaturen in die gewünschte Reihenfolge. (Das erste Bild erscheint auf der Titelseite des Albums.)

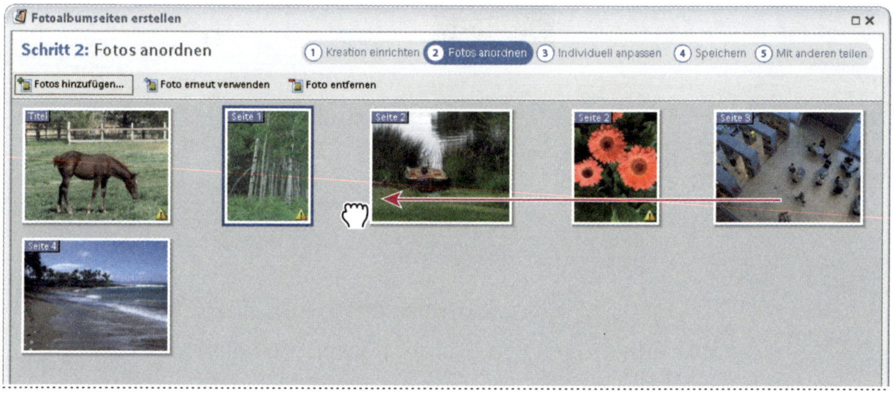

- Falls Sie weitere Fotos hinzufügen oder Bilder aus den Albumseiten entfernen möchten, verwenden Sie die Schaltflächen »Fotos hinzufügen« bzw. »Fotos entfernen« über der Miniaturdarstellung.

5 Klicken Sie auf »Nächster Schritt« für »Schritt 3: Individuell anpassen«. Führen Sie die folgenden Schritte aus:

- Doppelklicken Sie auf den Platzhaltertext. Geben Sie in das Dialogfeld »Titel« die Bezeichnung **Mein Beispielalbum** ein und klicken Sie auf »Fertig«. (Vorher könnten Sie noch die Schrift einstellen, wenn Sie die Überschrift anders gestalten möchten.)
- Ziehen Sie das Bild, um es zu verschieben, oder ziehen Sie an den Eckanfassern, um das Bild zu skalieren.
- Ziehen Sie das Textfeld mit dem Titel, um es zu verschieben, oder ziehen Sie an den Ecken, um es zu skalieren. (Die Textgröße bleibt dabei erhalten.)
- Klicken Sie auf den nach rechts weisenden Pfeil () oder benutzen Sie das Popup-Menü »Seite anzeigen«, um zur nächsten Albumseite zu gelangen.

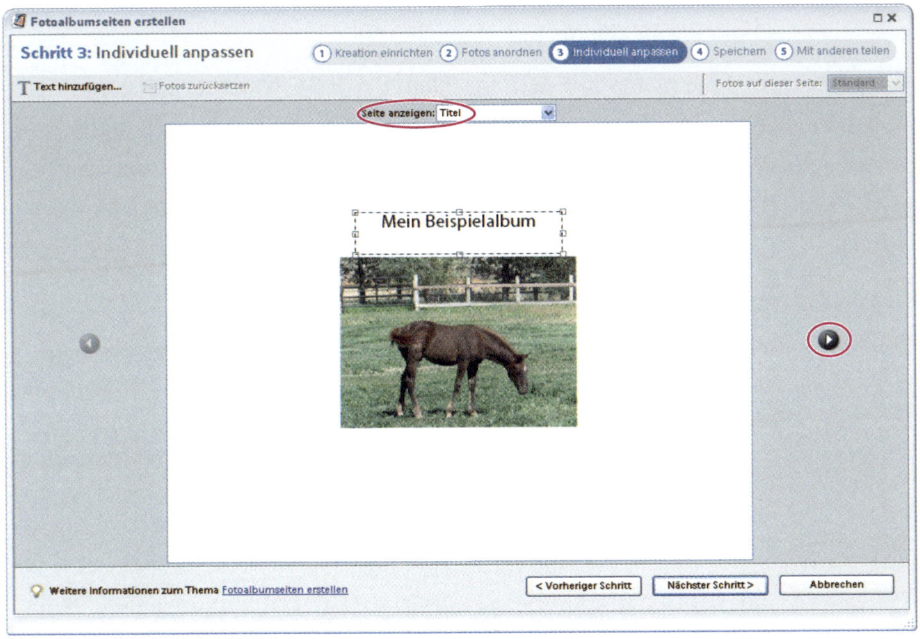

- Wiederholen Sie für die anderen Seiten im Album die Schritte, die Sie für die Titelseite durchgeführt haben (Bild verschieben und skalieren, Text hinzufügen und zur nächsten Seite gehen).

Hinweis: *Falls in der Datei bereits eine Bildunterschrift eingebettet ist, erscheint die Unterschrift auf der Seite. Sie können die Bildunterschrift übernehmen oder bearbeiten.*

- Klicken Sie auf »Nächster Schritt«, wenn alle Seiten eingerichtet sind.

6 Speichern Sie in »Schritt 4: Speichern« Ihr Beispielalbum mit der Bezeichnung **05_04_Arbeit** (Name der Albumseiten) oder wählen Sie die Option »Titel als Name verwenden«. Klicken Sie dann auf »Speichern«.

7 Wählen Sie in »Schritt 5: Mit anderen teilen« die Option »PDF erstellen«. Führen Sie folgende Schritte aus:

- Aktivieren Sie im Dialogfeld »Als PDF speichern« die Option »Als Bildschirmanzeige optimieren« (sofern noch deaktiviert) und klicken Sie auf OK.
- Speichern Sie die Datei im Ordner *Meine CIB-Arbeit* innerhalb des Ordners *Lektionen*. Klicken Sie auf »Speichern«.

Wenn Photoshop Elements mit dem Erstellen der PDF-Datei fertig ist, können Sie sich die Datei sofort anzeigen lassen. Wenn Sie im angezeigten Dialogfeld auf »Ja« klicken, öffnet Adobe Reader automatisch die Datei. Benutzen Sie die Pfeiltasten auf der Tastatur oder in Adobe Reader, um durch die einzelnen Seiten zu blättern.

8 Klicken Sie auf »Fertig«, um den Assistenten zu schließen.

Hinweis: *Falls der Adobe Reader nicht auf Ihrem Computer installiert ist (oder Sie nur über eine ältere Version von »Adobe Acrobat Reader« verfügen), installieren Sie Acrobat Reader von der Programm-CD* Photoshop Elements 3.0. *Oder laden Sie sich die aktuelle (kostenlose) Reader-Version von der Adobe-Website (www.adobe.de) herunter.*

Die Dateigröße der PDF-Datei mit dem Fotoalbum ist recht klein (klicken Sie im Windows-Explorer mit der rechten Maustaste auf die Datei und wählen Sie die Option »Eigenschaften«). Normalerweise ist eine Album-PDF-Datei immer kleiner als die Summe der Dateigrößen der im Album enthaltenen Dateien. Deshalb eignet sich ein Fotoalbum auch besonders gut dazu, mehrere Bilder per E-Mail zu verschicken. (Siehe »Fotos per E-Mail verschicken« auf Seite 39.)

Über andere Kreationen

Es gibt noch andere kreative Möglichkeiten, Ihre schönsten Fotos zu speichern und mit anderen zu teilen. Klicken Sie in der Organizer-Symbolleiste auf »Alben erstellen und andere Möglichkeiten zur Weitergabe von Fotos nutzen« ( ) (oder wählen Sie **Datei: Neu: Kreation**), um das Fenster »Kreation einrichten« zu öffnen. Hier finden Sie Beispiele und Erläuterungen zu Fotopräsentationen und anderen Möglichkeiten, um Bilder mit Dritten zu teilen.

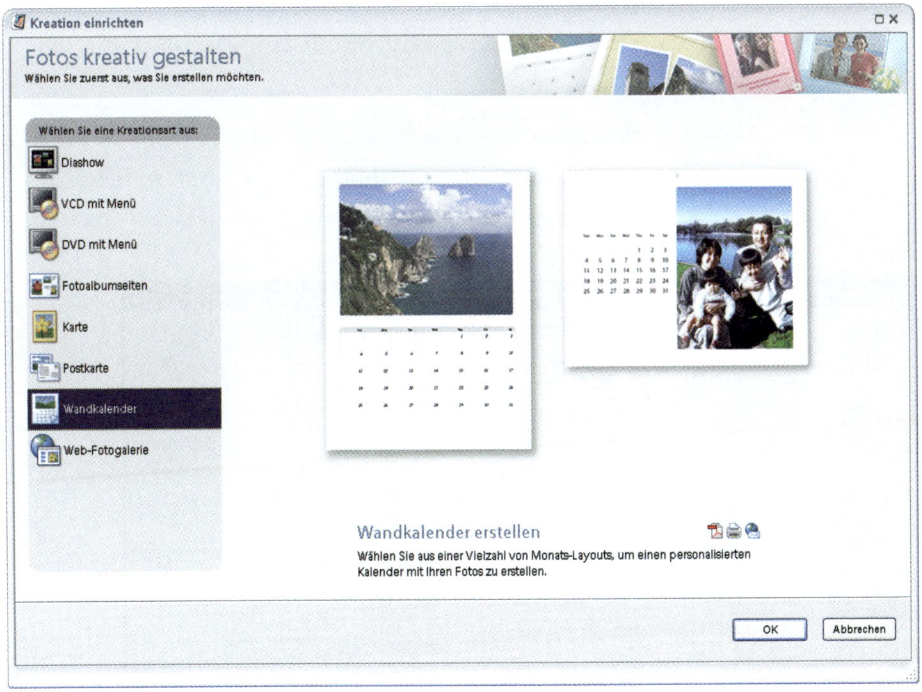

Projekt 5: Einen Kontaktabzug drucken

Dieses Feature hilft beim Identifizieren bestimmter Bilder eines Katalogs. Der gedruckte Kontaktabzug mit Bildminiaturen spart viel Zeit bei der Suche nach bestimmten Bildern, die Sie zuvor auf einer CD gespeichert hatten: Sie erkennen auf Anhieb, welche Bilder die CD enthält.

1 Klicken Sie im Organizer in den Suchfeldern für die Tags *Lektion 5* und *Projekt 5*. (Die angezeigten sechs Miniaturen entsprechen denen für das *Projekt 4* in dieser Lektion.)

2 Wählen Sie **Bearbeiten: Alles auswählen** und dann **Datei: Drucken**.

3 Führen Sie im Dialogfeld »Ausgewählte Fotos drucken« Folgendes aus:

- Wählen Sie unter »❶ Drucker auswählen« einen verfügbaren Drucker.
- Wählen Sie unter »❷ Abzugsart auswählen« aus dem Popup-Menü die Option »Kontaktabzug«.
- Wählen Sie unter »❸ Layout auswählen« die Spaltenanzahl, um die Anzahl der Miniaturen pro Zeile festzulegen. Wählen Sie dann unter »Beschriftung hinzufügen« die Angaben, die unter jeder Miniatur erscheinen sollen.

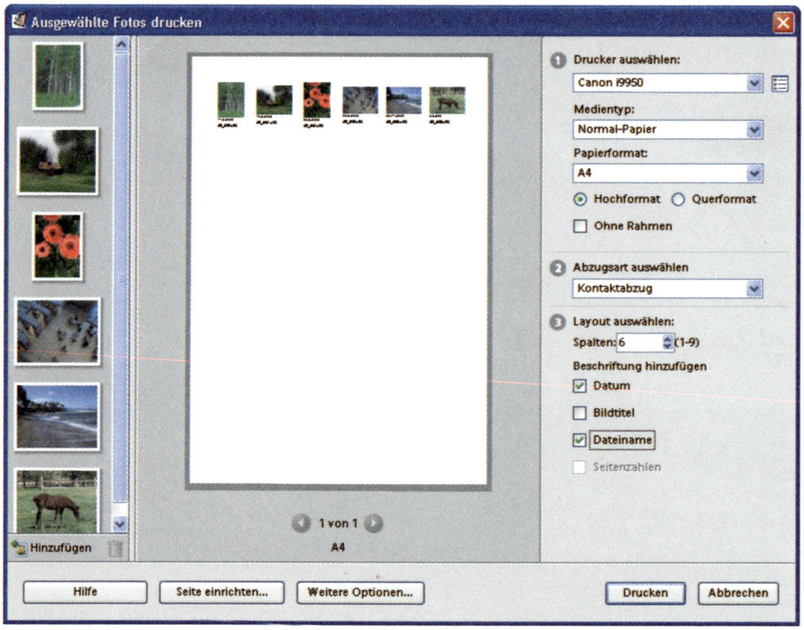

4 (Optional) Führen Sie eine oder beide folgenden Aktionen aus:

- Klicken Sie unten links im Dialogfeld »Ausgewählte Fotos drucken« auf »Hinzufügen«. Wählen Sie die Option »Fotos hinzufügen von gesamtem Katalog« und anschließend die Bilder für den Kontaktabzug. Klicken Sie auf OK, um das Dialogfeld zu schließen.
- Wählen Sie eine Miniatur links im Dialogfeld »Ausgewählte Fotos drucken« für ein Bild, das nicht im Kontaktabzug aufgenommen werden soll. Klicken Sie dann auf das Symbol »Ausgewählte Elemente entfernen« ( ), um das Bild (nur) aus dem Kontaktabzug zu entfernen.

***Hinweis:** Wenn Sie die Papiergröße ändern möchten, klicken Sie auf »Seite einrichten« und bestimmen die gewünschten Optionen.*

5 Nachdem Sie alles festgelegt haben, führen Sie einen dieser Schritte aus:

- Klicken Sie auf »Drucken«.
- Klicken Sie auf »Abbrechen«, um das Dialogfeld ohne zu drucken zu schließen.

Die fertigen Dateien speichern und organisieren

Wenn Sie bereits Lektionen in diesem Buch durchgearbeitet haben, kennen Sie bereits die letzte Phase auch in dieser Lektion. Sie versehen die Arbeitsdateien mit Tags, die schon im Organizer vorhanden sind. Grund: Sie hatten beim Speichern im Dialogfeld »Speichern unter« die Option »Im Organizer aufnehmen« gewählt.

Wenn über dem Miniaturenbereich »Alle Fotos anzeigen« zu sehen ist, klicken Sie auf die Schaltfläche.

1 Wählen Sie **Suchen: Elemente ohne Tags**.

2 Wählen Sie **Bearbeiten: Alles auswählen** oder drücken Sie Strg+A, um alle Miniaturen zu wählen.

3 Ziehen Sie das Tag »Arbeitsdateien« und dann das Tag »Lektion5« aus der Tags-Palette auf eine Miniatur. Die Tags sind jetzt allen gewählten Miniaturen zugewiesen.

Sie können jetzt wieder auf »Alle Fotos anzeigen« klicken, um alle Miniaturen im Katalog anzuzeigen.

Hinweis: *Falls Sie am Beginn der Lektion den Palettenbereich ausgeblendet haben, schalten Sie um zum Editor und klicken Sie unten rechts im Arbeitsbereich auf den Pfeil »Palettenbereich öffnen«. Damit haben Sie den Palettenbereich für die nächsten Projekte wieder aktiviert.*

Glückwunsch – Sie haben die Lektion 5 erfolgreich abgeschlossen. Sie haben erfahren, wie Sie Bilder aus PDF-Dateien und Videos extrahieren und in Photoshop Elements importieren. Außerdem können Sie jetzt Panoramen, Fotoalben und Kontaktabzüge erstellen. Und Sie haben erfahren, wie sich Editor und Organizer bei verschiedenen Aufgaben die Arbeit teilen.

Fragen

1 Wie unterscheiden sich die Methoden für den Import neuer Bilder in dieser Lektion gegenüber den angewandten Techniken in Lektion 1?

2 Wie korriegeren Sie eine vermeintliche Doppelbelichtung in einem importierten Videoframe?

3 Welche Komponente in Photoshop Elements 3.0 fügt Einzelaufnahmen zu einem Panorama zusammen? Wie starten Sie diesen Vorgang?

4 Wie erstellen Sie aus Ihren Fotos Diashows, Kalender, Fotoalben, Web-Galerien und andere Kreationen, die ideal für den Bilderaustausch mit Dritten sind?

Antworten

1 Sie haben in Lektion 1 vorhandene Bilddateien im Organizer gesammelt. In dieser Lektion haben Sie den Importieren-Befehl benutzt, der ausschließlich im Editor verfügbar ist. Mit diesem Befehl haben Sie ausgewählte Bilder aus einer PDF-Datei und einem Videoclip importiert. Sie könnten beispielsweise (über diese Lektion hinaus) alle Fotos aus einer PDF-Datei in den Organizer aufnehmen. Wählen Sie dazu im Organizer den Befehl **Datei: Fotos laden: Aus Dateien und Ordnern** und dann im Dialogfeld »Fotos aus Dateien und Ordnern laden« unten aus dem Popup-Menü »Dateityp« die Option »PDF-Dateien (*.pdf)«.

2 Sie korrigieren den Videoimport mit dem Befehl **Filter: Videofilter: De-Interlace**.

3 Sie verwenden den Photoshop Elements 3.0-Editor im Standardeditor-Modus, um Panoramas zu erzeugen. Wählen Sie **Datei: Neu: Photomerge Panorama**, um den Vorgang zu starten. Es ist nicht erforderlich, die Dateien vor dem Zusammenfügen zu öffnen. Außerdem können Sie mit dem Zusammenfügen der Fotos im Organizer beginnen, indem Sie die Miniaturen der Bilder für das Panorama wählen und anschließend im Editor den Befehl **Datei: Neu: Photomerge Panorama** aufrufen.

4 Wählen Sie im Editor den Befehl **Datei: Neu: Kreation**, um Fotos für die Präsentation in unterschiedlichen Gestaltungsformen aufzubereiten. Dabei können Sie unter vorgefertigten Layouts und unterschiedlichen Stilrichtungen wählen. Einige Präsentationsformen, wie beispielsweise eine PDF-Diashow, lassen sich zusätzlich mit Musik, Kommentaren und Überblendungseffekten ausstatten.

Lektion 6

6 Reparieren und Retuschieren

Viele Bilder sind auf den ersten Blick in Ordnung: Gute Farben, korrekte Belichtung und optimaler Bildaufbau. Doch bei genauerer Betrachtung tauchen Schönheitsfehler auf wie unreine Haut, Knicke im gesannten Foto oder eine falsche Farbtemperatur. Photoshop Elements 3.0 verfügt über die passenden Werkzeuge, mit denen Sie diese und viele andere Bildfehler einfach korrigieren können.

In dieser Lektion lernen Sie Folgendes:

- Mit Füllmethoden und Deckkraft Ebenen beeinflussen
- Eine Auswahl mit unterschiedlichen Werkzeugen und Methoden erzeugen
- Eine aktive Auswahl verfeinern und eine gespeicherte Auswahl bearbeiten
- Über die Palette »Stile und Effekte« simulierte Wetterbedingungen zuweisen
- Mit der Pipette und dem Verlaufswerkzeug einen realistisch aussehenden Himmel anlegen
- Panoramadateien freistellen
- Falten und unreine Haut retuschieren
- Mit dem Abwedler zu dunkle Bildbereiche aufhellen
- Mit einer Maske arbeiten
- Mit dem Kopierstempel fehlende Bildbereiche reparieren

Für diese Lektion benötigen Sie etwa 90 Minuten. Die Lektion umfasst acht unabhängige Projekte, die Sie in einer oder mehreren Arbeitssitzungen durcharbeiten können. Einige Projekte benötigen nur fünf Minuten, andere 20 Minuten oder mehr.

Achten Sie darauf, dass Sie die Projektdateien von der Buch-CD auf Ihre Festplatte kopiert haben (siehe »Die Classroom-in-a-Book-Dateien installieren« auf Seite 12). Sie könnten mit dieser Lektion auch außer der Reihe beginnen, obwohl einige Dateistrukturen, Tags und Vorgehensweisen aus den Lektionen 1 und 2 vorausgesetzt werden.

Vorbereitungen

Die ersten relativ einfachen und kurzen sechs Projekte in dieser Lektion zeigen Ihnen diverse Möglichkeiten, um ein Foto mit »neuem« Wetter zu versehen. In diesem Prozess, mit dem Sie den Himmel verändern, benutzen Sie vier unterschiedliche Fotos. Sie erzeugen sowohl realistisch als auch künstlich aussehende Himmelseigenschaften.

Die beiden letzten Projekte in dieser Lektion beschäftigen sich mit dem Entfernen von Falten, Knicken, Flecken und anderen »Unreinheiten« in gescannten Bildern und digitalen Fotos.

1 Starten Sie Photoshop Elements 3.0 im Standardeditor-Modus.

2 Öffnen Sie den Paletten- und Fotobereich (sofern die Bereiche ausgeblendet sind), indem Sie auf die Pfeile (⏏) und (❙▸) rechts und links unten im Arbeitsbereich klicken. Oder wählen Sie die Befehle **Fenster: Palettenbereich** und **Fenster: Fotobereich** (die Befehle sind danach mit einem Häkchen versehen).

3 Prüfen Sie den Inhalt des Palettenbereichs und achten Sie darauf, dass die Paletten *Ebenen*, *Navigator*, *Stile und Effekte* sowie *Rückg.-Protokoll* vorhanden sind.

Hinweis: *Informationen zum Inhalt des Palettenbereichs finden Sie unter »Der Palettenbereich« auf Seite 74.*

Sie können in dieser Lektion mit einem beliebigen Wetterprojekt beginnen, da sie unabhängig voneinander sind. Einzige Ausnahme ist das Wetterprojekt 6, das auf einer Datei aus dem Wetterprojekt 5 aufbaut.

Wetterprojekt 1: Blau des Himmels intensivieren

Dieses erste und das folgende Projekt verwenden dasselbe Foto, auf dem ein Gebäude mit einem abgerundeten Dach zu sehen ist. Das Gebäude sieht gut aus, aber der Himmel ist zu blass. Zum Glück lässt sich dieses Problem einfach beheben, und zwar mit einer Technik, die Sie bereits in einer früheren Lektion dieses Buchs kennen gelernt haben.

1 Suchen und öffnen Sie im Dateibrowser oder im Organizer die Datei *06_01.jpg* im Ordner *Lektion06* innerhalb des Ordners *Lektionen*. Die Datei ist bereits mit einem Tag für Lektion 6 und Projekt 1 versehen.

2 Wählen Sie in der Werkzeug-Palette den Zauberstab (🪄).

3 Geben Sie in der Optionsleiste den Wert **32** für »Toleranz« ein und achten Sie darauf, dass die Option »Benachbart« gewählt ist.

4 Klicken Sie in der Mitte des Himmelsbereichs.

Hinweis: *Ein einfacher Klick sollte den kompletten Himmel wählen. Ist das nicht der Fall, heben Sie die Auswahl auf (»Auswahl: Auswahl aufheben«) und prüfen Sie die Einstellungen in der Optionsleiste. Setzen Sie dann mit Schritt 4 fort.*

5 Wählen Sie **Bearbeiten: Kopie** und dann **Bearbeiten: Einfügen**. Oder drücken Sie Strg+C zum Kopieren und Strg+V zum Einfügen.

6 Achten Sie darauf, dass in der Ebenen-Palette die neue Ebene (Ebene 1) gewählt ist. Wählen Sie die Füllmethode »Multiplizieren«.

7 Wählen Sie **Datei: Speichern**. Benennen Sie die Datei mit **06_01_Arbeit** und wählen Sie das Format »Photoshop (*.PSD, *.PDD)« als Format. Speichern Sie die Datei im Ordner *Meine CIB-Arbeit* innerhalb des Ordners *Lektionen*. Achten Sie darauf, dass die Option »Mit Original im Versionssatz speichern« deaktiviert ist.

Schließen Sie die Datei, da dieses Projekt fertig gestellt ist.

Eine Zauberstab-Auswahl verfeinern

Wenn Sie mit dem Zauberstab keine perfekte Auswahl erzielen können, sollten Sie die folgenden Methoden ausprobieren:

- *Starten Sie neu (**Auswahl: Auswahl aufheben**) und klicken Sie an einer etwas anderen Stelle im auszuwählenden Bereich. Das ursprüngliche Klicken hat eventuell Pixel aufgenommen, die außerhalb der durchschnittlichen Farbe im Bereich liegen.*
- *Ändern Sie in der Optionsleiste die Toleranz-Einstellungen. Ein größerer Wert wählt mehr Farben und einen größeren Bereich, während ein kleinerer Wert weniger Farben in einem kleineren Bereich auswählt.*
- *Wählen Sie in der Optionsleiste »Der Auswahl hinzufügen« ( ) oder »Von der Auswahl subtrahieren« ( ) und klicken Sie in den Bereichen, die Sie der Auswahl hinzufügen bzw. die Sie von der Auswahl subtrahieren möchten. Eventuell müssen Sie an diesem Punkt auch noch die Toleranz ändern, wenn weitere Klicks neue Probleme mit der Auswahl bringen.*
- *Benutzen Sie ein anderes Auswahlwerkzeug wie das Lasso oder ein Auswahlrahmen-Werkzeug zusammen mit den aktivierten Optionen »Der Auswahl hinzufügen« ( ) oder »Von der Auswahl abziehen« ( ) in der Optionsleiste.*
- *Arbeiten Sie mit dem Auswahlpinsel ( ), um durch »Malen« bestimmte Bereiche zu wählen.*

Wetterprojekt 2: Sturm erzeugen

In diesem Projekt bewirken Sie eine dramatische Wetteränderung. Sie benutzen einige Sturmwolken aus einem anderen Foto und verändern das vorhandene Foto dann mit Hilfe eines Ebenenstils.

Sie benutzen dieselbe Startdatei wie im ersten Projekt. Da Sie die Änderungen im Photoshop-Format (.PSD) gespeichert haben, wurde die ursprüngliche JPEG-Datei nicht verändert. Zusätzlich müssen Sie noch das Foto mit dem Sturm öffnen.

1 Suchen und öffnen Sie im Dateibrowser oder im Organizer die Dateien *06_01.jpg* und *06_Storm.jpg*, die bereits mit den Tags »Lektion 6« und »Projekt 2« versehen sind. Die Dateien finden Sie im Ordner *Lektion06* innerhalb des Ordners *Lektionen*.

***Hinweis:** Falls eines der Bilder den kompletten Arbeitsbereich einnimmt und sich nicht verkleinern lässt, wählen Sie **Fenster: Bilder: Maximierungsmodus**, um diesen Befehl zu deaktivieren bzw. das Häkchen zu entfernen.*

2 Beide Bilder sind sichtbar und das Bild *06_01* ist aktiviert. Ziehen Sie mit gedrückter Umschalttaste die Hintergrundebene des Gebäudes in das Fenster mit den grauen Sturmwolken.

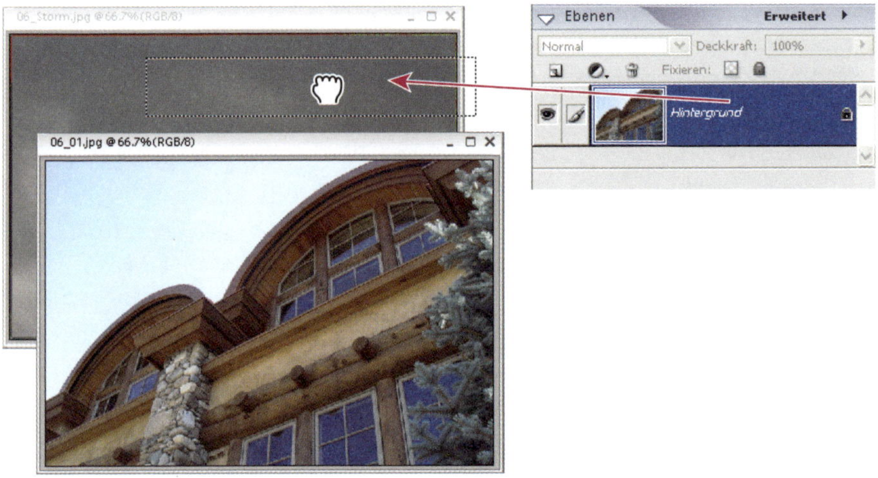

Schließen Sie jetzt das Bild *06_01.jpg*, ohne es zu speichern.

3 Benutzen Sie die gleichen Optionen für den Zauberstab wie in der vorherigen Prozedur und wählen Sie den Himmel.

4 Wählen Sie **Bearbeiten: Löschen** (oder drücken Sie die Entf.-Taste), um den blassen blauen Himmel zu entfernen und in diesem Bereich die dunklen Sturmwolken durchscheinen zu lassen. Wählen Sie dann **Auswahl: Auswahl aufheben**.

5 *Ebene 1* ist aktiviert. Wählen Sie **Ebene: Auf Hintergrundebene reduzieren**, um beide Ebenen in einer Ebene zu kombinieren.

6 Wählen Sie in der Palette »Stile und Effekte« aus den Popup-Menüs die Optionen »Ebenenstile« und »Bildeffekte«. Doppelklicken Sie dann auf die Miniatur »Regen«, um diesen Stil zuzuweisen.

Falls eine Meldung fragt, ob Sie aus diesem Hintergrund eine Ebene erstellen möchten, klicken Sie auf OK und übernehmen Sie durch erneutes Klicken auf OK den Standardnamen *Ebene 0*.

7 Wählen Sie **Datei: Speichern unter** und speichern Sie die fertige Datei mit dem Namen **06_02_Arbeit** im Ordner *Meine CIB-Arbeit*. Verwenden Sie den automatisch angezeigten Dateinamen. Achten Sie darauf, dass die Option »Mit Original im Versionssatz speichern« deaktiviert ist. Klicken Sie auf »Speichern«.

Glückwunsch – Sie haben zwei völlig unterschiedliche Wettersituationen in diesem Foto erzeugt. Schließen Sie jetzt alle geöffneten Dateien und wenden Sie sich dem nächsten Projekt zu.

In den bisherigen zwei Projekten haben Sie Auswahlen mit dem Zauberstab erstellt und eine Füllmethode zugewiesen. Dann haben Sie eine Ebene von einem Bild in ein anderes kopiert sowie durch einfaches Umbenennen einen Hintergrund in eine Ebene umgewandelt. Außerdem haben Sie zwei Ebenen auf eine Ebene reduziert, um Ebenenstile, Effekte, Filter und andere Änderungen beiden Bildteilen gleichermaßen zuweisen zu können.

Ansichtmodi und Anordnung von Bildfenstern

Wenn Sie im Schnellkorrektur-Modus arbeiten, zeigt der Arbeitsbereich nur eine Bilddatei an, unabhängig davon, wie viele Dateien geöffnet sind. Die inaktiven geöffneten Dateien erscheinen als Miniaturen im Fotobereich, nicht jedoch im Arbeitsbereich.

Wenn Sie im Standardeditor-Modus arbeiten, sind andere Anordnungen möglich. Normalerweise lässt sich die Größe und Platzierung der Bildfenster im Arbeitsbereich einstellen. Ist das nicht möglich, haben Sie bestimmt den Maximierungsmodus aktiviert. Wenn das Öffnen oder Schließen von Dateien eine ungewollte Anordnung von Bilddateien im Arbeitsbereich nach sich zieht, ist die Ansicht meist auf den Modus »Automatisch anordnen« eingestellt.

***Maximieren** füllt den Arbeitsbereich mit dem aktiven Bildfenster, d.h., Sie sehen nur ein Bild zur Zeit.*

***Automatisch anordnen** zeigt alle geöffneten Dateien bzw. Bildfenster gleichzeitig im Arbeitsbereich an. Ist der Modus »Automatisch anordnen« beim Schließen einer Datei oder Öffnen einer neuen Datei aktiviert, ordnet Photoshop Elements automatisch nebeneinander an.*

***Mehrfenster** ermöglicht Ihnen, mehrere Dateien bzw. Bildfenster zu skalieren, anzuordnen oder zu minimieren.*

Mit diesen beiden Möglichkeiten schalten Sie zwischen den jeweiligen Modi um:

- *Wählen Sie im Menü **Fenster: Bilder** die gewünschte Anordnung* Maximierungsmodus, Überlappend *oder* Nebeneinander. *Ist der Maximierungsmodus-Befehl mit einem Häkchen versehen, wird dieser Befehl durch erneutes Wählen deaktiviert. Danach steht wieder der Modus mit mehreren Fenstern zur Verfügung.*
- *Klicken Sie ganz rechts in der Menüleiste auf das Symbol für den gewünschten Modus.*

Die verfügbaren Symbole variieren, je nachdem, welcher Ansichtsmodus aktiviert ist und wie groß der Arbeitsbereich auf Ihrem Monitor ist. Bei reduziertem Arbeitsbereich sind diese Symbole meist nicht zu sehen. Die folgende Abbildung zeigt die in den jeweiligen Modi verfügbaren Symbole.

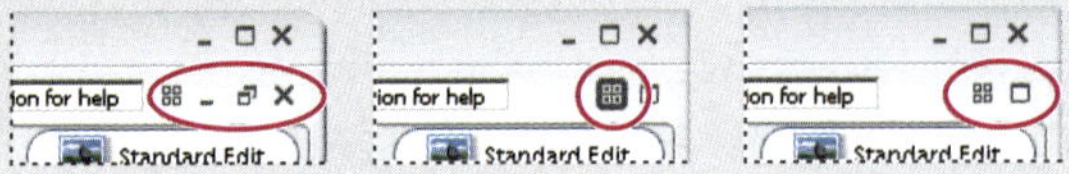

Symbole im Maximierungsmodus, Automatisch anordnen-Modus und Mehrfenstermodus

Weitere Informationen finden Sie in der Adobe Photoshop Elements 3.0 Hilfe *(wählen Sie **Hilfe: Photoshop Elements-Hilfe**).*

Wetterprojekt 3: Wolkenhimmel aufklaren

Das Problem im nächsten Bild gibt es häufig: Endlich haben Sie die Gelegenheit, eine Sehenswürdigkeit aufzunehmen, doch leider spielt das Wetter nicht mit. Das Bild sieht so lausig aus, dass Sie es kaum vorzeigen können.

Im Beispielfoto für dieses Projekt enthält der Himmel über dem Schloss viel zu wenig Blau und selbst ein Füllmodus bringt kaum Verbesserungen. Deshalb benutzen Sie einfach ein anderes Foto mit blauem Himmel, um letzteren in das Bild mit dem Schloss einzufügen. Um das Bild noch realistischer zu machen, fügen Sie noch einen Blendenfleck hinzu – als wenn ihn Ihre Kamera auf Grund des starken Sonnenlichts eingefangen hätte.

Himmel aus anderem Bild hinzufügen

Sie benutzen einen realistischen Himmel so wie im Wetterprojekt 2. Falls Sie bereits über entsprechende Bilder verfügen, wählen Sie einfach den gewünschten Himmel und fügen ihn dann in eigene Fotos ein.

Um das Originalbild zu schützen, arbeiten Sie jetzt mit einer Kopie der Hintergrundebene.

1 Öffnen Sie im Dateibrowser oder Organizer die beiden Dateien *06_03.jpg* und *06_Blue.jpg* mit den Tags »Lektion 6« und »Projekt 3«. Die Dateien befinden sich im Ordner *Lektion06* innerhalb des Ordners *Lektionen*.

2 Die Datei *06_03* (mit dem Schloss) ist aktiviert. Wählen Sie **Ebene: Ebene duplizieren** und klicken Sie auf OK, um den Namen *Hintergrund Kopie* zu übernehmen. Klicken Sie auf das Augensymbol (👁) für die Hintergrundebene, um sie auszublenden. Lassen Sie die Ebene *Hintergrund Kopie* gewählt.

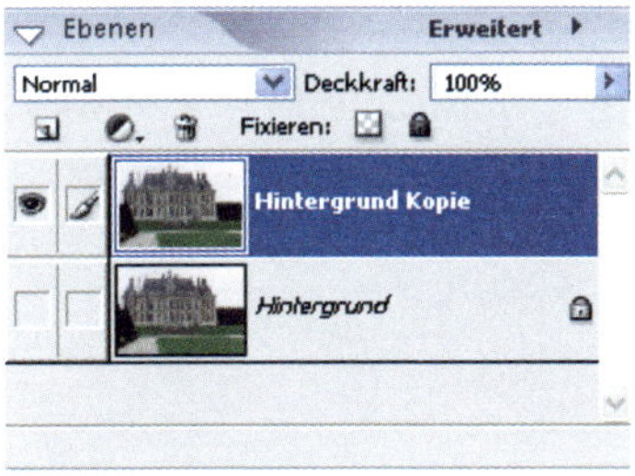

3 Wählen Sie den Zauberstab (). In der Optionsleiste ist die Toleranz auf **32** eingestellt. Außerdem ist die Option »Benachbart« aktiviert. Klicken Sie einmal auf die Wolken, um den kompletten Himmel zu wählen.

Falls einige Himmelsbereiche noch in der Auswahl fehlen, klicken Sie mit gedrückter Umschalttaste in diesen Bereichen.

4 Drücken Sie die Entf.-Taste (oder wählen Sie **Bearbeiten: Löschen**), um den Himmelsbereich durch das Schachbrettmuster bzw. durch Transparenz zu ersetzen. Heben Sie dann die Auswahl auf (**Auswahl: Auswahl aufheben** oder Strg+D).

5 Verschieben Sie die Bildfenster so, dass Sie beide Bilder sehen können.

Hinweis: *Falls ein Bild den ganzen Arbeitsbereich füllt, wählen Sie* ***Fenster: Bilder: Überlappend****.*

6 Halten Sie die Umschalttaste gedrückt und ziehen Sie die Hintergrundebene (Himmel) auf das Bild *06_03* mit dem Schloss.

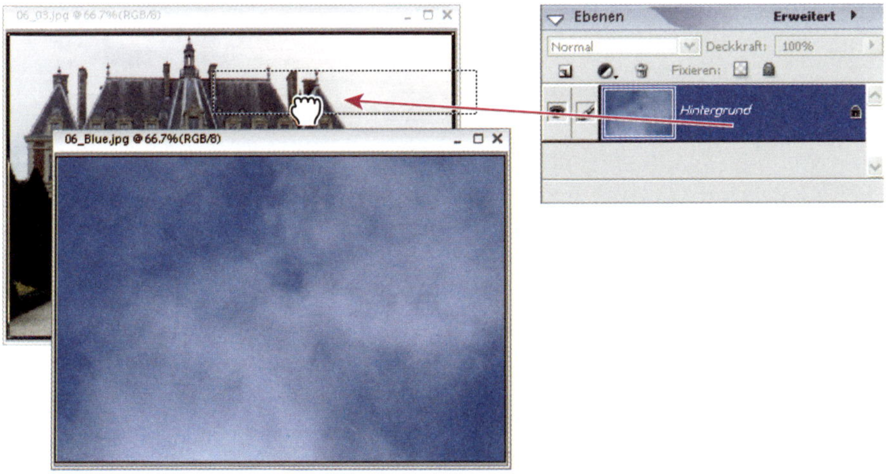

Durch Drücken der Umschalttaste wird die Ebene automatisch im zweiten Bild zentriert. Schließen Sie die Datei *06_Blue.jpg*.

7 Führen Sie in der Ebenen-Palette die folgenden Schritte aus:

- Ziehen Sie die Ebene *Hintergrund Kopie* über die *Ebene 1*.

- Lassen Sie *Hintergrund Kopie* gewählt.
- Wählen Sie **Ebene: Mit darunter liegender auf eine Ebene reduzieren**.

*Ändern Sie das Aussehen des eingefügten Himmels, indem Sie ihn wählen und die Ebene mit dem Himmel transformieren. Benutzen Sie beispielsweise das Verschieben-Werkzeug () und ziehen Sie an einem Eckankerpunkt. Oder setzen Sie das Verschieben-Werkzeug in die Nähe eines Eckpunktes (der Zeiger wird zum gebogenen Doppelpfeil) und drehen Sie die Ebene. Sie können auch den Befehl **Bild: Drehen: Ebene horizontal spiegeln** oder **Ebene vertikal spiegeln*** wählen.

Sonnenreflex erzeugen

Sie lernen jetzt eine so einfache wie überzeugende Möglichkeit kennen, um einen künstlichen, eingefügten oder original im Foto vorhandenen Himmel mit einem dramatischen Effekt zu versehen. Die Ergebnisse speichern Sie in zwei verschiedenen Bildversionen.

1 Wählen Sie **Datei: Speichern** und speichern Sie die aus zwei Ebenen bestehende Bilddatei mit dem Schloss mit dem Namen **06_03_Arbeit.psd** in Ihrem Ordner *Meine CIB-Arbeit*. Achten Sie darauf, dass die Option »Mit Original im Versionssatz speichern« deaktiviert ist. Klicken Sie auf »Speichern«.

Bevor Sie fortsetzen, achten Sie darauf, dass *Ebene 1* weiterhin in der Ebenen-Palette gewählt ist.

2 Wählen Sie in der Palette »Stile und Effekte« aus dem linken Popup-Menü die Option »Filter« und aus dem rechten Popup-Menü die Option »Rendering-Filter«.

3 Doppelklicken Sie auf die Miniatur »Blendenflecke«.

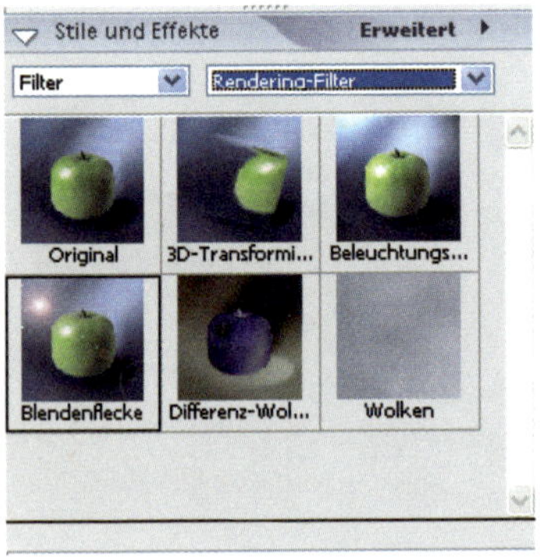

4 Ziehen Sie im Dialogfeld »Blendenflecke« das Fadenkreuz für die Blendenflecke an eine Position im Himmel.

(Wir haben eine Position nahe des Horizonts gewählt, damit der Eindruck entsteht, dass sich die Sonne fast hinter dem Schloss befindet.)

5 Ziehen Sie den Helligkeitsregler nach links auf etwa 90% und wählen Sie die Objektivart »35 mm«. Klicken Sie anschließend auf OK.

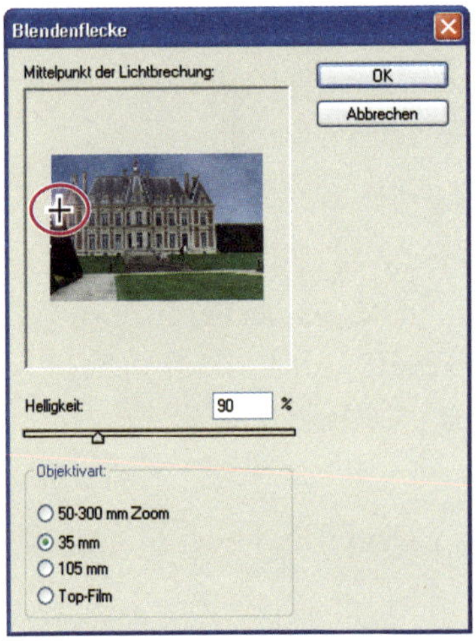

6 Wählen Sie **Datei: Speichern unter** und benennen Sie diese Bildversion mit **06_03b_Arbeit.psd**. (Der Ordner *Meine CIB-Arbeit* ist bereits geöffnet, der

Dateiname wird – allerdings ohne das jetzt einzugebende *b* – angezeigt und das Photoshop PSD-Format ist gewählt.) Achten Sie darauf, dass die Option »Mit Original im Versionssatz speichern« deaktiviert ist. Klicken Sie auf »Speichern« und schließen Sie dann die Datei.

Damit haben Sie ein weiteres Projekt fertig gestellt.

Wetterprojekt 4: Wetter als Stil zuweisen

In diesem Schnellprojekt erzeugen Sie Schneeflocken, die vom Himmel fallen.

1 Öffnen Sie im Dateibrowser oder Organizer die Datei *06_04.jpg*, die bereits mit den Tags »Lektion 6« und »Projekt 4« versehen ist. Die Datei finden Sie im Ordner *Lektion06* innerhalb des Ordners *Lektionen*.

2 Führen Sie in der Palette »Stile und Effekte« die folgenden Schritte aus:

- Wählen Sie in den beiden Popup-Menüs die Optionen »Effekte« und »Bildeffekte«.
- Doppelklicken Sie auf die Miniatur »Schneesturm«, um das Bild mit diesem Effekt zu versehen.

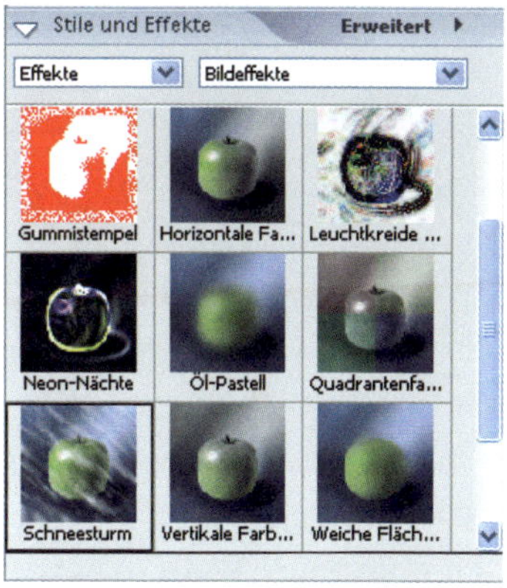

Der Effekt als solcher befindet sich auf der neuen Ebene *Hintergrund Kopie*.

3 Wählen Sie in der Ebenen-Palette die Hintergrundebene.

4 Wählen Sie in den Popup-Menüs der Palette »Stile und Effekte« die Optionen »Ebenenstile« und »Bildeffekte«. Doppelklicken Sie dann auf die Miniatur »Schnee«, um das Bild mit einer anderen Art von Schnee zu versehen.

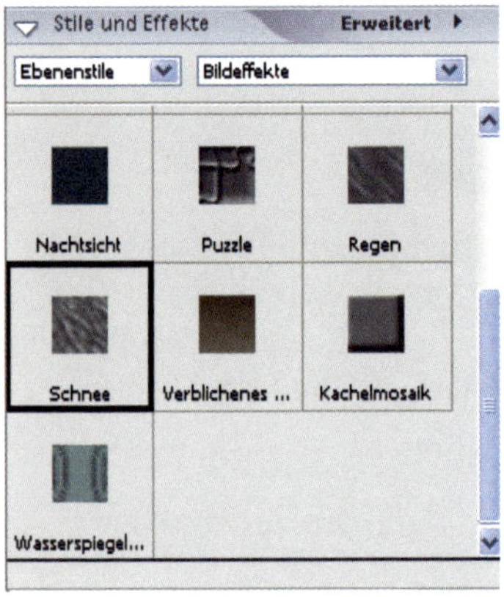

Falls eine Meldung fragt, ob Sie aus dem Hintergrund eine Ebene erstellen möchten, klicken Sie auf OK. Übernehmen Sie den Standardnamen *Ebene 0*, indem Sie erneut auf OK klicken.

5 (Optional) Um den Schneefall zu intensivieren, ziehen Sie in der Ebenen-Palette die Ebene *Hintergrund Kopie* auf das Symbol »Neue Ebene erstellen« (oder wählen Sie **Ebene: Ebene duplizieren**).

6 Wählen Sie **Datei: Speichern unter** und benennen Sie diese Bildversion mit **06_04_Arbeit.psd**. Speichern Sie die Datei im Ordner *Meine CIB-Arbeit* im Photoshop PSD-Format. Achten Sie darauf, dass die Option »Mit Original im Versionssatz speichern« deaktiviert ist.

7 Schließen Sie die Datei.

Glückwunsch – Sie haben ein weiteres Projekt erfolgreich abgeschlossen. Sie wissen jetzt, wie einfach sich mit Filtern und Effekten bestimmte Wetterbedingungen erzeugen lassen.

Wetterprojekt 5: Einen Verlauf verwenden

Bei dem Foto für dieses Projekt handelt es sich um ein noch nicht freigestelltes Panorama, das dem Panorama aus Lektion 5 ähnelt. Das Panorama wurde aus sechs sich überlappenden Bildern einer Gebirgsansicht zusammengefügt. Die Option »Erweitertes Überblenden« im Panorama-Dialogfeld hat zwar gut funktioniert, dennoch sind im Bereich des Himmels immer noch Übergänge zu erkennen.

Eine Möglichkeit zur Korrektur ist, den realen Himmel durch einen blauen Verlauf zu ersetzen.

Auswahl des Himmels erzeugen und speichern

Zuerst schützen Sie die Berge und Täler vor unbeabsichtigten Änderungen – Sie wählen also nur den Himmel.

Am Ende dieser Prozedur speichern Sie zwei Arbeitskopien der Datei: eine für dieses Projekt (Wetterprojekt 5) und eine Kopie für den nächsten Abschnitt (Wetterprojekt 6).

1 Öffnen Sie im Dateibrowser oder Organizer die Datei *06_05.jpg*, die bereits mit den Tags »Lektion 6« und »Projekt 5« versehen ist. Die Datei finden Sie im Ordner *Lektion06* innerhalb des Ordners *Lektionen*.

2 Wählen Sie den Zauberstab ( ). Führen Sie in der Optionsleiste die folgenden Schritte aus:

- Klicken Sie auf »Neue Auswahl« ( ).
- Geben Sie den Wert **48** für Toleranz ein.
- Aktivieren Sie die Option »Benachbart«.

3 Klicken Sie mit dem Zauberstab in die Mitte des Himmels.

Der Himmel ist zum größten Teil gewählt, aber einige Bereich oberhalb und unterhalb der Auswahl fehlen noch.

4 Klicken Sie in der Optionsleiste auf das Symbol »Der Auswahl hinzufügen« (). Klicken Sie dann mit dem Zauberstab in alle noch für die Auswahl fehlenden Bereiche (einschließlich die weißen Bereiche über dem Himmel).

5 Wählen Sie **Auswahl: Auswahl speichern**. Benennen Sie die Auswahl mit **Himmel** und klicken Sie auf OK.

6 Wählen Sie **Datei: Speichern unter** und benennen Sie diese Bildversion mit **06_05_Arbeit.psd**. Speichern Sie die Datei im Ordner *Meine CIB-Arbeit* im Photoshop PSD-Format. Achten Sie darauf, dass die Option »Mit Original im Versionssatz speichern« deaktiviert ist.

7 Wählen Sie **Datei: Duplizieren** und geben Sie im Dialogfeld »Bild duplizieren« den Namen **06_06_Arbeit** ein. Schließen Sie jetzt die Datei (**Datei: Schließen**) oder klicken Sie auf die Minimieren-Schaltfläche ( ), um die Datei für Projekt 6 zur Seite zu legen.

Das Wetterprojekt 6 erfordert die gleiche Auswahl wie in Wetterprojekt 5. Da Sie ein Duplikat der Arbeit in Wetterprojekt 5 gespeichert haben, können Sie auf die vorhandene Auswahl jederzeit zurückgreifen.

Einen Himmelsverlauf hinzufügen

Korrekte Farben sind der Schlüssel für einen realistischen Himmel. Deshalb nehmen Sie für den Verlauf erst einmal die Himmelsfarben im Originalfoto auf.

Achten Sie darauf, dass die Datei *06_05_Arbeit.psd* als aktives Bildfenster geöffnet ist. Wenn im Bild die Auswahl nicht zu sehen ist, müssen Sie sie jetzt laden (**Auswahl: Erneut wählen** oder **Auswahl: Auswahl laden**).

1 Wählen Sie in der Werkzeug-Palette die Pipette (✐).

2 Klicken Sie im tiefsten Blau des Himmels ziemlich weit oben in den zusammengefügten Bildern. Das Tiefblau erscheint als Vordergrundfarbe unten in der Werkzeug-Palette.

3 Klicken Sie in der Werkzeug-Palette auf das Symbol »Vorder- und Hintergrundfarbe vertauschen« (↰), damit jetzt das Blau zur Hintergrundfarbe und Weiß zur Vordergrundfarbe wird (was auch in den Farbfeldern unten in der Werkzeug-Palette visualisiert wird).

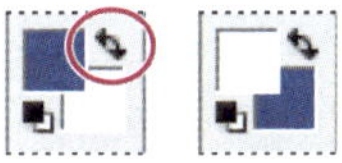

4 Klicken Sie auf das hellste Blau im Himmel in der Nähe der Berge.

Das Hellblau ist jetzt die Vordergrundfarbe.

5 Wählen Sie in der Werkzeug-Palette das Verlaufswerkzeug ( ) und achten Sie auf folgende Einstellungen in der Optionsleiste:

- »Vordergrund-Hintergrund« (die Vorgabe). Falls diese Option nicht gewählt ist, klicken Sie auf den Pfeil, um die Auswahlliste für Verläufe zu öffnen. Wählen Sie dann die Miniatur »Vordergrund-Hintergrund« und klicken Sie außerhalb des Verlaufswählers, um ihn bzw. die Liste zu schließen.
- »Linearer Verlauf« ( )
- »Normal« als Modus
- »100% Deckkraft«

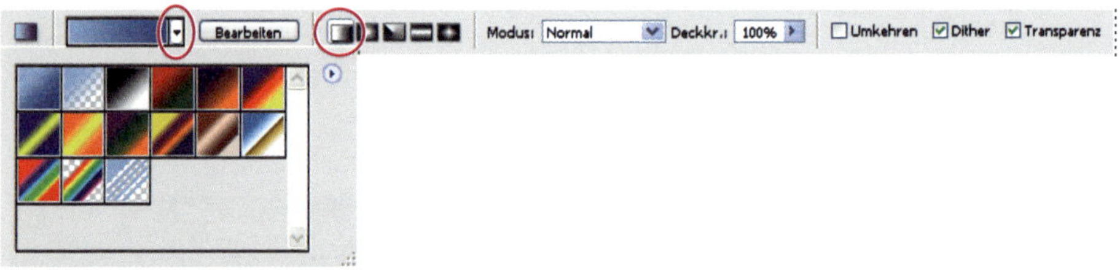

Es gibt zwei Möglichkeiten, die Verlaufbezeichnungen im Verlaufswähler anzuzeigen: Den Mauszeiger auf einer Miniatur belassen, um den Namen anzuzeigen, oder auf den Pfeil ( ) klicken, um das Palettenmenü zu öffnen und unter den Optionen »Nur Text«, »Kleine Liste« oder »Große Liste« zu wählen.

6 Ziehen Sie das Verlaufswerkzeug gerade vom Bergkamm bis zur oberen Begrenzung des Himmelsbereichs.

Hinweis: *Sollte der Bereich das komplette Bild füllen, wählen Sie* ***Bearbeiten: Rückgängig: Verlauf*** *und laden Sie die Auswahl des Himmels (**Auswahl: Auswahl laden**). Machen Sie dann einen neuen Versuch. Wenn der Verlauf zwar den kompletten Himmelsbereich ausfüllt, Sie jedoch andere Anfangs- und Endpunkte haben möchten, ziehen Sie einfach erneut mit dem Verlaufswerkzeug. Es ist nicht notwendig, dass Sie den ersten Verlauf rückgängig machen.*

7 Wählen Sie **Auswahl: Auswahl aufheben** (oder drücken Sie Strg+D). Speichern Sie die Datei, ohne sie jedoch zu schließen.

Hinweis: *Wenn Sie einen Sonnenuntergang wünschen, arbeiten Sie mit dem Radialverlauf (■) und wählen eine warme Pastellfarbe als Vordergrundfarbe. Beginnen Sie mit dem Verlauf in der Nähe des Horizonts und ziehen Sie nach oben und in einem Winkel zur Seite. Fügen Sie dann noch nahe der Verlaufsmitte einen Blendeneffekt hinzu.*

Sie benötigen diese Datei noch am Ende des nächsten Projekts.

Wetterprojekt 6: Filter als Himmel verwenden

Hier folgt das letzte Wetterprojekt in dieser Lektion. Sie arbeiten wieder mit dem Panorama aus dem Wetterprojekt 5, diesmal aber mit der bereits vorliegenden Kopie.

Anstatt einen komplett realistischen Himmel hinzuzufügen, versehen Sie den Himmelsbereich mit einer stilisierten Struktur. Anschließend probieren Sie verschiedene Techniken aus, um den künstlichen Himmel möglichst realistisch aussehen zu lassen.

Den Filter hinzufügen

Wenn Sie gerade erst das Wetterprojekt 5 fertig gestellt haben, sind die Vordergrund- und Hintergrundfarben in der Werkzeug-Palette noch hellblau und dunkelblau. Genau diese Farben brauchen Sie jetzt. Sind diese Farben nicht mehr vorhanden, müssen Sie sie mit der Pipette erneut wählen. (Siehe Schritt 1 bis 4 unter »Einen Himmelsverlauf hinzufügen« auf Seite 231.)

1 Wählen Sie im Fotobereich die Miniatur der Datei *06_06_Arbeit*, um das entsprechende Bildfenster zu öffnen. Sollte die Auswahl noch aktiviert sein, wählen Sie **Auswahl: Auswahl aufheben** oder drücken Sie Strg+D.

Haben Sie die Datei zwischenzeitlich geschlossen, wählen und öffnen Sie in der Ordner-Palette im Dateibrowser die Dateiminiatur *06_06_Arbeit.psd* im Ordner *Meine CIB-Arbeit.*

Hinweis: *Obwohl die Datei beim Speichern dem Organizer-Katalog hinzugefügt wurde, wurden beim Duplizieren der Bilddatei die Organizer-Tags nicht automatisch übernommen. Deshalb bietet sich die Suche im Organizer vorrangig für Dateien an, die bereits mit Tags versehen sind.*

2 Klicken Sie in der Ebenen-Palette auf das Symbol »Neue Ebene erstellen« (▫) für die neue leere *Ebene 1*. Lassen Sie *Ebene 1* gewählt.

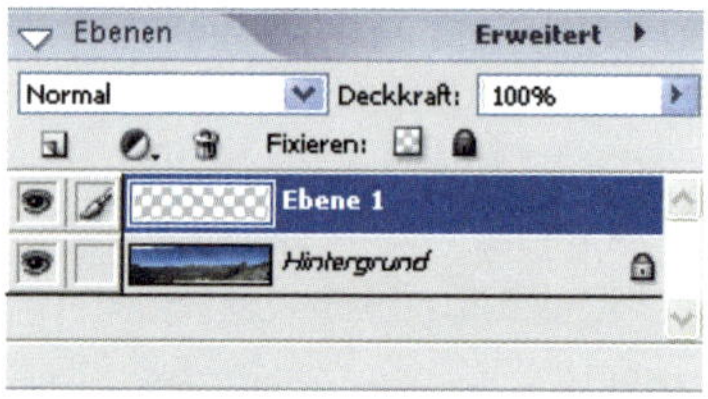

3 Wählen Sie in der Palette »Stile und Effekte« aus den Popup-Menüs die Optionen »Filter« und »Rendering-Filter«. Doppelklicken Sie anschließend auf die Miniatur »Wolken«.

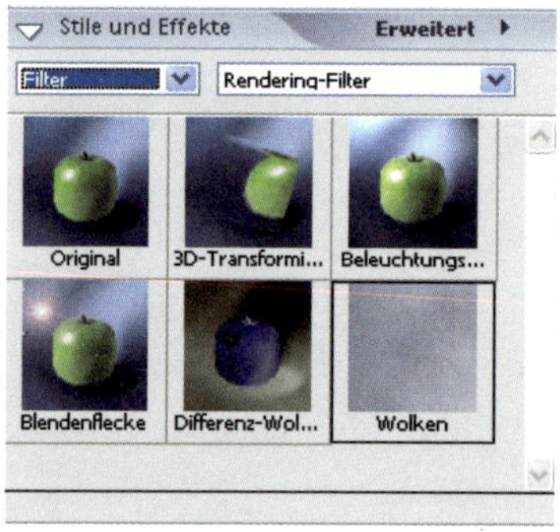

Die Wolkenebene bedeckt jetzt das komplette Bild. Gleichzeitig wurden die aktuellen Vorder- und Hintergrundfarben (die im vorherigen Projekt gewählten Blautöne) anstelle von Schwarzweiß (dem Standard für Wolkeneffekt) benutzt.

4 Verwenden Sie den Regler in der Navigator-Palette oder das Zoom-Werkzeug (🔍) so, dass das Bild nur noch ein Viertel der Bildfensterbreite einnimmt.

5 Wählen Sie das Verschieben-Werkzeug (▸✥) und ziehen Sie die seitlichen Anfasser für *Ebene 1*, um die Ebene auf die dreifache Bildbreite einzustellen. Klicken Sie dann in der Optionsleiste auf »Bestätigen« (✔), um die Änderungen zu übernehmen.

Vergrößern Sie, damit das Bild wieder das komplette Bildfenster ausfüllt. (Doppelklicken Sie mit dem Hand-Werkzeug oder benutzen Sie eine andere Methode.)

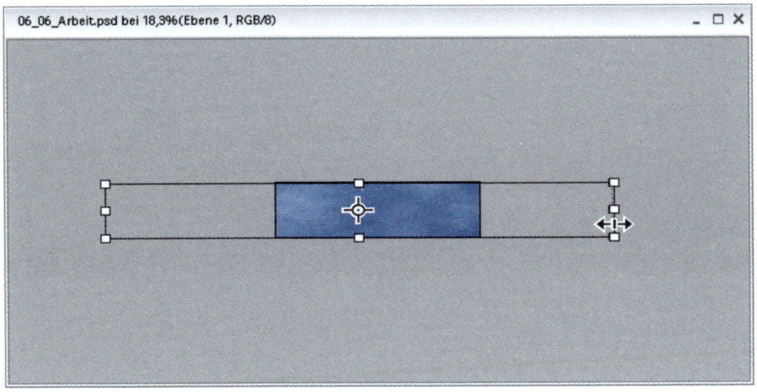

6 Wählen Sie **Auswahl: Auswahl laden**. Aktivieren Sie im Dialogfeld die Option »Umkehren« und klicken Sie auf OK.

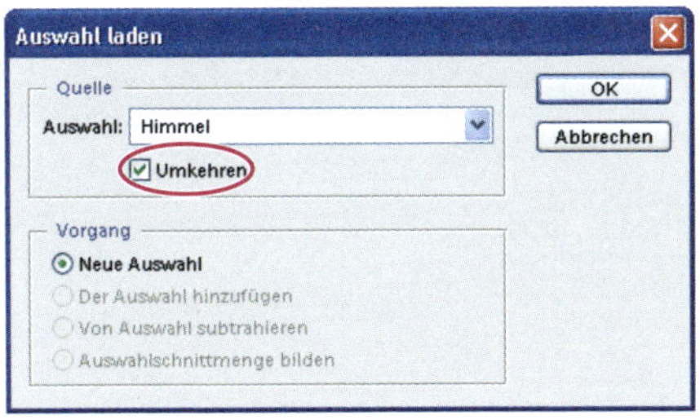

Jetzt sind die Berge und die weißen Bildränder gewählt, während der Himmel geschützt ist.

7 Wählen Sie **Bearbeiten: Löschen**, damit die Struktur nicht mehr die Berge und Täler verdeckt. Wählen Sie dann **Auswahl: Auswahl aufheben** oder drücken Sie Strg+D.

Beide Panoramadateien freistellen

Da die beiden künstlichen Himmel nun in den Panoramen platziert sind, sollten Sie die durch das Zusammenfügen entstandenen überflüssigen Bereiche entfernen. Sie beginnen mit der soeben fertig gestellten Datei *06_06_Arbeit*.

1 Wählen Sie in der Werkzeug-Palette das Freistellungswerkzeug (⌗).

2 Ziehen Sie eine Auswahl, die möglichst viel vom Panorama umfasst, nicht jedoch den weißen Bereich unten im Bild enthält.

3 Eventuell müssen Sie noch an den Eckanfassern ziehen, um Größe, Form und Position des Freistellungsrahmens anzupassen.

4 Klicken Sie anschließend in der Optionsleiste auf »Bestätigen« (✔).

5 Wählen Sie im Fotobereich die Miniatur der Datei *06_05_Arbeit*, um das entsprechende Bildfenster zu aktivieren.

6 Wiederholen Sie die Schritte 1 bis 4, um auch diese Version mit dem verlaufenden Himmel freizustellen.

7 Speichern und schließen Sie beide Arbeitsdateien.

Sie können den Himmel mit den Möglichkeiten im Überarbeiten-Menü noch weiter verbessern, wie beispielsweise mit **Überarbeiten: Farbe anpassen: Farbton/Sättigung anpassen** oder **Überarbeiten: Beleuchtung anpassen: Helligkeit/Kontrast**.

Wieder haben Sie zwei weitere Projekte fertig gestellt. Sie haben den ursprünglichen Himmel durch zwei unterschiedliche künstliche Himmel ersetzt, d.h. mit einer Struktur, die an einen leicht bewölkten Himmel erinnert, und mit einem Farbverlauf. Außerdem haben Sie eine Auswahl erstellt, benutzt und umgekehrt. Mit der Pipette haben Sie die Vorder- und Hintergrundfarbe bestimmt. Schließlich haben Sie noch Bilder freigestellt, um unerwünschte Bereiche zu entfernen.

Der Wolken-Filter ist nur eine der vielen Strukturen, die in Photoshop Elements 3.0 verfügbar sind. Die möglichen Kombination sind zahlreich. Betrachten Sie die Beispiele in dieser Lektion einfach als Ansporn und Herausforderung für den Einsatz von Filtern, Effekten und Ebenenstilen in einzigartiger und kreativer Art und Weise.

Projekt 7: Falten und Flecken entfernen

Die Fotoretusche ist sowohl eine handwerkliche als auch eine künstlerische Tätigkeit. In diesem Projekt lernen Sie die verschiedensten Möglichkeiten kennen, um tiefe Falten im Gesicht, am Hals und auf den Händen nahezu unsichtbar zu glätten.

Bilder lassen sich in Photoshop Elements auf unterschiedlichste Art und Weise retuschieren. Einige Vorgehensweisen lernen Sie jetzt kennen.

Die Datei für die Bearbeitung vorbereiten

Bevor Sie mit der Retusche beginnen, richten Sie die für die Arbeit erforderlichen Ebenen ein. Die Datei speichern Sie dann unter einem neuen Namen, um sie jederzeit als Ihre Arbeitsdatei für dieses Projekt identifizieren zu können.

1 Benutzen Sie den Dateibrowser oder Organizer und öffnen Sie die Datei *06_07.jpg*, die bereits mit den Tags »Lektion 6« und »Projekt 7« versehen ist. Sie finden die Datei im Ordner *Lektion06* innerhalb des Ordners *Lektionen*.

2 Ziehen Sie in der Ebenen-Palette die Hintergrundebene auf das Symbol »Neue Ebene erstellen« (▣) für eine neue Ebene mit der Bezeichnung *Hintergrund Kopie*. (Oder wählen Sie **Ebene: Ebene duplizieren** und übernehmen Sie den vorgegebenen Namen.)

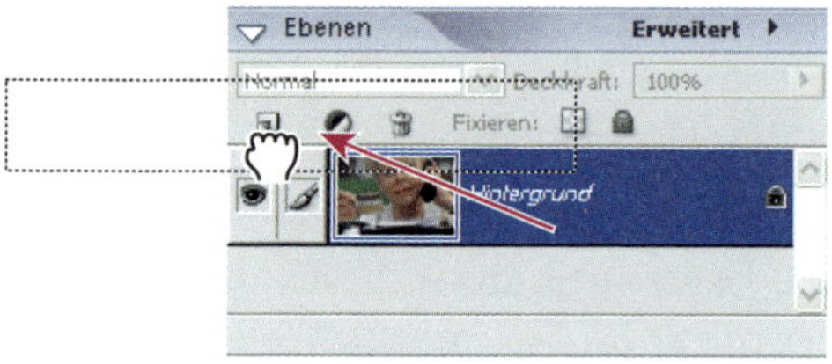

3 Wählen Sie **Datei: Speichern unter** und benennen Sie die Datei mit **06_07_Arbeit.psd**. Speichern Sie die Datei im Ordner *Meine CIB-Arbeit* im Photoshop PSD-Format. Achten Sie darauf, dass die Option »Mit Original im Versionssatz speichern« deaktiviert ist.

Jetzt können Sie mit der Arbeit beginnen.

Den Reparatur-Pinsel verwenden

Sie wenden in diesem Prozess eine für Sie vielleicht ungewöhnliche Vorgehensweise an. Am Schluss werden Sie aber mit einem Foto belohnt, in dem die Haut weicher ist und die Hauttöne viel natürlicher aussehen.

1 Wählen Sie den Reparatur-Pinsel (🩹), den Sie gruppiert mit dem Sofort-Reparatur-Pinsel (🩹) in der Werkzeug-Palette finden.

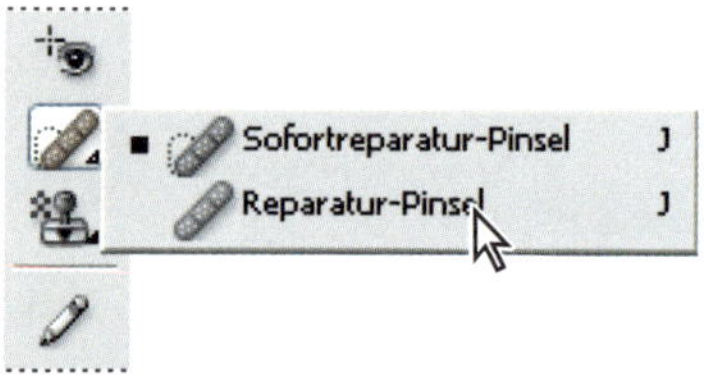

2 Wählen Sie in der Optionsleiste die folgenden Optionen:

- Um die Pinseldurchmesser einzustellen, klicken Sie auf den kleinen Pfeil, um die Popup-Paletten zu öffnen. Stellen Sie den Durchmesser auf etwa 15 bis 20 Px ein.
- Wählen Sie in der Palette aus dem Popup-Menü »Pinsel« die Option »Reparatur-Pinsel«.

- Aktivieren Sie für »Quelle« die Option »Aufgenommen«.
- Die Optionen »Ausger.« (Ausgerichtet) und »Alle Ebenen einbeziehen« sind deaktiviert.

3 Klicken Sie mit gedrückter Alt-Taste mit dem Reparatur-Pinsel in der Mitte des verschwommenen grünen Bereichs links im Bild, um diesen Bereich als Referenz für die Struktur zu wählen.

Hinweis: *Der Reparatur-Pinsel funktioniert nur, nachdem Sie diesen wichtigen Schritt durchgeführt haben. Wenn Sie zu einem anderen Werkzeug umschalten und dann wieder den Reparatur-Pinsel wählen, müssen Sie diesen Schritt wiederholen.*

4 Ziehen Sie einen kurzen Strich über die Falten unter dem linken Auge der Dame. Sie malen mit Grün, doch wenn Sie die Maustaste loslassen, verschwindet der grüne Malstrich und stattdessen füllt sich der Bereich mit dem Hautton.

Hinweis: *Ziehen Sie kurze Pinselstriche, da lange Striche zu schlechten Ergebnissen führen. Ist das der Fall, wählen Sie* ***Bearbeiten: Rückgängig: Reparatur-Pinsel*** *oder gehen Sie in der Rückg.-Protokoll-Palette zum vorherigen Status zurück. Oder klicken Sie nur, anstatt zu ziehen. Achten Sie außerdem darauf, dass in der Optionsleiste die Option »Ausger.« (Ausgerichtet) deaktiviert ist.*

5 Reparieren Sie mit dem Reparatur-Pinsel alle tiefen Falten unter den Augen und die Falten auf der Stirn, im Gesicht, auf den Händen und am Hals. Vermeiden Sie dabei Bereiche in Augennähe oder am Gesichtsrand.

Benutzen Sie die Rückg.-Protokoll-Palette, um schnell mehrere Schritte rückgängig zu machen. Jede Aktion, die Sie auf eine Datei anwenden, wird in chronologischer Reihenfolge von oben nach unten in der Palette aufgezeichnet. Um die Datei in einen früheren Zustand zu bringen, wählen Sie einfach die jeweilige Aktion in der Rückg.-Protokoll-Palette. Falls Sie es sich vor weiteren Änderungen anders überlegen, können Sie auch einen späteren Schritt in der Rückg.-Protokoll-Palette wählen und die Datei in den Zustand dieser Arbeitsphase versetzen.

Sie waren sicherlich überrascht, nachdem Sie den ersten grünen Strich mit dem Reparatur-Pinsel unter dem Auge der Dame gezogen hatten und der Pinselstrich sich anschließend in makellose Haut verwandelte. Wäre im Foto ein Bereich mit glatter Haut vorhanden, hätten Sie auch diesen Bereich als Quelle wählen können, doch das war im vorliegenden Bild nicht gegeben.

Der Reparatur-Pinsel kopiert Struktur und nicht Farbe. In diesem Fall nimmt er die *Farben* nur von dem Bereich auf, in dem er malt (in der faltigen Haut), aber ordnet die Farben dann entsprechend der *Struktur* im Referenzbereich (das verschwommene Grün). Deshalb scheint der Reparatur-Pinsel die Hautfalten einfach glatt zu bügeln. Bis jetzt ist das Ergebnis allerdings noch nicht wirklich überzeugend – Sie müssen es noch verbessern.

Ergebnis des Reparatur-Pinsels verfeinern

Es gibt zahlreiche Möglichkeiten, Strukturen in Photoshop Elements 3.0 weicher zu machen – das Buch demonstriert nur einige dieser Techniken.

Sie arbeiten jetzt mit einem anderen Struktur-Werkzeug, um die Arbeit an diesem Bild abzuschließen.

1 Nachdem Sie die auffälligsten Falten entfernt haben, vergrößern Sie die Ansicht mit Hilfe der Navigator-Palette. Zoomen Sie auf den Augenbereich der Dame ein.

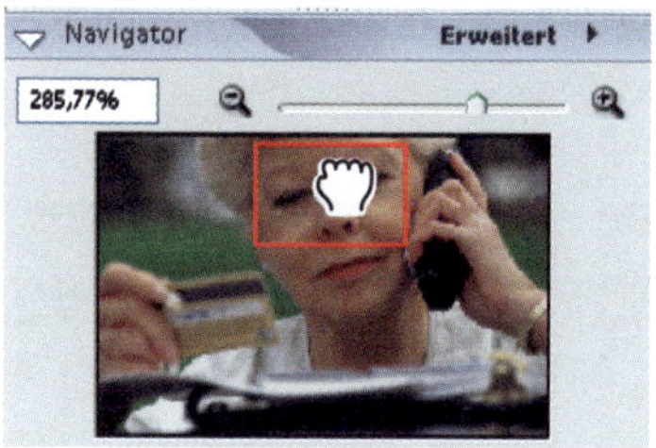

2 Wählen Sie den Weichzeichner ( ). Stellen Sie dann in der Optionsleiste den Pinseldurchmesser auf etwa **13 Px** ein.

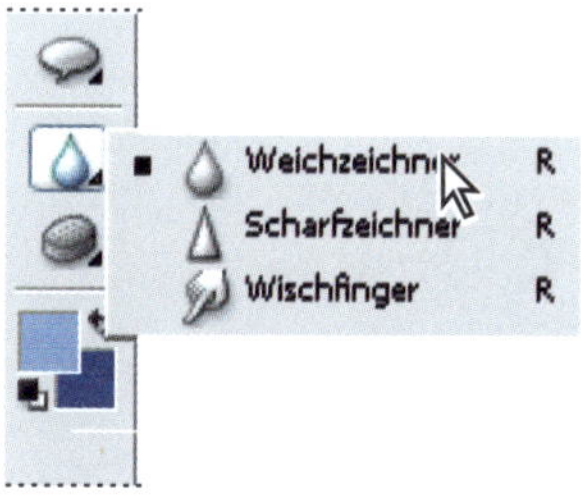

3 Ziehen Sie mit dem Weichzeichner über die feinen Falten um Augen und Mund der Dame.

4 Verringern Sie in der Optionsleiste den Pinseldurchmesser auf 7 bis 8 Px und ziehen Sie dann über die Lippen. Vermeiden Sie dabei die Ränder.

5 Arbeiten Sie weiter mit dem Reparatur-Pinsel und dem Weichzeichner, bis Sie mit Ihrer Kosmetikoperation zufrieden sind. Denken Sie dabei auch an die Altersflecken im Gesicht und auf den Händen. Verwenden Sie die Navigator-Palette, um je nach Bedarf ein- und auszuzoomen.

6 Ändern Sie in der Ebenen-Palette die Deckkraft von *Hintergrund Kopie* auf etwa 70%, je nachdem, welches Ergebnis im Bild Ihren Vorstellungen entspricht.

Vergleichen Sie das Ergebnis mit dem ursprünglichen nicht retuschierten Bild bei 100% Deckkraft und den Endergebnissen der folgenden Abbildung.

7 Wählen Sie **Datei: Speichern** und schließen Sie die Datei.

Eine zu intensive Retusche führt meist zu einer viel zu künstlich (wie Plastik) aussehenden Haut. Die reduzierte Deckkraft der retuschierten Ebene lässt die Haut der Dame realistischer aussehen, da einige Falten von der Hintergrundebene durchscheinen. Die jetzt sichtbaren Falten stören jedoch nicht, da sie weichgezeichnet sind.

Glückwunsch! Wieder haben Sie erfolgreich ein weiteres Projekt abgeschlossen. Sie wissen jetzt, wie Sie eine Quelle für den Reparatur-Pinsel bestimmen und wie Sie mit dieser Struktur Makel in einem anderen Bereich des Fotos reparieren. Sie haben außerdem Strukturen weichgezeichnet und durch Ändern der Deckkraft das Foto realistischer aussehen lassen.

Projekt 8: Ein beschädigtes Foto reparieren

Mit wertvollen alten (aber auch neuen) Fotoabzügen können die unglaublichsten Dinge passieren. Das gescannte Foto in diesem Bild mit dem großen Riss und anderen Makeln ist eine Herausforderung (um es milde auszudrücken). Dennoch ist der Fall nicht hoffnungslos, wie Sie bald feststellen werden.

Mit den Möglichkeiten und Werkzeugen von Photoshop Elements 3.0 können Sie dieses Bild perfekt restaurieren und es wieder in den ursprünglichen Zustand zurückbringen. Natürlich bedarf es dazu mehr als nur einige Pinselstriche, aber Sie verfügen ja schon über viel Erfahrung. Gerade bei unwiederbringlichen Bildern lohnt sich der Aufwand, was Sie in diesem Projekt sehen werden.

Arbeitskopie der Bilddatei vorbereiten

Zuerst richten Sie die Datei und die Ebenen für die Arbeiten in diesem Projekt ein.

1 Öffnen Sie mit Hilfe des Dateibrowsers oder Organizers die Datei *06_08* im Standardeditor.

2 Wählen Sie **Datei: Speichern unter**.

3 Benennen Sie die Datei mit **06_08_Arbeit.psd**. Speichern Sie die Datei im Ordner *Meine CIB-Arbeit* im Photoshop PSD-Format. Achten Sie darauf, dass die Option »Mit Original im Versionssatz speichern« deaktiviert ist.

4 Ziehen Sie in der Ebenen-Palette die Hintergrundebene auf das Symbol »Neue Ebene erstellen« (▣) für eine neue Ebene mit der Bezeichnung **Hintergrund Kopie**. (Oder wählen Sie **Ebene: Ebene duplizieren** und übernehmen Sie den vorgegebenen Namen.)

5 Wählen Sie **Datei: Speichern**.

Beginnen Sie jetzt mit dem Reparieren des Bildes.

Den Auswahlpinsel benutzen

In diesem Projekt wenden Sie zuerst den Filter »Staub und Kratzer« an, um Punkte und ausgefranste Ränder des gescannten Bildes zu entfernen. Der Filter blendet Pixel aus, indem das Bild etwas unscharf eingestellt wird. Für den Hintergrund ist das in Ordnung, doch die abgebildeten Kinder sollen möglichst detailliert und scharf abgebildet werden.

Deshalb müssen Sie eine Auswahl erzeugen, in der nur die weichzuzeichnenden Bereiche enthalten sind.

1 Wählen Sie in der Werkzeug-Palette den Auswahlpinsel (). Achten Sie darauf, dass Sie nicht versehentlich einen anderen Pinsel wählen.

2 Wählen Sie in der Optionsleiste eine runde Pinselspitze (Standard) mit einem Durchmesser von etwa 60 Pixel.

Übernehmen Sie den Modus »Auswahl« und eine Kantenschärfe von 100%.

3 Ziehen Sie mit dem Pinsel entlang den Fotorändern, um nur diese Bereiche zu wählen. Vergrößern Sie anschließend den Pinseldurchmesser auf etwa 100 Pixel und malen Sie so weiter, dass die Auswahl alle beschädigten Ränder und die Dekoration hinter den Kindern umfasst (siehe rechte Abbildung).

Hinweis: *Sie müssen nicht präzise malen; es macht nichts aus, wenn einige Pinselstriche über die Kinder gehen, da Sie die Auswahl im nächsten Abschnitt noch verfeinern.*

4 Wählen Sie **Auswahl: Auswahl speichern**.

5 Benennen Sie die Auswahl mit **Dekoration** und klicken Sie auf OK, um das Dialogfeld zu schließen.

Der Auswahlpinsel ist ein intuitives Werkzeug, um eine komplexe Auswahl zu erzeugen. Der Pinsel ist besonders hilfreich bei Bildern wie dem vorliegenden, besonders wenn keine speziellen Farbflächen, wenig scharfe Begrenzungen zwischen Bildelementen und kaum geometrische Formen vorhanden sind.

Ein weiterer Vorteil des Auswahlpinsels ist, dass er viel verzeiht. Sie können beispielsweise die Alt-Taste drücken, um die Aktion umzukehren (Bereiche werden von der Auswahl entfernt statt ihr hinzugefügt). Oder Sie benutzen das Werkzeug im Maskieren-Modus, das heißt, Sie erweitern eine bestehende Auswahl auf eine andere intuitive Art und Weise. Das probieren Sie als Nächstes aus.

Was ist eine Maske?

Eine Maske ist das Gegenteil von einer Auswahl. Die Auswahl ist der Bereich, den Sie verändern können; alle Elemente außerhalb der Auswahl bleiben unbeeinflusst. Eine Maske ist der Bereich, der vor Änderungen geschützt ist. Das Ganze müssen Sie sich so vorstellen, als würden Sie z.B. bei einem Fenster bestimmte Stellen mit Klebeband vor einem Übermalen schützen.

Ein weiterer Unterschied zwischen einer Maske und einer Auswahl ist die Art, wie Photoshop Elements beides visualisiert. Die blinkende unterbrochene Linie einer Auswahlbegrenzung kennen Sie bereits. Eine Maske erscheint dagegen als farbiger, halbtransparenter Überzug (Overlay) des Bildes. Die Maskenfarbe lässt sich in der Optionsleiste in der Popup-Palette »Overlay-Farbe« bestimmen. Die Palette steht zur Verfügung, wenn Sie mit dem Auswahlpinsel im Maskieren-Modus arbeiten.

Eine gespeicherte Auswahl verfeinern

Je mehr Sie in diesem Buch vorankommen, desto mehr Erfahrung sammeln Sie mit dem Speichern von Auswahlen. Jetzt verfeinern Sie eine gespeicherte Auswahl. Obwohl Sie die bearbeitete Auswahl dann als neue Auswahl speichern könnten, ersetzen Sie die ursprüngliche Auswahl durch eine neue, verbesserte Version.

1 Führen Sie die folgenden Schritte im Arbeitsbereich aus:

- Der Dekobereich hinter den Kindern ist im Bildfenster weiterhin aktiviert. (Ist das nicht der Fall, wählen Sie **Auswahl: Auswahl laden** und den Namen der Auswahl. Klicken Sie dann auf OK.)
- Der Auswahlpinsel () ist in der Werkzeug-Palette gewählt.

2 Wählen Sie in der Optionsleiste aus dem Popup-Menü »Modus« die Option »Maskieren«.

Sie sehen jetzt einen halbtransparenten Überzug (Overlay) in den *nicht gewählten* Bildbereichen. Der Overlay repräsentiert die *Bildmaske* mit den geschützten Bereichen.

3 Prüfen Sie das Bild und achten Sie auf die nicht maskierten Bereiche, die ebenfalls geschützt werden müssen – wie die Stellen, an denen der Auswahlpinsel über die Kinder geht.

Benutzen Sie den Regler in der Navigator-Palette, um im Bild ein- oder auszuzoomen.

4 Reduzieren Sie den Pinseldurchmesser des Auswahlpinsels auf etwa 30 Px und malen Sie so, dass alle gewünschten Bereiche in der (farbigen) Maske enthalten sind.

Der Auswahlpinsel erweitert in diesem Modus die Maske und nicht die Auswahl.

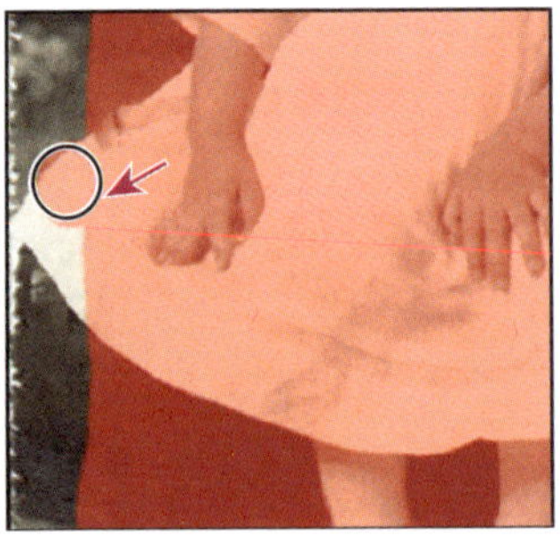

5 Wechseln Sie zwischen dem Maskieren- und Auswahl-Modus und korrigieren Sie so lange, bis Sie mit dieser (rohen) Auswahl zufrieden sind.

Hinweis: *Ihr Ziel ist, Bereiche mit feinen Details zu maskieren, auch die im Riss. Obwohl hier die Details zerstört sind, nutzen Sie die noch intakten Einzelheiten.*

6 Wählen Sie **Auswahl: Auswahl speichern**.

7 Wählen Sie im Dialogfeld aus dem Popup-Menü »Auswahl« den Namen »Dekoration«. Aktivieren Sie dann unter »Vorgang« die Option »Auswahl ersetzen« und klicken Sie auf OK.

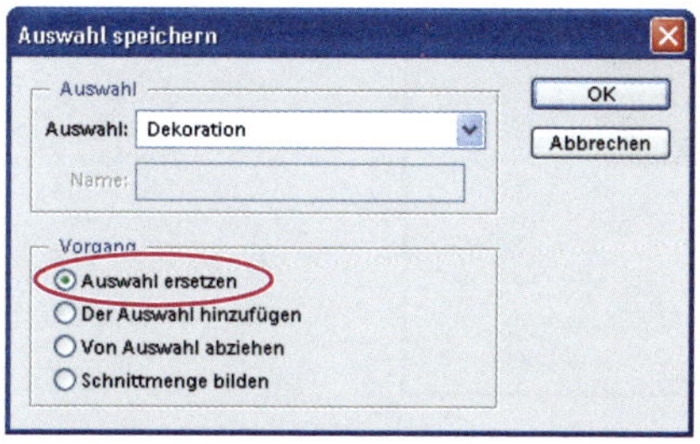

Risse im Deko-Bereich ausfiltern

Nachdem Sie die Auswahl fertig gestellt haben, weisen Sie einen Filter zu, der die gewählten Bereiche weichzeichnet und die kleinen Risse und Staubkörner reduziert.

1 Falls die Dekoration-Auswahl nicht mehr aktiv ist, wählen Sie **Auswahl: Auswahl laden.** Wählen Sie den Namen »Dekoration«, bevor Sie auf OK klicken, um das Dialogfeld zu schließen.

2 Wählen Sie **Filter: Störungsfilter: Staub und Kratzer**.

3 Achten Sie im Dialogfeld darauf, dass die Vorschau aktiviert ist. Ziehen Sie dann den Radius-Regler auf 7 Pixel und den Schwellenwert-Regler auf

10 Stufen. Verschieben Sie das Dialogfeld so, dass Sie viel vom Bild sehen. Schließen Sie das Dialogfeld noch nicht.

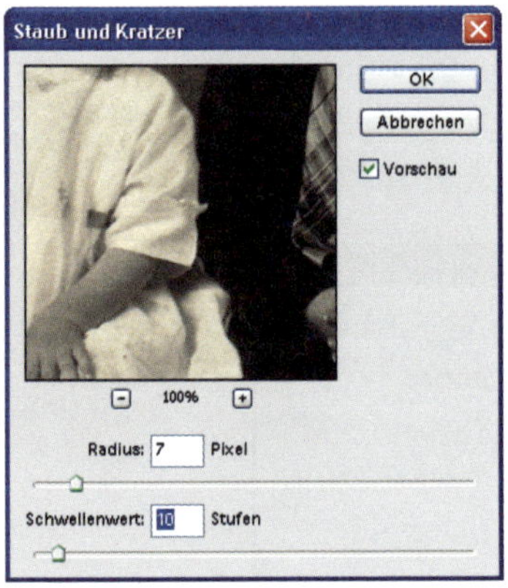

4 Prüfen Sie die Ergebnisse im Bildfenster. Die ausgefransten Bildränder sollten jetzt repariert und die Staubpartikel und kleinen Kratzer entfernt sein. (Ziehen Sie mit dem Zeiger auf die Miniatur (der Zeiger wird zur Hand), um den Ansichtsbereich zu ändern.)

5 Ändern Sie die Werte für Radius und Schwellenwert so lange, bis Ihnen das Ergebnis gefällt. Klicken Sie dann auf OK.

6 Wählen Sie **Auswahl: Auswahl aufheben** und speichern Sie Ihre Arbeit (**Datei: Speichern**).

Der Filter »Staub und Kratzer« hat sehr gut gearbeitet. Allerdings wurden die Bereiche außerhalb der Auswahl nicht berücksichtigt.

Mit dem Kopierstempel fehlende Bereiche ausfüllen

Der Kopierstempel arbeitet ähnlich wie der Reparatur-Pinsel, den Sie im vorherigen Projekt mit den Hautfalten benutzt hatten. Der Kopierstempel kopiert den Quellbereich – nicht nur die Struktur – und platziert ihn in den Bereichen, in denen Sie mit dem Werkzeug ziehen.

Sie füllen jetzt mit dem Kopierstempel fehlende Bilddetails mit ähnlichen Bereichen im Bild.

1 Vergrößern Sie die Bildansicht mit dem Regler in der Navigator-Palette oder mit dem Zoom-Werkzeug, um bildfüllend den Bereich mit dem Riss zwischen den Beinen des Jungen anzuzeigen.

2 Wählen Sie in der Werkzeug-Palette den Kopierstempel (), der mit dem Musterstempel gruppiert ist. Klicken Sie dann oben links in der Werkzeug-Palette auf das Werkzeugsymbol () und wählen Sie aus dem Popup-Menü die Option »Werkzeug zurücksetzen«.

Die Option »Werkzeug zurücksetzen« bringt wieder die Standardwerte zurück: 21 Px für Größe, Normal für Modus, 100% für Deckkraft und die aktivierte Option »Ausger.« (Ausgerichtet).

3 Positionieren Sie den Kopierstempel in die Mitte des Schattens zwischen den Schuhen des Jungen. Halten Sie die Alt-Taste gedrückt, um den Quellbereich festzulegen.

Das Zentrieren der Quelle auf einem horizontalen Streifen vereinfacht das Ausrichten des Pinsels für das Kopieren.

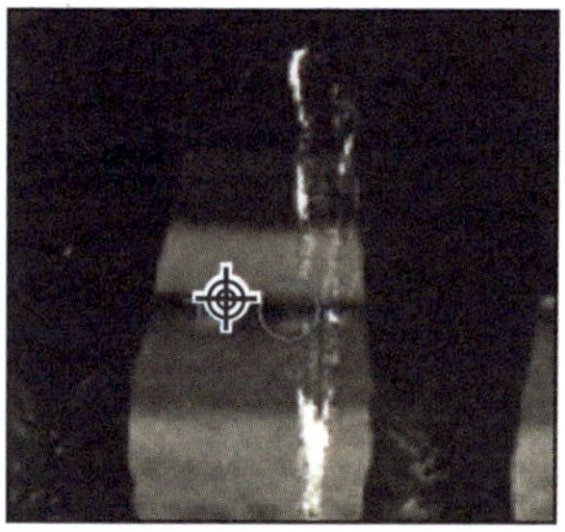

4 Bewegen Sie den Pinsel so über den beschädigten Bereich, dass er sich auf der gleichen horizontalen Position wie der Quell-Referenzpunkt befindet.

Ziehen Sie dann ein kurzes Stück, um das Quell-Bild im beschädigten Bereich zu kopieren.

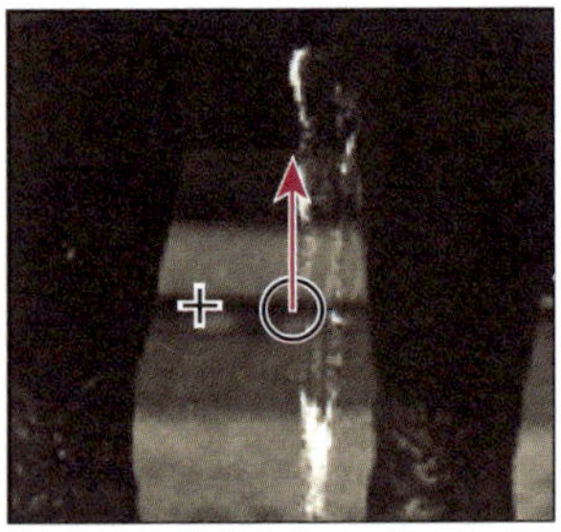

Während des Ziehens zeigt ein Fadenkreuz an, wo sich die *Quelle* befindet, d.h. der Bereich, den der Kopierstempel kopiert.

5 Ziehen Sie den Pinsel senkrecht über den Riss, um die Reparatur zu vervollständigen.

Das Fadenkreuz folgt der Bewegung des Pinsels bzw. des Kopierstempels. Da Sie in der Optionsleiste die Option »Ausger.« (Ausgerichtet) gewählt haben, behält das Fadenkreuz den Abstand und Winkel zum Pinsel wie beim ersten Pinselstrich.

Hinweis: *Falls notwendig, wählen Sie durch erneutes Alt-Klicken wieder den Quellbereich.*

6 Wählen Sie **Datei: Speichern**.

Schuhe des Mädchens säubern

Die weißen Schuhe des kleinen Mädchens sind schmutzig, was aber kein Fehler des Fotografen ist. Sie hellen die Schuhe jetzt mit dem Abwedler auf.

Der Abwedler ist das Gegenteil des Nachbelichters. Beide Werkzeuge entstammen der traditionellen Dunkelkammertechnik und steuern die Belichtung in ausgewählten Bildbereichen. Sie verwenden das elektronische *Abwedeln* als Äquivalent zur konventionellen Verringerung der Belichtung in einem bestimmten Bildbereich des lichtempfindlichen Fotopapiers.

1 Verwenden Sie die Navigator-Palette oder die Rollbalken, um die Schuhe des Mädchens zusammen mit den Strümpfen groß im Bildfenster anzuzeigen.

2 Wählen Sie in der Werkzeugleiste den Abwedler ( ).

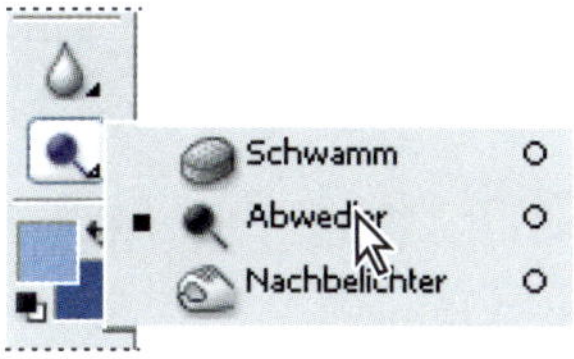

3 Wählen Sie in der Optionsleiste einen weichen runden Pinsel und stellen Sie die Größe auf 20 Pixel ein. Achten Sie darauf, dass als Bereich die Mitteltöne und eine Belichtung von 50% gewählt sind.

4 Ziehen Sie den Abwedler mit kurzen Strichen über eine der schmutzigen Schuhspitzen.

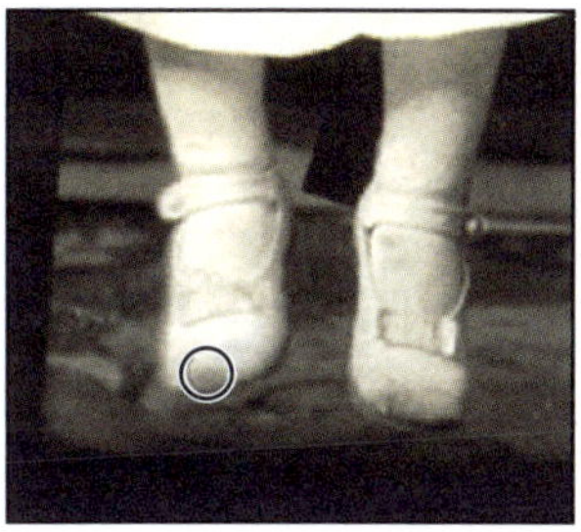

5 Arbeiten Sie so lange mit dem Abwedler, bis die Schuhspitzen so wie die anderen (sauberen) Teile aussehen.

Das Projekt fertig stellen

Ob Sie das alte Foto noch weiter verbessern, hängt einzig von Ihrer verfügbaren Zeit und Ihrer Geduld ab. Sie könnten noch weitere Retuschen durchführen, doch das Ergebnis ist schon jetzt akzeptabel. Dennoch verbessern Sie noch einige Bereiche, bevor Sie dieses Projekt abschließen.

1 Wählen Sie das Hand-Werkzeug ( ) und klicken Sie in der Optionsleiste auf »Ganzes Bild«, um das Foto komplett anzuzeigen. (Oder benutzen Sie die Navigator-Palette oder das Zoom-Werkzeug.)

2 Prüfen Sie das Bild und suchen Sie nach dunklen oder hellen Flecken, besonders im Jackett des Jungen.

3 Wählen Sie in der Werkzeug-Palette den Weichzeichner ( ) und geben Sie in der Optionsleiste unter »Größe« den Wert **40** Px ein.

4 Klicken und ziehen Sie über alle Staubflecken, um sie weich in die benachbarten Bereiche übergehen zu lassen.

5 Prüfen Sie erneut sämtliche Bildbereiche. Benutzen Sie für weitere Reparaturen den Weichzeichner, den Abwedler oder den Kopierstempel.

6 Wählen Sie **Datei: Speichern** und schließen Sie die Datei.

Saubere Arbeit! Sie haben in diesem Projekt per Weichzeichnung und mit einem Filter Punkte, Flecken und Oberflächenfehler repariert. Außerdem haben Sie einen Bildbereich in einen ähnlichen, aber beschädigten Bildbereich kopiert. Sie können jetzt mit dem Auswahlpinsel eine Auswahl oder eine Maske erzeugen. Ganz nebenbei haben Sie noch erfahren, wie Sie ein Werkzeug auf die vorgegebenen Einstellungen zurücksetzen.

Die fertigen Dateien speichern und organisieren

Sie wissen aus den früheren Lektionen dieses Buchs, wie die letzte Phase einer Lektion aussieht: Sie versehen die Arbeitsdateien mit Tags.

1 Klicken Sie im Photoshop Elements-Editor auf das Symbol »Fotobrowser« ( ), um in den Organizer zu gelangen. Falls über den Miniaturen »Alle Fotos anzeigen« zu sehen ist, klicken Sie auf diese Schaltfläche.

2 Wählen Sie **Suchen: Elemente ohne Tags**.

3 Wählen Sie **Bearbeiten: Alles auswählen** oder drücken Sie Strg+A, um alle Miniaturen auszuwählen.

4 Ziehen Sie das Tag »Arbeitsdateien« und dann das Tag »Lektion 6« auf die Miniaturen.

5 (Optional) Wählen Sie **Bearbeiten: Stapel: Ausgewählte Fotos stapeln**, um die Arbeitsdateien aus den Wetterprojekten 1 und 2 zu stapeln. Wiederholen Sie den Vorgang für die Wetterprojekte 5 und 6.

Sie können jetzt wieder auf »Alle Fotos anzeigen« klicken, um den kompletten Katalog mit den Miniaturen anzuzeigen.

Damit haben Sie die Lektion 6 erfolgreich beendet.

Fragen

1 Beschreiben Sie zwei Vorgehensweisen, um eine Ebene von einer Bilddatei in eine andere zu kopieren.

2 Lassen sich Bereiche der Hintergrundebene löschen oder kann man die Position dieser Ebene im Ebenenstapel ändern? Können Sie eine andere Ebene zur Hintergrundebene machen?

3 Welchen Sinn hat die Pipette?

4 Welche Aktion ist erforderlich, bevor Sie den Kopierstempel oder den Reparatur-Pinsel benutzen können?

Antworten

1 Sie wählen das Verschieben-Werkzeug und ziehen von einem Bildfenster in ein anderes. Oder Sie ziehen die Ebene des ersten Bildes aus der Ebenen-Palette in das Bildfenster des zweiten Bildes. Bei dieser zweiten Technik benötigen Sie das Verschieben-Werkzeug nicht. Bei jeder Methode müssen Sie jedoch mindestens Teile beider Bilder im Arbeitsbereich sehen – der Maximieren-Modus darf also nicht im Menü **Fenster: Bilder** aktiviert sein. Wenn Sie beim Ziehen die Umschalttaste drücken, erscheint die neue Ebene zentriert im Bild.

2 Nein für beide Fragen. Änderungen an der Hintergrundebene lassen sich nur begrenzt durchführen. Indem Sie den Namen der Hintergrundebene ändern (durch Doppelklicken auf diese Ebene in der Ebenen-Palette) und anschließendes Klicken auf OK im Meldungsfenster wird die Hintergrundebene in eine ganz normale Ebene umgewandelt. Danach können Sie Bereiche löschen, die Ebene transformieren oder im Ebenenstapel verschieben oder der Ebene andere Änderungen zuweisen. Auch wenn eine andere Ebene die ursprüngliche Hintergrundebene ganz unten im Ebenenstapel ersetzen kann, heißt das nicht, dass erneut Einschränkungen vorhanden sind. Selbst das Umbenennen dieser Ebene in *Hintergrund* bringt nicht den Schutz der Original-Hintergrundebene zurück.

3 Die Pipette ist das ideale Werkzeug, um eine Farbe in einem Bild zu wählen und diese Farbe als Vorder- oder Hintergrundfarbe zu bestimmen. Dazu klicken Sie einfach auf die gewünschte Farbe im Bild, die dann von der Pipette aufgenommen wird.

4 Beide Werkzeuge kopieren Bildteile in andere Bildteile. Bevor Sie mit dem Kopieren beginnen, müssen Sie die Quelle für das Kopieren bestimmen. Dazu halten Sie die Alt-Taste gedrückt und klicken in dem Bildbereich, der als Quelle dienen soll. Anschließend ziehen Sie das Werkzeug über den Bereich, in dem die Struktur (Reparatur-Pinsel) oder das Bild (Kopierstempel) erscheinen soll.

Lektion 7

7 Akzente setzen

Diese Lektion zeigt Ihnen, wie Sie die Aufmerksamkeit des Betrachters auf einen bestimmten Bildbereich lenken. Ob Sie ein Bild besonders rahmen, Einzelheiten im Foto betonen oder eine bestimmte Idee verdeutlichen – die passenden Werkzeuge dazu finden Sie immer in Photoshop Elements 3.0.

In dieser Lektion lernen Sie Folgendes:

- Bilder auf unterschiedliche Weise mit einem Rahmen versehen
- Komplexe Auswahlbereiche erstellen
- Unerwünschte Hintergrundfarben in Bildbereichen entfernen
- Eine Ebene skalieren
- Einen Bereich für eine monochrome Farbgebung einfärben
- Eigene Muster erzeugen und speichern
- Eine Ebene perspektivisch verzerren

Diese Lektion besteht aus sieben unabhängigen Projekten mit jeweils anderen Bilddateien. Sie benötigen für die komplette Lektion etwa zwei Stunden, die Sie jederzeit in kürzere Arbeitssitzungen aufteilen können.

Auch wenn Sie in dieser Lektion keine besondere Reihenfolge im Durcharbeiten der Projekte einhalten müssen, sind dennoch einige Dateistrukturen, Tags und Vorgehensweisen aus den Lektionen 1 und 2 sowie die Projektdateien der Buch-CD erforderlich (siehe »Die Classroom-in-a-Book-Dateien installieren« auf Seite 12).

Vorbereitungen

Die ersten fünf Projekte in dieser Lektion zeigen unterschiedliche Möglichkeiten, um ein Bild mit einem Rahmen zu versehen. Die einzelnen Vorgehensweisen sind relativ einfach und kurz. Die beiden letzten Projekte zeigen, wie Sie einen bestimmten Bildbereich betonen, indem Sie in unwichtigen Bildbereichen die Farbe zurücknehmen oder indem Sie bestimmte Elemente wiederholen.

1 Starten Sie Photoshop Elements 3.0 im Standardeditor-Modus.

2 Öffnen Sie den Paletten- und Fotobereich (sofern die Bereiche ausgeblendet sind), indem Sie auf die Pfeile (⏏) und (▮▸) rechts und links unten im Arbeitsbereich klicken. Oder wählen Sie den Befehl **Fenster: Palettenbereich** und **Fenster: Fotobereich** (die Befehle sind danach mit einem Häkchen versehen).

3 Prüfen Sie den Inhalt des Palettenbereichs und achten Sie darauf, dass die Paletten »Ebenen«, »Navigator«, »Stile und Effekte« sowie »Rückg.-Protokoll« vorhanden sind.

Hinweis: *Informationen zum Inhalt des Palettenbereichs finden Sie unter »Der Palettenbereich« auf Seite 74.*

4 Klicken Sie in der Symbolleiste auf »Browser« ( ), um in den Organizer zu gelangen.

Sie können mit jedem Projekt in dieser Lektion beginnen, da die Projekte unabhängig voneinander sind. Berücksichtigen Sie aber, dass die Projekte 4, 6 und 7 mehr Zeitaufwand als die anderen Projekte benötigen.

Bilder rahmen

Ein Rahmen ist eine gute Möglichkeit, die Aufmerksamkeit auf ein Bild zu lenken. Sie zeichnen mit Photoshop Elements mühelos großartig aussehende Rahmen dank der vielen im Programm integrierten Funktionen und Effekte. Anschließend lassen sich die Ergebnisse für Webseiten, elektronische Notizbücher oder E-Karten verwenden. Oder importieren Sie die gerahmten Bilder in Anzeigen oder Prospekte, die Sie in Seitenlayoutprogrammen wie Adobe InDesign, Adobe PageMaker oder Adobe FrameMaker erstellt haben.

Sie lernen im ersten Projekt dieser Lektion einige Rahmeneffekte kennen und gleichzeitig neue Techniken und mögliche Einsatzbereiche für Photoshop Elements.

Hinweis: *Die fünf Rahmenprojekte in dieser Lektion beinhalten ganz bestimmte Bilder, die sich jedoch jederzeit durch eigene Bilder ersetzen lassen.*

Projekt 1: Bilder in einem Rahmen drucken

Eine der einfachsten Möglichkeiten für das Hinzufügen eines Rahmens steht während der Druckphase zur Verfügung. Dieser Rahmen ist im Gegensatz zu anderen kein permanenter Bestandteil der Bilddatei. Deshalb arbeiten Sie mit der Originaldatei und erzeugen keine Arbeitskopien.

Achten Sie darauf, dass Photoshop Elements im Organizer-Modus geöffnet ist.

1 Klicken Sie im Organizer-Bereich auf das Tags-Register, erweitern Sie die Lektionen-Kategorie und klicken Sie im Suchen-Feld für das Tag »Lektion 7«. Erweitern Sie dann die Projekt-Kategorie und klicken Sie im Suchen-Feld für das Tag »Projekt 1«.

2 Wählen Sie die beiden querformatigen Fotos, indem Sie mit gedrückter Umschalttaste auf die beiden Miniaturen klicken.

3 Wählen Sie **Datei: Drucken**.

4 Nehmen Sie rechts im Dialogfeld »Bild drucken« die folgenden Einstellungen vor:

- Wählen Sie unter »❶ Drucker auswählen« einen Drucker. Oder übernehmen Sie den angezeigten Standarddrucker.
- Wählen Sie unter »❷ Abzugsart auswählen« die Option »Bildpaket«. Falls ein Warnhinweis hinsichtlich der Druckauflösung erscheint, klicken Sie auf OK.
- Wählen Sie unter »❸ Layout auswählen« die Option »A4-Papier (2) Postkarte 100x148)«.
- Wählen Sie aus dem Popup-Menü »Rahmen auswählen« die Option »Oval Antik«.

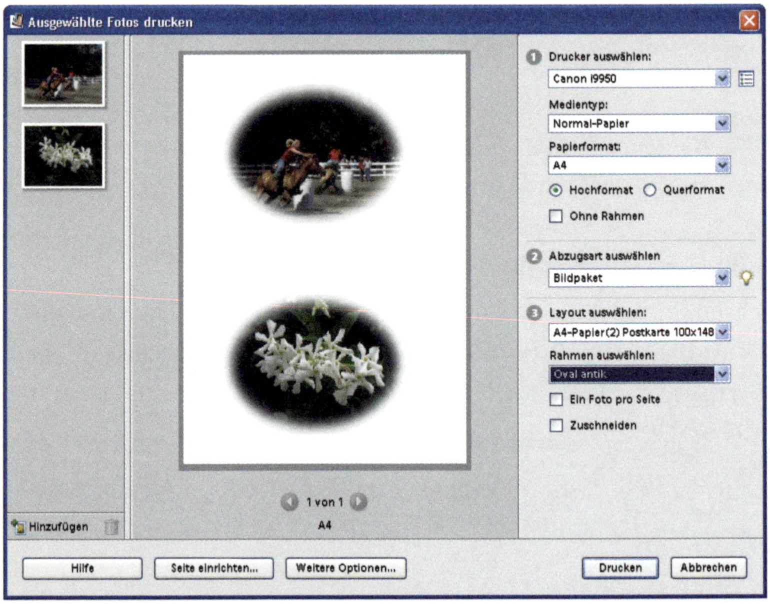

Lassen Sie das Dialogfeld für die nächsten Schritte geöffnet.

Hinweis: *Wählen Sie aus dem Popup-Menü »Rahmen auswählen« alternative Rahmen wie* Grüne Streifen *oder* Orange-Grün. *(Sie können die unterschiedlichsten Rahmenarten zuweisen.)*

5 Klicken Sie unten links im Dialogfeld auf »Hinzufügen«.

6 Aktivieren Sie im Dialogfeld »Fotos hinzufügen« die Option »gesamten Katalog« und klicken Sie dann in die Kontrollkästchen der Bilder, denen Sie den Rahmen zuweisen möchten. (Wählen Sie einfach ein andereres Bild als im Beispiel für dieses Projekt.) Klicken Sie auf OK. Falls wieder der Warnhinweis für die Druckausgabe angezeigt wird, klicken Sie auf OK.

7 Führen Sie einen der folgenden Schritte aus:

- Klicken Sie auf »Drucken«, um die Bilder auszudrucken *(nicht empfohlen)*.
- Klicken Sie auf »Abbrechen«, um ohne zu drucken wieder den Organizer zu aktivieren.

Hinweis: *Die niedrig auflösenden Beispielbilder führen zu einer schlechten Druckqualität. Deshalb sollten Sie für den Druck lieber eigene, höher auflösende Fotos verwenden.*

Die Rahmenoptionen im Drucken-Dialogfeld eignen sich ideal für den Ausdruck mehrerer Bilder mit gleichem Rahmen. Wenn Sie jedoch elegantere Rahmen benötigen oder mehrere Bilder unterschiedlich rahmen möchten, sind die Vorgehensweisen etwas komplexer. Die entsprechenden Möglichkeiten lernen Sie in den nächsten vier Projekten kennen.

Möchten Sie ein Foto mehrfach auf einer Seite ausdrucken, beispielsweise ein Passbild? Wählen Sie dazu im Dialogfeld »Ausgewählte Fotos drucken« ein Layout mit der Größe und der Anzahl der Bilder und dann die Option »Ein Foto pro Seite«. (Diese Option füllt das Layout mit mehren Kopien eines Bildes aus.)

Projekt 2: Einfacher Rahmen

Photoshop Elements 3.0 besitzt viele Effekte, die sich einem Bild zuweisen lassen. Dazu gehören auch verschiedene Rahmenarten. In diesem Projekt versehen Sie das Bild mit einem farbigen Rahmen, für den Sie die aktuelle Vordergrundfarbe verwenden. Im Gegensatz zum vorherigen Projekt ist dieser Rahmen anschließend permanenter Bestandteil der gespeicherten Bilddatei.

1 Benutzen Sie im Photoshop Elements-Organizer die Tags »Lektion 7« und »Projekt 2«, um das Bild für dieses Projekt anzuzeigen (ein Fenster mit einem Blumenkasten).

2 Wählen Sie die Miniatur, klicken Sie oben in der Symbolleiste auf »Bearbeiten« ( ) und wählen Sie »Gehe zum Standardeditor«.

3 Führen Sie einen der folgenden Schritte aus, um eine Vordergrundfarbe für den Rahmen zu bestimmen:

- Wählen Sie **Fenster: Farbfelder** und wählen Sie in der Palette die gewünschte Farbe.
- Klicken Sie in der Werkzeug-Palette auf das Feld »Vordergrundfarbe einstellen«, um den Farbwähler zu öffnen. Wählen Sie die gewünschte Farbe.
- Wählen Sie in der Werkzeug-Palette die Pipette ( ) und klicken Sie im Foto selbst auf die gewünschte Farbe. (Das Beispiel benutzt diese Methode, um das Hellbraun des Fensterrahmens aufzunehmen. Natürlich dürfen Sie auch eine andere Farbe festlegen.)

4 Führen Sie in der Palette »Stile und Effekte« Folgendes aus:

- Wählen Sie aus den Popup-Menüs oben in der Palette die Optionen »Effekte« und »Rahmen«.
- Doppelklicken Sie in der Palette auf die Miniatur »Vordergrundfarbrahmen«, um dem Bild diesen Rahmentyp zuzuweisen. Oder ziehen Sie die Miniatur in das Bildfenster.

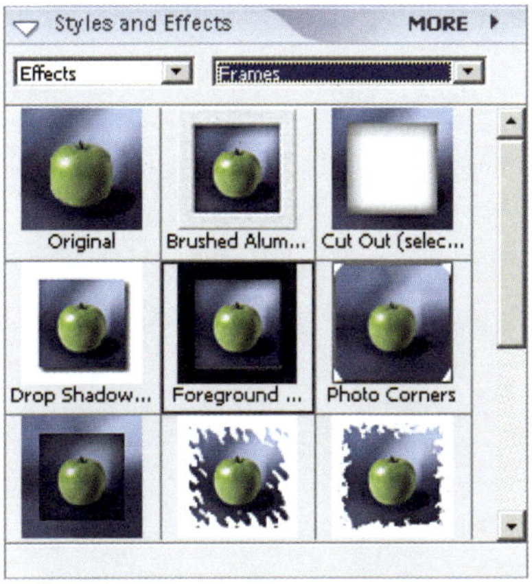

5 Führen Sie einen dieser Schritte aus:

- Falls Ihnen das Ergebnis nicht gefällt, wählen Sie **Bearbeiten: Rückgängig: Vordergrundfarbrahmen** und beginnen Sie wieder mit Schritt 3.
- Gefällt Ihnen der Rahmen, wählen Sie **Datei: Speichern unter**.

6 Wählen Sie im Dialogfeld »Speichern unter« den Ordner *Meine CIB-Arbeit* innerhalb des Ordners *Lektionen*, geben Sie den Dateinamen **07_02_Arbeit** ein und wählen Sie das Format »Photoshop (*PSD, *.PDD)«. Klicken Sie auf »Speichern«.

Bevor Sie mit dem nächsten Projekt beginnen, sollten Sie die Datei schließen.

Der Effekt »Vordergrundfarbrahmen« versieht das Bild automatisch mit einem Rahmen und vergrößert entsprechend die Arbeitsfläche. Der Rahmen sieht sehr realistisch aus, da er bereits mit einem Reliefeffekt und einem Schlagschatten versehen ist.

Projekt 3: Bild vignettieren

Ein weiterer Unterschied zwischen den Rahmen, die Sie im Drucken-Dialogfeld zuweisen, und denen, die Sie über die Palette »Stile und Effekte« erzeugen, ist deren Komplexität. Im Drucken-Dialogfeld können Sie immer nur einen Rahmenstil wählen, während Sie im Editor ein Bild mit mehreren verschiedenen Effekten versehen können. Sie versehen in diesem Projekt das Bild mit der Vignette bzw. einem Passepartout. Die entstandene Datei könnten Sie als Basis für andere in Photoshop Elements 3.0 verfügbare Rahmeneffekte verwenden.

1 Suchen und öffnen Sie im Dateibrowser oder im Organizer die Datei *07_03* (einen Schwan) im Standardeditor-Modus.

2 Wählen Sie in der Werkzeug-Palette die Auswahlellipse (◌), die mit dem Auswahlrechteck (⬚) gruppiert ist. Geben Sie in der Optionsleiste unter »Weiche Kante« den Wert **10 Px** ein.

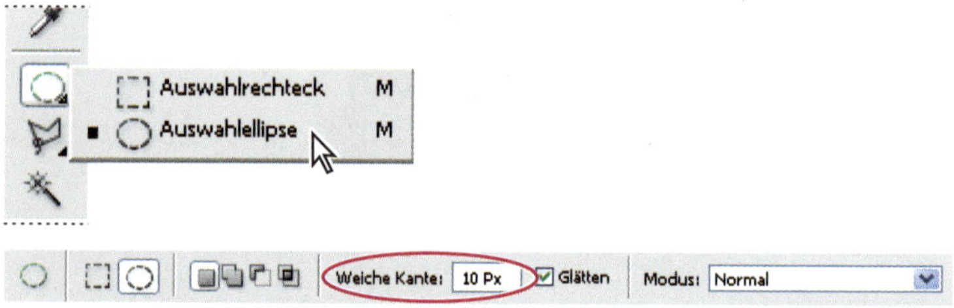

3 Ziehen Sie eine Auswahlellipse, die den Schwan umschließt.

Hinweis: *Wenn die Auswahl nicht zentriert ist, setzen Sie den Zeiger in die Auswahl, er ändert sich in dieses Symbol (), und ziehen Sie die Auswahlbegrenzung an die richtige Stelle. Entspricht die Auswahlform nicht Ihren Vorstellungen, müssen Sie eine neue Auswahl erzeugen.*

4 In der Palette »Stile und Effekte« sind noch die Optionen »Effekte« und »Rahmen« gewählt. Doppelklicken Sie auf die Miniatur »Vignette (Auswahl)« oder ziehen Sie die Miniatur in das Bildfenster.

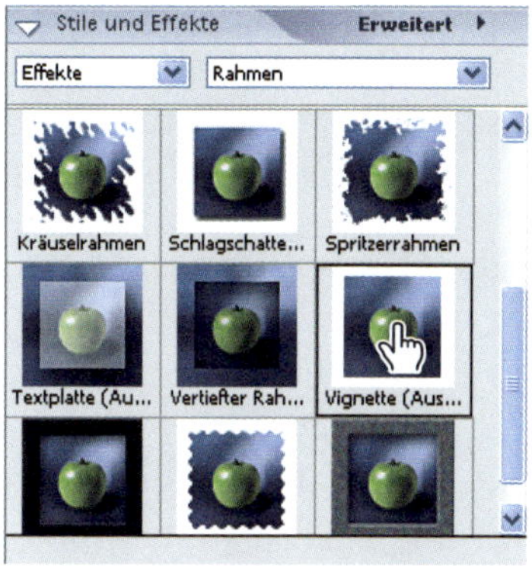

5 Prüfen Sie das Ergebnis und führen Sie einen der folgenden Schritte aus:

- Wählen Sie **Bearbeiten: Rückgängig: Vignette (Auswahl)** und beginnen Sie erneut mit Schritt 4.
- Wählen Sie im Dialogfeld »Speichern unter« den Ordner *Meine CIB-Arbeit* innerhalb des Ordners *Lektionen*, geben Sie den Dateinamen **07_03_Arbeit** ein und wählen Sie das Format »Photoshop (*PSD, *.PDD)«. Klicken Sie auf »Speichern«.

Damit haben Sie auch dieses Projekt abgeschlosssen.

Die Option »Weiche Kante« lässt eine Auswahl weich ausfließen. Der Wert lässt sich mit null Pixel für eine harte Auswahlkante und mit einem größeren Pixelwert für eine weich verlaufende Kante einstellen.

Projekt 4: Rahmen mit dem Eigene-Form-Werkzeug anlegen

Sie haben mit dem Eigene-Form-Werkzeug in Lektion 2 eine Sprechblase erzeugt. In diesem Projekt arbeiten Sie mit einer anderen eigenen Form und dann mit dem Ausstecher. Der Unterschied zwischen diesen beiden Werkzeugen bezieht sich auf das, was innerhalb der Form vor sich geht. Das Eigene-Form-

Werkzeug füllt die Form mit der Vordergrundfarbe, während der Ausstecher die Form mit den Pixeln einer gewählten Ebene füllt und den verbleibenden Teil der Ebene entfernt bzw. ausschneidet.

Bei dem Bild für diese Übung handelt es sich um ein Foto, das bereits mit einer Tontrennung (mit dem Befehl **Filter: Anpassungsfilter: Tontrennung**) versehen wurde. Dieser Prozess verringert die Anzahl der zusammengesetzten Farben und gibt dem Bild ein grafisches Aussehen.

1 Suchen und öffnen Sie mit dem Dateibrowser oder Organizer die Datei *07_04* (den wasserspeienden Kopf) im Standardeditor.

2 Wählen Sie mit der Pipette () im Bild eine Farbe für den Rahmen.

3 Wählen Sie das Eigene-Form-Werkzeug (). Klicken Sie in der Optionsleiste auf den Pfeil neben »Form«, um die Palette mit den Formen zu öffnen. Klicken Sie dann auf den nach rechts weisenden Pfeil (), um das Palettenmenü und die Option »Rahmen« zu öffnen. Wählen Sie in der Palette die Form »Rahmen 15«.

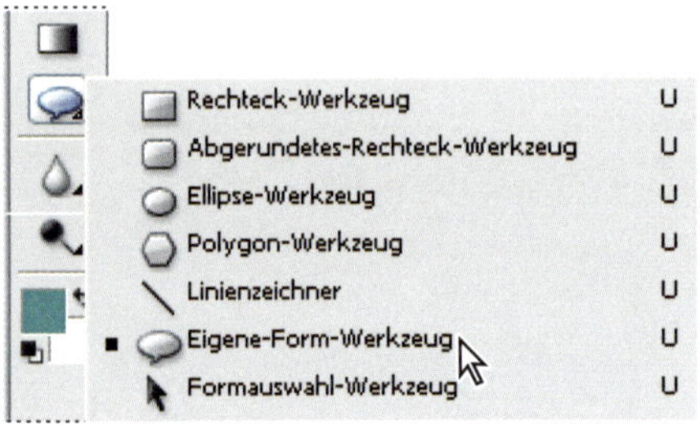

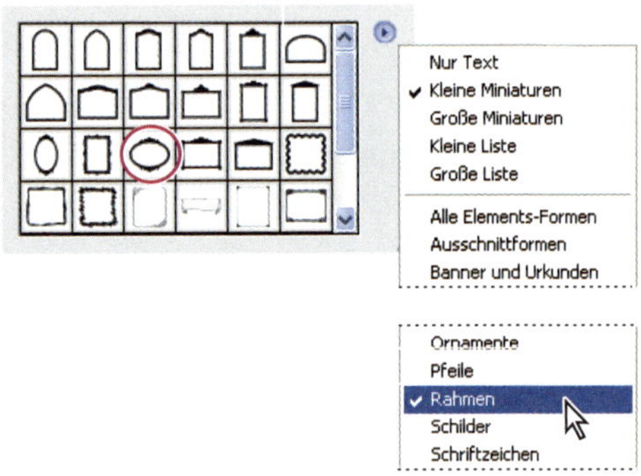

4 Ziehen Sie oben links im Bild beginnend einen Rahmen um das Gesicht. Lassen Sie diese Form (**Form 1** in der Ebenen-Palette) gewählt.

Hinweis: *Soll die Form eine andere Farbe haben, wählen Sie die neue Farbe unter »Farbe« in der Optionsleiste für das Eigene-Form-Werkzeug. Falls die Rahmenform oder -größe nicht stimmt, wählen Sie das Verschieben-Werkzeug () und ziehen Sie den Rahmen bzw. die Eckanfasser entsprechend.*

5 Wählen Sie in der Palette »Stile und Effekte« aus den beiden Popup-Menüs die Optionen »Ebenenstile« und »Abgeflachte Kanten«. Doppelklicken Sie auf die Miniatur »Innere Kante«, um der Form diesen Effekt zuzuweisen.

6 Wählen Sie in der Ebenen-Palette die *Hintergrundebene.*

7 Wählen Sie in der Werkzeug-Palette den Ausschneider () und führen Sie Folgendes aus:

- Geben Sie in der Optionsleiste unter »Weiche Kante« den Wert **0 Px** ein (sofern nicht schon vorhanden).

- Öffnen Sie in der Optionsleiste die Form-Palette und klicken Sie auf den nach rechts weisenden Pfeil (▶), um das Palettenmenü zu öffnen. Wählen Sie aus dem Menü die Option »Formen« und dann die Miniatur mit dem gefüllten Kreis.
- Ziehen Sie im Bild diagonal, um einen Kreis innerhalb der inneren Rahmenkante zu zeichnen. Benutzen Sie die Anfasser des Begrenzungsrahmens, um Größe und Position des Kreises anzupassen. Klicken Sie dann in der Optionsleiste auf »Bestätigen« (✔).

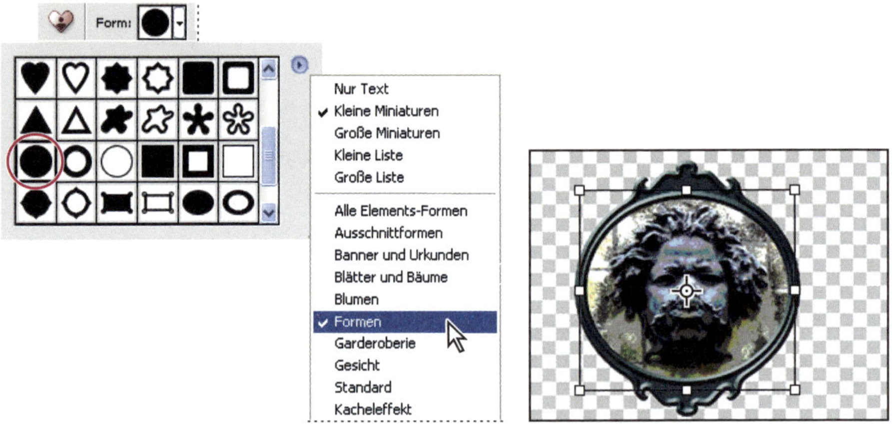

8 Wählen Sie **Datei: Für Web speichern**. Wählen Sie aus dem Popup-Menü »Vorgabe« die Option »GIF 32 kein Dithering« und aktivieren Sie die Option »Transparenz«. Klicken Sie anschließend auf OK.

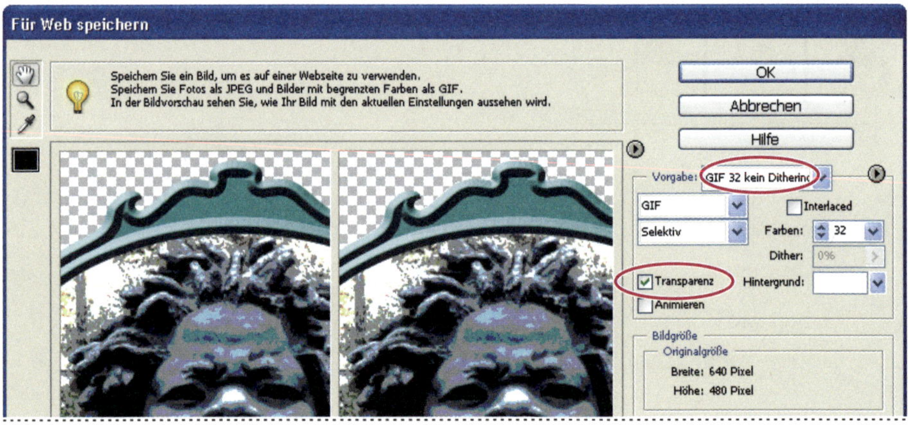

9 Geben Sie im Dialogfeld »Optimierte Version speichern unter« den Dateinamen **wasserspender.gif** ein und wählen Sie den Ordner *Meine CIB-Arbeit*.

10 Wählen Sie **Datei: Speichern**, um die Originaldatei im Photoshop-Format im Ordner *Meine CIB-Arbeit* zu speichern.

Die Wahl von GIF 32 hat die Anzahl der im Bild verwendeten Farben auf 32 reduziert. Da bereits das Originalbild mit einer Tontrennung versehen war, gab es bereits so wenig Farben, dass die Bildqualität nicht verschlechtert wurde. GIF bewahrt übrigens die transparenten Bereiche eines Bildes.

Projekt 5: Bild mit sich selber rahmen

Bis jetzt haben Sie die Bilder mit automatischen Funktionen gerahmt. Jetzt erstellen Sie einen Rahmen manuell, was ebenfalls sehr einfach ist. Die folgende Prozedur erzeugt mit Hilfe von Ebenen einen Quasi-Rahmen, der sich beispielsweise gut für Glückwunschkarten und Poster einsetzen lässt.

1 Suchen und öffnen Sie im Dateibrowser oder Organizer die Datei *07_05* (die Kirche im Dorf) im Standardeditor.

2 Erzeugen Sie eine Kopie der Hintergrundebene, indem Sie die Ebene auf das Symbol »Neue Ebenen erstellen« ( ) ziehen oder den Befehl **Ebene: Ebene duplizieren** wählen.

3 Wählen Sie **Bild: Skalieren: Skalieren**.

Hinweis: *Falls der (letzte) Skalieren-Befehl nicht verfügbar bzw. abgeblendet ist, prüfen Sie, ob die Ebene* Hintergrund Kopie *gewählt ist. Eventuell müssen Sie auch das zuvor gewählte Werkzeug (z.B. den Ausstecher) wechseln bzw. abwählen.*

4 Geben Sie in der Optionsleiste **80%** für B (Breite) ein und klicken Sie auf »Seitenverhältnis erhalten« ( ), um auch die Höhe automatisch auf 80% einzustellen.

Anstatt den Prozentwert manuell einzugeben, können Sie den Wert auch durch Scrubben einstellen: Setzen Sie den Zeiger auf das B – der Zeiger wird zu einer Hand mit Pfeilen ( ) – und ziehen Sie horizontal, um den Wert zu ändern.

5 Wählen Sie die Ebene *Hintergrund* und dann den Befehl **Überarbeiten: Beleuchtung anpassen: Helligkeit/Kontrast**. Stellen Sie die Helligkeit auf **+30** ein und klicken Sie auf OK.

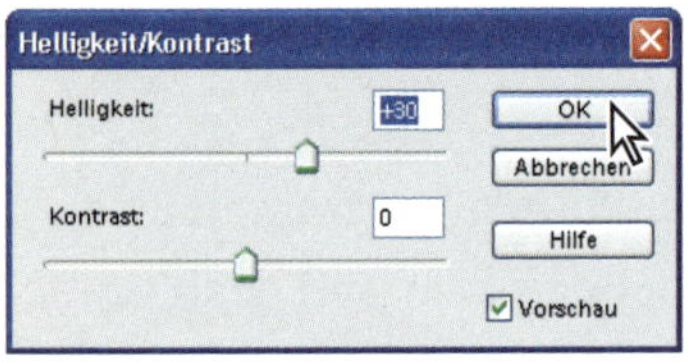

6 Wählen Sie **Datei: Speichern unter** und speichern Sie die Datei mit dem Namen **07_05_Arbeit** im Photoshop-Format im Ordner *Meine CIB-Arbeit.*

7 Wählen Sie **Datei: Schließen.**

Der Skalieren-Befehl verändert nur die gewählte Ebene und nicht das gesamte Bild. Die anderen Befehle im Skalieren-Untermenü gelten dagegen für die komplette Bilddatei.

Glückwunsch! Sie haben jetzt das letzte der fünf Rahmenprojekte fertig gestellt. Sie haben mit diesen Übungen neue Erfahrungen mit Effekten, Filtern und Ebenenstilen (in der Palette »Stile und Effekte«) gewonnen. Außerdem haben Sie mit der Pipette gearbeitet und dann noch eine Ebene skaliert, ohne jedoch die Gesamtgröße des Originalbildes zu verändern.

Projekt 6: Aufmerksamkeit über Stile erzeugen

Das nächste Projekt ist einfach nur Spaß und hat nichts mit einem realistischen Bild zu tun. Sie arbeiten mit dem Foto eines großen Bären, der hinter einem Baumstamm hervorschaut. Allerdings fehlt dem Bild noch ein eindeutiger Blickpunkt.

Sie dramatisieren die Szene, indem Sie alles bis auf den Bären zurücknehmen bzw. verändern. Dazu neutralisieren Sie die Farben und zeichnen alles außerhalb des Bären weich, um mehr Aufmerksamkeit auf den Bären zu lenken.

Eine komplexe Form wählen

Es ist nur selten möglich, eine komplexe Form in einer einzelnen Aktion zu wählen. Normalerweise müssen Sie die anfängliche Auswahl weiter verfeinern. Wenn Sie die früheren Lektionen im Buch durchgearbeitet haben, sollten Sie keine Probleme mit dem Anlegen einer komplexen Auswahl haben. Sie hatten z.B. den Pickup in Lektion 3, das Laub neben der Säule in Lektion 4 und die beiden Kinder in Lektion 6 gewählt.

Sie können bei den meisten Auswahlwerkzeugen bestimmte Bereiche hinzufügen oder entfernen, das heißt, Sie brauchen eine Auswahl nicht neu zu beginnen. Dazu drücken Sie während der Wahl eine Taste oder aktivieren die passende Auswahlart in der Optionsleiste.

***Wichtig**: Bevor Sie mit diesem Thema beginnen, planen Sie etwa 15 Minuten Zeit ein. Grund: Wenn Sie eine unvollständige Auswahl vor Beenden der Arbeitssitzung speichern, könnten Sie die bis zu diesem Zeitpunkt ausgeführten Arbeiten verlieren.*

1 Suchen und öffnen Sie im Dateibrowser oder Organizer die Datei *07_06.jpg* (ein Bär hinter einem Baum) im Standardeditor.

2 Wählen Sie in der Werkzeug-Palette das Lasso (⌕) und ziehen Sie um den Bären. Achten Sie auf Abstand zwischen dem Bären und dem Hintergrund, damit auch noch etwas Schnee und Teile des Baumes in der Auswahl vorhanden sind.

***Hinweis:** Eventuell zeigt die Werkzeug-Palette das Polygon-Lasso. Ist das der Fall, halten Sie die Maustaste auf dem Werkzeug-Symbol gedrückt und wählen Sie dann das Lasso aus der Liste. Oder wählen Sie das Polygon-Lasso und anschließend in der Optionsleiste das Lasso.*

Sie können das Lasso bzw. die Maustaste loslassen, bevor Sie an den Ausgangspunkt der Auswahl zurückgehen. Das Werkzeug komplettiert die Form, indem es eine Gerade zwischen dem Ausgangspunkt und der Stelle zieht, an der Sie die Maustaste losgelassen haben.

3 Wählen Sie den Zauberstab ( ). Stellen Sie in der Optionsleiste die Toleranz auf den Wert **32** ein und achten Sie darauf, dass die Option »Benachbart« aktiviert ist.

4 Drücken Sie die Alt-Taste, um den Zeiger mit einem Minuszeichen ( ) zu ergänzen (von der vorhandenen Auswahl wird etwas subtrahiert). Klicken Sie innerhalb der Auswahl in einem der blauen oder weißen Bereiche des Schnees hinter dem Bären. Wiederholen Sie diesen Vorgang für die anderen blauen und weißen Bereiche der Auswahl so lange (lassen Sie dabei stets die Alt-Taste gedrückt), bis die Auswahl keinen Schnee mehr enthält.

***Hinweis:** Versuchen Sie nicht, den kleinen weißen Bereich zwischen Ohr und Baum zu wählen. Dieser Bereich lässt sich einfacher mit dem Lasso in den Schritten 5 bis 7 von der Auswahl subtrahieren.*

5 Benutzen Sie das Zoom-Werkzeug, die Navigator-Palette oder die Befehle im Ansicht-Menü, um auf etwa 150% zu vergrößern.

6 Wählen Sie das Lasso ( ) und klicken Sie anschließend in der Optionsleiste auf das Symbol »Von der Auswahl subtrahieren« ( ). Diesmal müssen Sie die Alt-Taste nicht drücken, um von der Auswahl zu subtrahieren.

7 Ziehen Sie um einen kleinen Bereich des Baumes innerhalb der vorhandenen Auswahl und folgen Sie dabei der Abgrenzung zwischen dem Bären und dem Baum bzw. Schnee.

Hinweis: *Falls Schritt 6 den Bereich nicht von der Auswahl subtrahiert, wählen Sie* ***Bearbeiten: Rückgängig: Lasso*** *oder drücken Sie Strg+Z. Achten Sie anschließend darauf, dass Sie in der Optionsleiste das Symbol »Von der Auswahl subtrahieren« gewählt haben (siehe Schritt 5). Außerdem darf der Befehl »Ansicht: Am Raster ausrichten« nicht gewählt sein. Versuchen Sie jetzt erneut, den Teil der Auswahl abzuziehen.*

8 Ziehen Sie so lange mit dem Lasso kleine Bereiche des Baumes von der Auswahl ab, bis nur noch der Bär gewählt ist.

Vielleicht müssen Sie noch mehr vergrößern, um die Bärentatze präzise wählen zu können. Klicken Sie in der Optionsleiste auf das Symbol »Der Auswahl hinzufügen« (), falls Sie einen Bereich wieder der Auswahl hinzufügen möchten.

Setzen Sie sofort mit der folgenden Prozedur fort, um nicht versehentlich die Auswahl zu verlieren.

Auswahl des Bären speichern

Da Sie einige Arbeit in die Auswahl des Bären investiert haben, sollten Sie die Auswahl jetzt speichern. Wenn Sie danach die Arbeit unterbrechen oder die Auswahl verlieren, lässt sie sich jederzeit neu ins Bild laden.

1 Die gerade angelegte Auswahl ist noch aktiv. Wählen Sie **Auswahl: Auswahl speichern**.

2 Geben Sie im Dialogfeld als Name **Teddy** ein und klicken Sie auf OK.

3 Wählen Sie **Datei: Speichern**.

4 Öffnen Sie im Dialogfeld »Speichern unter« den Ordner *Meine CIB-Arbeit*, geben Sie als Dateinamen **07_06_Arbeit** ein und klicken Sie auf »Speichern«.

Da Sie jetzt die Auswahl gespeichert haben, sparen Sie viel Mühe, falls Sie in der nächsten Prozedur zurückgehen müssen.

Den Hintergrund weichzeichnen

Nachdem Sie die Auswahl gespeichert haben, sollten Sie nun mit ihr arbeiten.

Der Bär bleibt in der folgenden Prozedur erhalten, während Sie das restliche Bild verändern. Warum also nicht sofort den zu verändernden Bildteil auswählen? Ganz einfach – den Bären auszuwählen war einfacher und eine Auswahl lässt sich anschließend jederzeit umkehren. Das werden Sie jetzt tun, um den Bären zu schützen, während Sie das restliche Bild ändern.

1 Kehren Sie die Auswahl mit einem dieser Schritte um:

- Ist die Auswahl noch aktiv, wählen Sie **Auswahl: Auswahl umkehren**.
- Ist die Auswahl nicht mehr aktiv, wählen Sie **Auswahl: Auswahl laden** und die Auswahl *Teddy*. Aktivieren Sie die Option »Umkehren« und klicken Sie dann auf OK.

Indem Sie die Auswahl umgekehrt haben, ist alles im Bildfenster außer dem Bären gewählt: Baum, Schnee und Felsen.

2 Wählen Sie **Filter: Filter > Weichzeichnungsfilter: Radialer Weichzeichner.**

3 Nehmen Sie im Dialogfeld »Radialer Weichzeichner« die folgenden Einstellungen vor:

- Ziehen Sie den Stärke-Regler auf 30.
- Wählen Sie die Methode »Strahlenförmig«.
- Ziehen Sie die Miniatur »Mittelpunkt« etwas nach oben und nach links, so dass deren Position etwas mit der des Bärenkopfes im Bild übereinstimmt.
- Überprüfen Sie die gewählten Optionen und klicken Sie auf OK.

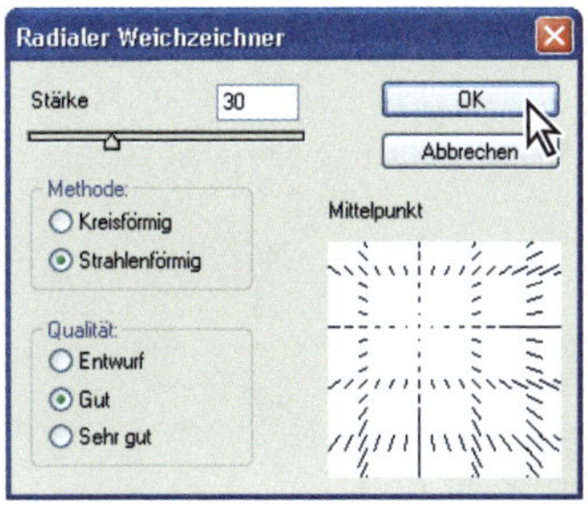

Heben Sie die Auswahl noch nicht auf, da sie noch benötigt wird. Sie könnten aber durchaus eine Pause einlegen, da Sie die Auswahl gespeichert haben und sie jederzeit zur Fortsetzung des Projekts neu laden können.

Durch das Weichzeichnen des Hintergrunds haben Sie diesen Teil des Bildes unwichtig gemacht. Der Betrachter richtet sein Augenmerk auf das, was Ihnen wichtig ist: auf den Bären. Der radiale Weichzeichner hat die Gesamtszene außerdem noch dramatisiert. Die Strahlen lenken quasi pfeilartig das Auge in das Zentrum mit dem Bären.

Den Hintergrund einfärben

Sie können die Aufmerksamkeit noch stärker auf den Bären lenken, indem Sie die Hintergrundfarben zurücknehmen und ein mehr monochromes Farbschema wählen.

1 Falls der Hintergrundbereich für das Bild nicht mehr gewählt ist, laden Sie die Auswahl (**Auswahl: Auswahl laden**), wählen Sie im Dialogfeld den Namen *Teddy* und aktivieren Sie die Option »Umkehren«.

2 Wählen Sie **Überarbeiten: Farbe anpassen: Farbton/Sättigung anpassen**.

3 Nehmen Sie im Dialogfeld »Farbton/Sättigung« die folgenden Einstellungen vor:

- Aktivieren Sie zuerst die Option »Färben«.
- Ziehen Sie den Farbton-Regler oder geben Sie **270** ein.
- Ziehen Sie den Sättigung-Regler oder geben Sie **30** ein.
- Ziehen Sie den Lab-Helligkeit-Regler oder geben Sie **+30** ein.
- Aktivieren Sie die Vorschau-Option (falls notwendig) und sehen Sie sich das Ergebnis im Bildfenster an. (Eventuell müssen Sie das Dialogfeld zur Seite schieben.)
- Verfeinern Sie die Einstellungen so lange, bis Ihnen das Ergebnis zusagt. Klicken Sie anschließend auf OK.

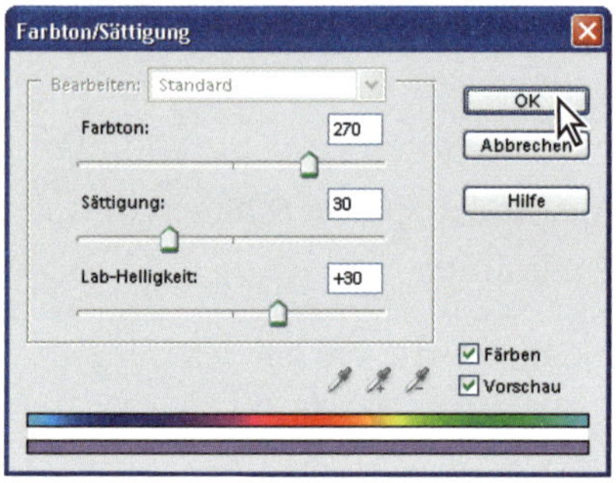

Durch Drücken von Strg+H blenden Sie die blinkende Auswahlbegrenzung aus, um den Übergang zwischen den gewählten und nicht gewählten Bereichen besser beurteilen zu können. Drücken Sie anschließend wieder Strg+H, um nicht zu vergessen, dass eine aktive Auswahl vorhanden ist.

4 Wählen Sie **Datei: Speichern unter** und speichern Sie die Datei mit dem aktuellen Namen *07_06_Arbeit* im Photoshop-Format im Ordner *Meine CIB-Arbeit*.

5 Schließen Sie die Datei (**Datei: Schließen**).

Wieder ein Schritt weiter! Sie haben dieses Projekt fertig gestellt und ein gut aussehendes Bild erstellt. Sie können jetzt mit Hilfe der verschiedenen Auswahlwerkzeuge eine komplexe Auswahl durch Verfeinern einer Rohauswahl erzeugen. Außerdem haben Sie mit einem der Weichzeichnungsfilter gearbeitet und einen Bereich eingefärbt.

Ein Bild lässt sich ähnlich akzentuieren, indem Sie die Sättigung eines Bereiches bzw. die Farbe im Bild bis hin zu Schwarzweiß zurücknehmen. Das betont die verbleibenden farbigen Objekte, die natürlich sofort das Augenmerk des Betrachters auf sich ziehen. Dazu wählen Sie den gewünschten Bereich und stellen im Dialogfeld »Farbton/Sättigung« nur den Sättigung-Wert auf -100% ein.

Projekt 7: Betonen durch Wiederholung

Gute Bilder lassen sich häufig trotzdem noch verbessern. Sie verwenden in diesem Projekt ein Hundefoto, um daraus ein Muster zu erzeugen. Anschließend fügen Sie dieses Muster als »Tapete« in das Originalbild ein.

Im Verlauf dieser Arbeit lernen Sie einige neue Tricks kennen, mit denen Sie das Aussehen einer Ebene durch Verändern ihrer Position und Perspektive manipulieren. Außerdem legen Sie wieder Auswahlbereiche an und arbeiten mit Ebenen – zwei der grundlegenden Techniken, die Ihnen dieses Buch unter anderem vermitteln soll.

Eine Auswahl für das Muster anlegen

Sie lernen jetzt drei verschiedene Techniken zum Anlegen einer Auswahl kennen. Alle drei Methoden kennen Sie schon aus früheren Projekten in diesem Buch.

1 Suchen und öffnen Sie im Dateibrowser oder Organizer die Datei *07_07* (ein ruhender Hund) im Standardeditor.

2 Wählen Sie die Auswahlellipse ( ) und geben Sie in der Optionsleiste für »Weiche Kante« den Wert **0 Px** ein. Ziehen Sie dann grob eine Kreisform um den Hundekopf.

3 Wählen Sie den Zauberstab ( ) und klicken Sie dann in der Optionsleiste auf das Symbol »Von der Auswahl subtrahieren« ( ). Die Toleranz beträgt 32 und die Option »Benachbart« ist aktiviert.

4 Klicken Sie innerhalb der Auswahlbegrenzung auf die Wand, um sie aus der Auswahl zu entfernen. (Ein Klick sollte ausreichen.)

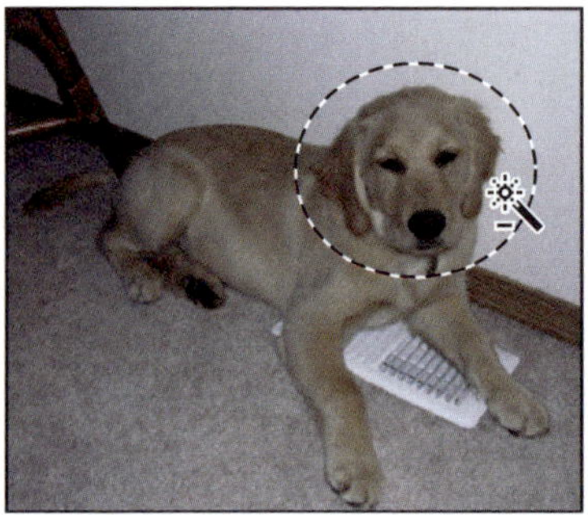

5 Wählen Sie das Zoom-Werkzeug (🔍) und klicken Sie in der Optionsleiste auf »Einzoomen« (🔍). Ziehen Sie ein Rechteck so um die Auswahl, dass der Hundekopf vollständig das Bildfenster füllt.

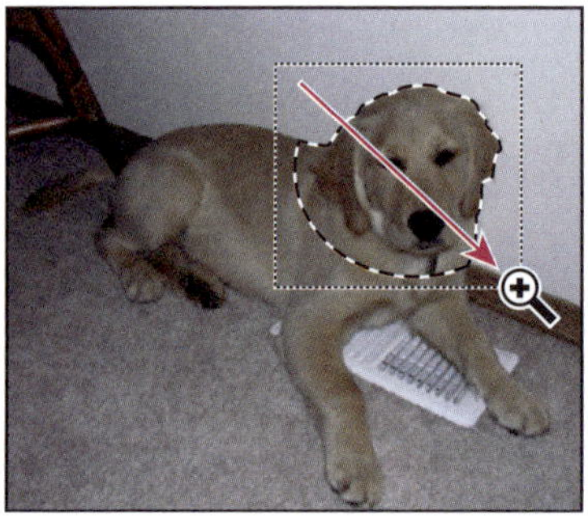

6 Wählen Sie den Auswahlpinsel (). Geben Sie in der Optionsleiste für »Größe« den Wert **20 Px** ein und wählen Sie aus dem Popup-Menü »Modus« die Option »Maskieren«.

7 Ziehen Sie mit dem Auswahlpinsel und erweitern Sie die Maske so, dass nur noch der Hundkopf nebst Ohren nicht von der roten Farbe bedeckt sind.

Falls erforderlich, ziehen Sie mit gedrückter Alt-Taste, um nicht gewünschte Maskierungsbereiche zu entfernen. (Oder wechseln Sie zum Auswahl-Modus, um mit dem Auswahlpinsel die Auswahl zu erweitern.) Die Auswahl muss in diesem Projekt allerdings nicht hundertprozentig perfekt sein.

Jetzt haben Sie alles für ein eigenes Muster vorbereitet. Lassen Sie die Auswahl aktiviert, um mit den nächsten Schritten fortzusetzen. Möchten Sie jedoch eine Pause einlegen, müssen Sie die Auswahl speichern und später wieder laden.

Ein eigenes Muster definieren

Sie erstellen nun ein Muster, das auf der soeben erzeugten Auswahl basiert. Sollte der Bereich mit dem Hundekopf nicht mehr gewählt sein und sollten Sie die Auswahl nicht gespeichert haben, müssen Sie den Kopf neu wählen (siehe vorheriger Abschnitt »Eine Auswahl für das Muster anlegen«).

1 Die Auswahl ist aktiviert, das heißt, Sie sehen im Bildfenster den Begrenzungsrahmen. Wählen Sie **Bearbeiten: Kopieren** oder drücken Sie Strg+C.

2 Wählen Sie **Bearbeiten: Einfügen** oder drücken Sie Strg+V.

Die Ebenen-Palette enthält jetzt die neue *Ebene 1*. Sie erkennen an der Ebenenminiatur, dass die Ebenen mit Ausnahme der Kopie des Hundekopfes transparent sind.

Hinweis: *Falls die Ebenenminiatur nur als (🖌) zu sehen ist, klicken Sie oben in der Ebenen-Palette auf »Erweitert« und wählen Sie »Paletten-Optionen«. Wählen Sie dann eine Größe für die Ebenenminiatur, ausgenommen die Option »Ohne«.*

3 Klicken Sie in der Ebenen-Palette auf das Augensymbol für die Hintergrundebene, um sie auszublenden. Wählen Sie *Ebene 1*.

4 Wählen Sie **Bild: Skalieren: Skalieren**. Geben Sie in der Optionsleiste **35%** für »B« ein und klicken Sie auf »Seitenverhältnis erhalten« ( ), um auch die Höhe automatisch auf 35% einzustellen. Drücken Sie die Eingabetaste oder klicken Sie auf »Bestätigen« (✔), um die neue Größe für den Hundekopf zu übernehmen.

5 Wählen Sie das Auswahlrechteck ( ), das mit der Auswahlellipse gruppiert ist.

6 Ziehen Sie mit gedrückter Umschalttaste (um die Auswahl quadratisch zu lassen) ein Quadrat ziemlich eng um den Kopf. Setzen Sie den Zeiger in die Auswahl und ziehen Sie, um die Auswahl richtig zu positionieren.

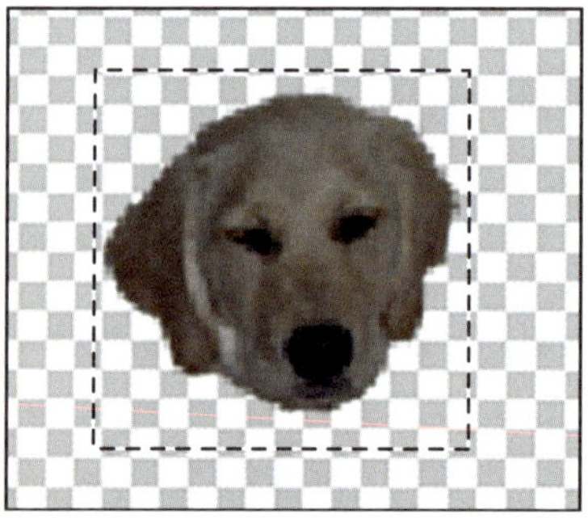

7 Wählen Sie **Bearbeiten: Muster aus Auswahl definieren**. Geben Sie in das Dialogfeld als Name für das Muster **Stella** (der Name des Hundes) ein und klicken Sie auf OK.

8 Wählen Sie **Bearbeiten: Löschen** oder drücken Sie die Entf.-Taste. Wählen Sie anschließend **Auswahl: Auswahl aufheben** oder drücken Sie Strg+D.

Ebene 1 ist jetzt leer. Sie benötigen diese Ebene jedoch noch für einen anderen Zweck in der nächsten Prozedur.

Ein eigenes Muster zuweisen

Sie verwenden die leere Ebene aus dem vorherigen Projekt und weisen ihr das eigene Muster zu.

1 Ziehen Sie den Regler in der Navigator-Palette oder klicken Sie links neben dem Regler auf das Auszoomen-Symbol, um den kompletten Bildbereich im Bildfenster anzuzeigen.

2 Wählen Sie in der Werkzeug-Palette das Füllwerkzeug (🪣).

3 Wählen Sie in der Optionsleiste aus dem Popup-Menü »Füllung« die Option »Füllen mit«.

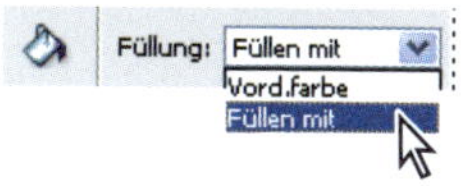

4 Falls die Miniatur mit dem Stella-Muster nicht in der Option »Muster« zu sehen ist, klicken Sie in der Optionsleiste auf den Pfeil neben »Muster«, um die entsprechende Palette zu öffnen. Wählen Sie jetzt das Muster *Stella*.

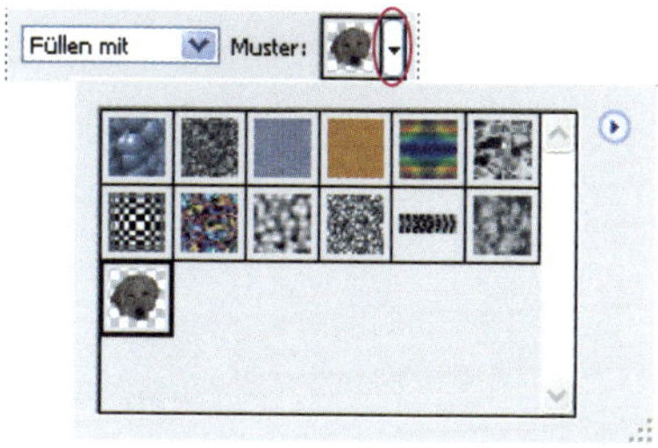

5 *Ebene 1* ist in der Ebenen-Palette gewählt. Klicken Sie jetzt mit dem Füllwerkzeug irgendwo im Bild.

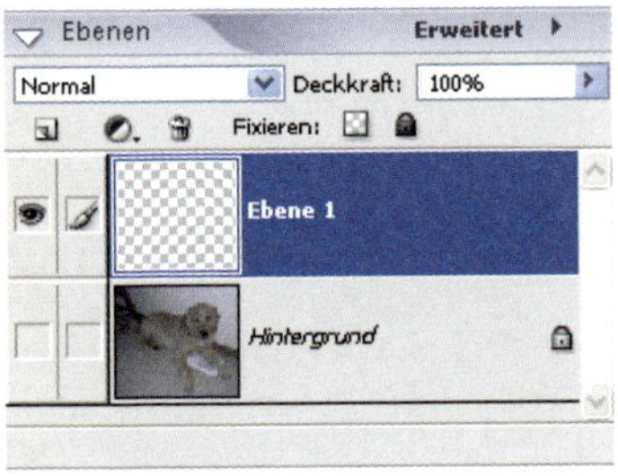

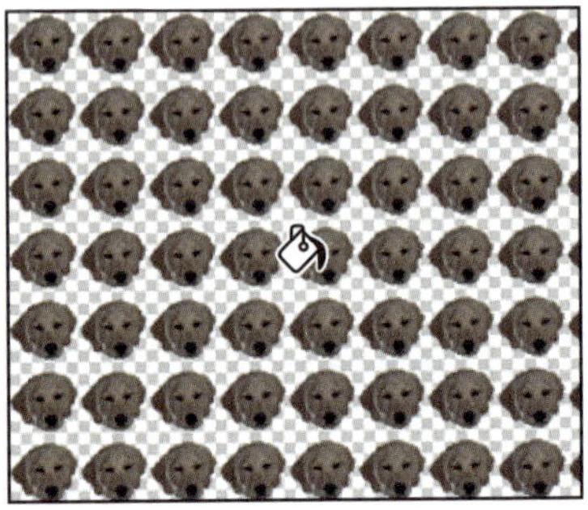

6 Klicken Sie für das Augensymbol (👁) in der Ebenen-Palette links neben der Hintergrundebene, um sie ebenfalls anzuzeigen.

Das Füllwerkzeug ist nicht die einzige Möglichkeit, um ein Muster zuzuweisen. Sie können auch den Musterstempel verwenden, der ein Muster bitweise aufbringt (siehe Projekt »Anglerlatein« in Lektion 2). Das Füllwerkzeug ist jedoch schneller, da es komplett in einem Schritt füllt.

Die Muster-Ebene verzerren

Das Muster liegt derzeit noch quadratisch über dem Originalbild, das in den transparenten Bereichen von **Ebene 1** zu sehen ist. Im nächsten Schritt richten Sie das Muster an der Wand so aus, dass es wie eine Tapete wirkt.

1 Verkleinern Sie in der Navigator-Palette die Ansicht auf etwa 35%.

2 Wählen Sie das Verschieben-Werkzeug (▸✥) und ziehen Sie die Ebene so, dass deren untere rechte Ecke direkt über der Fußleiste ganz rechts im Bild ausgerichtet ist.

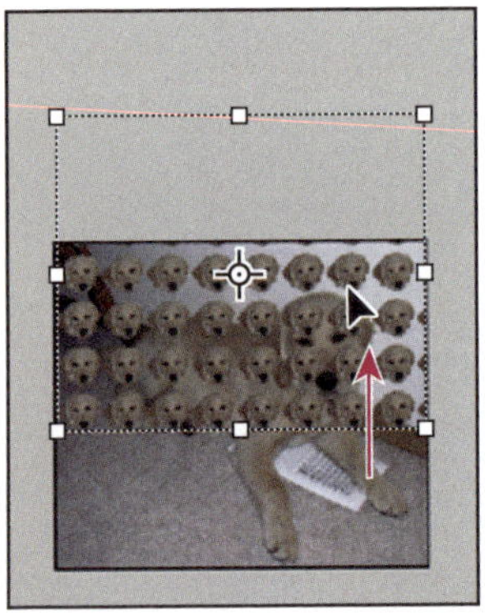

3 Wählen Sie **Bild: Transformieren: Verzerren**.

4 Ziehen Sie die Ecken von *Ebene 1* wie folgt:

- Ziehen Sie die untere linke Ecke nach oben, um sie ganz links im Bild direkt über der Fußleiste auszurichten.
- Ziehen Sie die obere rechte Ecke der Ebene nach unten in die obere rechte Bildecke.
- Ziehen Sie die obere linke Ecke etwas nach unten, um die Perspektive anzugleichen.

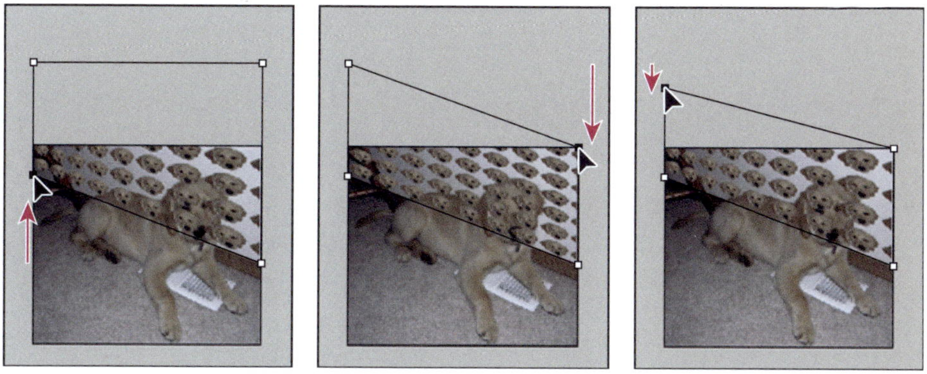

5 Wenn Sie mit der Form zufrieden sind, klicken Sie auf »Bestätigen« (✔) oder drücken Sie die Eingabetaste.

Das Muster hinter dem Hund platzieren

Die Musterebene liegt teilweise noch auf dem Hund, was natürlich störend ist. Deshalb bringen Sie das Muster jetzt als Tapete hinter den Hund.

1 Wählen Sie in der Ebenen-Palette die Hintergrundebene und wählen Sie **Ebene: Ebene duplizieren**. Klicken Sie auf OK, um den Standardnamen zu übernehmen.

Oder ziehen Sie die Miniatur der Hintergrundebene auf das Symbol »Neue Ebene erstellen« () in der Ebenen-Palette.

2 Ziehen Sie die neue Ebene *Hintergrund Kopie* im Ebenenstapel ganz nach oben – die beiden darunter liegenden Ebenen sind jetzt nicht mehr zu sehen.

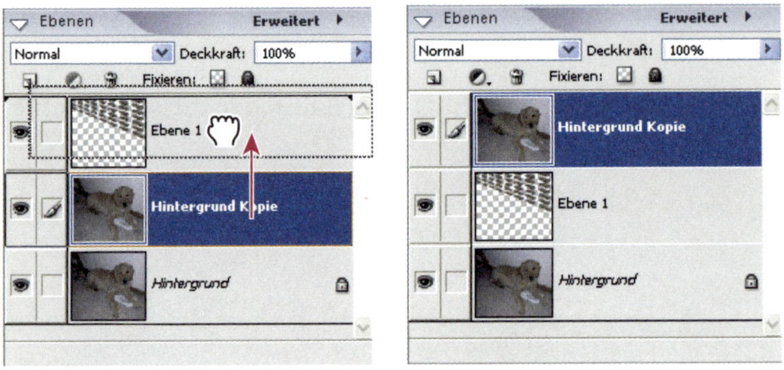

Sie können einzoomen, doch achten Sie darauf, dass die Wand vollständig zu sehen ist.

3 Wählen Sie den Zauberstab ( ) und stellen Sie in der Optionsleiste die Toleranz auf den Wert **32** ein. Die Option »Benachbart« ist aktiviert. Klicken Sie in die grauweiße Wand hinter dem Hund, um die Wand zumindest teilweise zu wählen.

4 Klicken Sie in der Optionsleiste auf »Der Auswahl hinzufügen« ( ). Der Zeiger des Zauberstabs im Bildfenster ist mit einem Pluszeichen versehen. Klicken Sie in den anderen Bereichen der Wand, bis diese vollständig gewählt ist. Dazu gehört auch der Bereich unter dem Stuhlbein.

5 Nachdem die Wand vollständig gewählt ist, drücken Sie die Entf.-Taste (oder wählen Sie **Bearbeiten: Löschen**), um die Wand in der Ebene *Hintergrund Kopie* zu löschen.

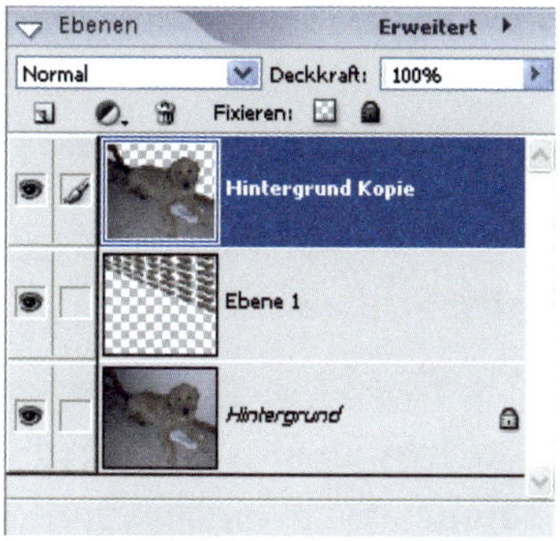

6 Wählen Sie **Auswahl: Auswahl aufheben** (oder drücken Sie Strg+D).

7 Wählen Sie **Datei: Speichern unter** und speichern Sie die Datei unter dem Namen **07_07_Arbeit** im Photoshop-Format im Ordner *Meine CIB-Arbeit*.

Damit ist die Arbeit am Bild selbst abgeschlossen. Bevor Sie diese Arbeitssitzung beenden, speichern Sie noch das Muster, um Zeit und Mühe bei eigenen Projekten zu sparen.

Muster in einer Musterbibliothek speichern

Da Sie ein eigenes Muster mit einigem Zeitaufwand erzeugt haben, sollten Sie es zur späteren Verwendung speichern.

1 Wählen Sie in der Werkzeug-Palette das Füllwerkzeug (), um die Optionsleiste mit den Musteroptionen anzuzeigen.

2 Öffnen Sie dic Muster-Palette. Klicken Sie auf den Pfeil, um das Palettenmenü zu öffnen, und wählen Sie die Option »Muster speichern«.

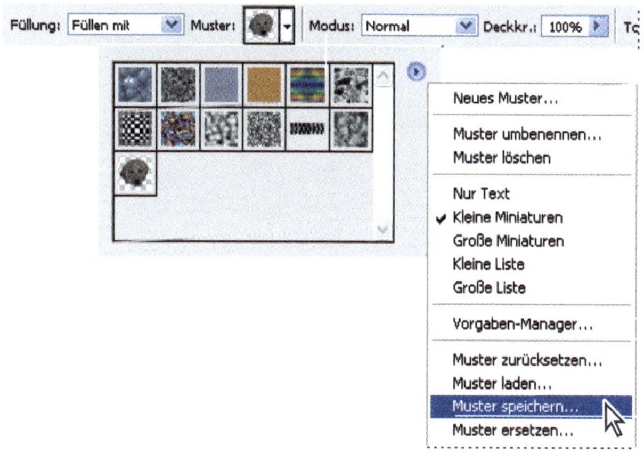

3 Geben Sie im Dialogfeld »Speichern« den Dateinamen **Eigene Muster** oder einen anderen Namen ein. Übernehmen Sie die Einträge unter »Speichern in« und »Format« (Ordner *Patterns* und Format »Muster (*.PAT)«).

4 Klicken Sie auf »Speichern«.

5 Wählen Sie **Datei: Schließen**.

Ihr eigenes Stella-Muster ist jetzt permanenter Programmbestandteil von Photoshop Elements. Auch wenn die diesem Projekt zugrunde liegende Idee ziemlich verrückt ist, könnten Sie in einem ähnlichen Prozess seriöse Geschäftsgrafiken erzeugen. Sie könnten beispielsweise ein Muster mit dem Firmenlogo oder dem vom Unternehmen angebotenen Produkt gestalten. Die vorliegende Art der Wiederholung lässt sich auch für Webseiten, Briefbögen oder andere Dokumente verwenden.

Sie haben erfolgreich ein weiteres Projekt fertig gestellt. Sie können jetzt eigene Muster erzeugen, speichern und schnell Bildern zuweisen. Sie haben außerdem eine Ebene verschoben und verzerrt, um sie als Tapete auf eine graue Wand aufzubringen.

Damit haben Sie nicht nur dieses Projekt beendet, sondern gleich auch die Lektion. Sie müssen nur noch Ihre Arbeitsdateien organisieren.

Die fertigen Dateien speichern und organisieren

Sie wissen aus den früheren Lektionen dieses Buchs, wie die letzte Phase einer Lektion aussieht. Sie versehen die Arbeitsdateien mit Tags, die bereits während des Speichers der Dateien dem Organizer hinzugefügt wurden (dank der Option »In Organizer aufnehmen« im Dialogfeld »Speichern unter«).

1 Klicken Sie im Photoshop Elements-Editor auf das Symbol »Fotobrowser« ( ), um in den Organizer zu gelangen. Falls über den Miniaturen »Alle Fotos anzeigen« zu sehen ist, klicken Sie auf diese Schaltfläche.

2 Wählen Sie **Suchen: Elemente ohne Tags**.

3 Wählen Sie **Bearbeiten: Alles auswählen** oder drücken Sie Strg+A, um alle Miniaturen auszuwählen.

4 Ziehen Sie das Tag »Arbeitsdateien« und dann das Tag »Lektion 7« auf die Miniaturen.

5 Klicken Sie auf die Schaltfläche »Alle Fotos anzeigen«, um den kompletten Katalog mit Miniaturen anzuzeigen.

Gute Arbeit! Damit haben Sie Lektion 7 komplett beendet.

Fragen

1 Werden die im Dialogfeld »Fotos drucken« zugewiesenen Rahmen permanenter Bestandteil der Bilddateien? Sind diese Rahmen für alle Druckarten verfügbar?

2 Nennen Sie zwei Quellen für Rahmenarten, bei denen die Rahmen in die Bilddatei eingebettet werden.

3 Nennen Sie den Unterschied zwischen dem Eigene-Form-Werkzeug und dem Ausstecher – und zwischen dem Ausstecher und dem Freistellungswerkzeug.

4 Worin unterscheiden sich Bildgröße und Skalieren?

Antworten

1 Nein. Die im Dialogfeld »Fotos drucken« hinzugefügten Rahmen werden nicht permanenter Bestandteil der Bilddatei. Deshalb kann man Bilder mal mit diesem und mal mit einem anderen Rahmen drucken. Diese Rahmen sind nur verfügbar, wenn im Dialogfeld unter »Abzugsart auswählen« die Option »Bildpaket« gewählt wird. Einzelne Abzüge, Kontaktbögen oder Etiketten lassen sich nicht mit diesen Rahmen drucken.

2 Rahmen stehen in der Palette »Stile und Effekte« zur Verfügung, sobald im ersten Popup-Menü die Option »Effekte« und im zweiten Popup-Menü die Option »Alle« oder »Rahmen« gewählt sind. Rahmen lassen sich auch mit dem Eigene-Form-Werkzeug erstellen. Dazu öffnen Sie in der Optionsleiste die Form-Palette, öffnen durch Klicken auf den Pfeil das Palettenmenü und wählen hier die Option »Rahmen«.

3 Es sind zwar alle Formen in Photoshop Elements sowohl für das Eigene-Form-Werkzeug als auch für den Ausstecher verfügbar, dennoch führen beide Werkzeuge zu unterschiedlichen Ergebnissen. Das Eigene-Form-Werkzeug zeichnet die gewählte Form auf einer neuen Ebene und versieht die Form mit der aktuellen Vordergrundfarbe. Der Ausstecher löscht alles auf der aktuellen Ebene, ausgenommen der Bereich innerhalb der Form. Andere Ebenen des Bildes werden nicht beeinflusst. Das Freistellungswerkzeug beeinflusst das komplette Bild und ändert die Größe der Arbeitsfläche, so dass in ihr nur ein Teil des Originalbildes enthalten ist. Das Freistellungswerkzeug beschneidet Bilder stets rechteckig.

4 Skalieren verändert nur die aktuell in der Ebenen-Palette gewählte Ebene. Die Bildgröße und andere Ebenen bleiben unverändert erhalten. Durch Ändern der Bildgröße werden entsprechend auch alle Ebenen in der Größe geändert.

Lektion 8

8 Mehrere Bilder kombinieren

Wenn Sie nicht nur einzelne Bilder reparieren bzw. retuschieren möchten, ist diese Lektion genau richtig für Sie, da Sie aus ganz normalen Fotos großartige grafische Kompositionen gestalten.

In dieser Lektion lernen Sie Folgendes:

- Kopien ausgewählter Bildbereiche in ein anderes Bild einfügen
- Den Arbeitsbereich eines Bildes skalieren
- Das Seitenverhältnis für das Freistellungswerkzeug bestimmen
- Eine Ebene skalieren
- Einen Verlauf von deckend bis transparent erzeugen
- Einen Beschneidungspfad einer Bildebene zuweisen
- Auf einer Ebene malen

Diese Lektion besteht aus vier unabhängigen Projekten, von denen einige weniger als 20 Minuten und andere bis zu 45 Minuten Zeitaufwand benötigen. Insgesamt sollten Sie für die komplette Lektion etwa anderthalb Stunden einplanen.

Vorbereitungen

Bevor Sie beginnen, achten Sie darauf, dass Ihr Arbeitsbereich aufgeräumt und für die Lektion eingerichtet ist.

1 Starten Sie Photoshop Elements 3.0 im Standardeditor-Modus.

2 Öffnen Sie den Paletten- und Fotobereich (sofern die Bereiche ausgeblendet sind), indem Sie auf die Pfeile (⏏) und (▮▸) rechts und links unten im Arbeitsbereich klicken. Oder wählen Sie den Befehl **Fenster: Palettenbereich** und **Fenster: Fotobereich** (die Befehle sind danach mit einem Häkchen versehen).

3 Prüfen Sie den Inhalt des Palettenbereichs und achten Sie darauf, dass die Paletten *Ebenen*, *Navigator*, *Stile und Effekte* sowie *Rückg.-Protokoll* vorhanden sind.

Hinweis: *Informationen zum Inhalt des Palettenbereichs finden Sie unter »Der Palettenbereich« auf Seite 74.*

Sie können mit jedem Projekt in dieser Lektion beginnen, da die Projekte unabhängig voneinander sind.

Wenn Sie nicht erst mit dieser Stelle des Buches starten, sollten Ihnen die vordefinierten Organizer-Tags (für die Lektionen und Projekte) vertraut sein. Außerdem wissen Sie, wie man mit dem Dateibrowser den Ordner *Lektion 8* wählt und dann Dateien öffnet. Ansonsten sollten Sie in Lektion 2 nachschlagen. Die vorliegende Lektion benötigt einige Dateistrukturen, individuelle Tags und Fähigkeiten, die in den Lektionen 1 und 2 behandelt wurden.

Projekt 1: Aus einem Bild in ein anderes kopieren

Mit den bereits vertrauten Befehlen »Kopieren« und »Einfügen« lassen sich überraschend einfach Teile eines Bildes mit einem anderen Bild kombinieren. Sie sollen in diesem kleinen Projekt ein Feuerwerk spektakulärer gestalten, indem Sie sich Explosionen aus anderen Fotos »ausleihen« und in Ihre Arbeitsdatei einfügen.

1 Suchen und öffnen Sie im Dateibrowser oder Organizer die Dateien *08_01a.jpg* , *08_01b.jpg* und *08_01c.jpg* (drei Fotos mit Feuerwerk) im Standardeditor.

2 Wählen Sie in der Werkzeug-Palette das Lasso (🗨) und im Fotobereich die Miniatur *08_01b.jpg* , um diese Datei im Bildfenster zu aktivieren.

Hinweis: *Sie können auch die Auswahlellipse statt des Lassos zum Erstellen von Auswahlbereichen wählen. In diesem Fall müssen Sie eventuell auszoomen oder die Auswahlform um die Explosion ziehen.*

3 Ziehen Sie mit dem Lasso um die Explosion im Bild. Ziehen Sie die Auswahl ziemlich eng um die Explosion (auf Präzision kommt es jetzt aber nicht an).

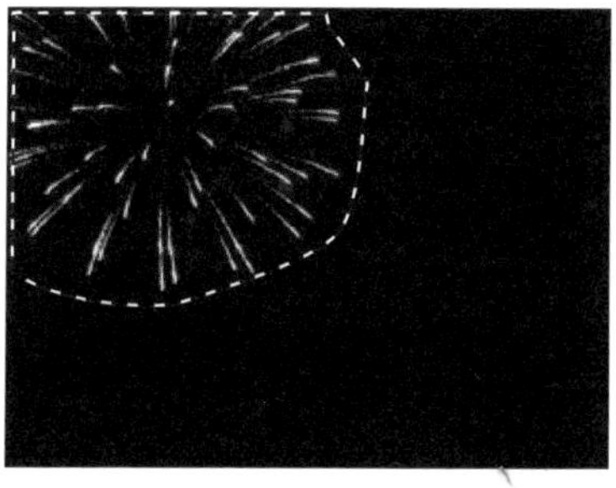

(Falls erforderlich, klicken Sie in der Optionsleiste auf »Der Auswahl hinzufügen« ( ) oder auf »Von der Auswahl subtrahieren« ( ) und ziehen Sie dann um die kleinen Bereiche, die Sie der ersten Auswahl hinzufügen oder von ihr subtrahieren möchten.)

4 Wählen Sie **Bearbeiten: Kopieren** oder drücken Sie Strg+C.

5 Wählen Sie im Fotobereich die Miniatur *08_01a.jpg*, um die Datei im Bildfenster zu aktivieren, und wählen Sie **Bearbeiten: Einfügen** bzw. Strg+V.

6 Benutzen Sie das Verschieben-Werkzeug ( ), um die eingefügte Ebene so zu skalieren und zu drehen, dass auch die Explosionen auf der darunter liegenden Ebene zu sehen sind. Klicken Sie dann in der Optionsleiste auf »Bestätigen« (✔).

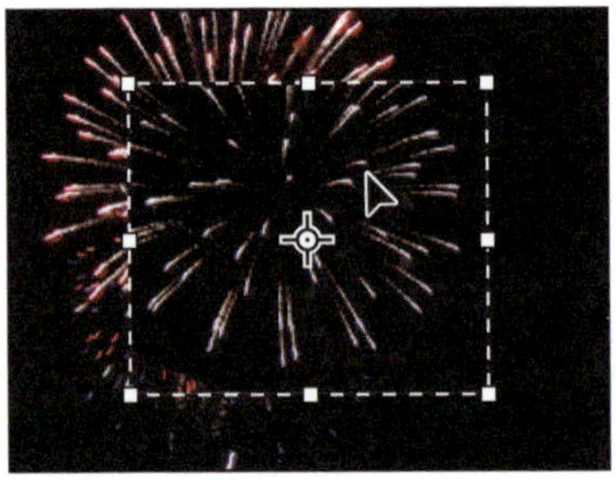

7 Wählen Sie im Fotobereich die Miniatur *08_01c.jpg* und wiederholen Sie die Schritte 3 bis 6.

Probieren Sie Folgendes: Halten Sie die Alt-Taste gedrückt und ziehen Sie mit dem Verschieben-Werkzeug, um eine Auswahl auf einer Ebene gleichzeitig zu duplizieren und zu verschieben. Auf diese Weise wurde die Explosion in der unteren linken Ecke der letzten Abbildung erzeugt. Anschließend wurde diese neu duplizierte Ebene gedreht und größenmäßig verändert.

8 Speichern Sie Ihre Arbeit (**Datei: Speichern**) im Photoshop-Format mit der Bezeichnung **08_01_Arbeit** im Ordner *Meine CIB-Arbeit*. Schließen Sie dann die Datei.

Ziemlich einfach, oder? Damit ist das Projekt abgeschlossen. Schließen Sie deshalb alle Dateien, ohne die Änderungen zu speichern.

Projekt 2: Mehrere Fotos in einer Datei platzieren

Es gibt durchaus Gelegenheiten, in denen Sie verschiedene Fotos nebeneinander in einer einzigen Datei zeigen möchten. Sie könnten beispielsweise Detailfotos eines Artikels für eine Online-Auktion oder die eigene Webseite in einem einzelnen Foto zusammenfassen.

Die Fotos für dieses Projekt entstanden während eines Abenteuer-Trips auf einem Fluss: Ein Foto zeigt die großartige landschaftliche Umgebung, während das andere Foto die Aktion auf dem Wasser zeigt.

Kompatibilität von Dateien prüfen

Wenn Sie Bilder kombinieren, sollten Sie auf gleiche Größen und Auflösungen achten. Gibt es hier Unterschiede, müssten Sie zusätzliche Schritte ausführen oder mit schlechten Ergebnissen rechnen. Diesmal suchen und öffnen Sie die Projektdateien nicht im Organizer.

1 Wählen Sie im Standardeditor **Datei: Ordner durchsuchen**, um den Dateibrowser zu öffnen.

2 Achten Sie im Dateibrowser darauf, dass die Register für die Ordner-, Vorschau- und Metadaten-Paletten zu sehen sind.

- Falls keine Paletten zu sehen sind, klicken Sie in der unteren linken Ecke auf »Erweiterte Ansicht einblenden/ausblenden« (◂|▸).

- Wenn die Ordner- und Metadaten-Paletten reduziert bzw. zusammengeklappt sind, doppelklicken Sie auf die entsprechenden Register, um die Paletten zu erweitern bzw. aufzuklappen.

3 Suchen und wählen Sie in der Ordner-Palette den Ordner *Lektion08*.

4 Klicken Sie einmal auf das Bild bzw. die Datei *08_02a.jpg* (das Landschaftsbild mit der Schlucht). Notieren Sie sich die folgenden Werte in der Metadaten-Palette:

- Breite (Pixel)
- Höhe (Pixel)
- Auflösung (Pixel pro Zoll)

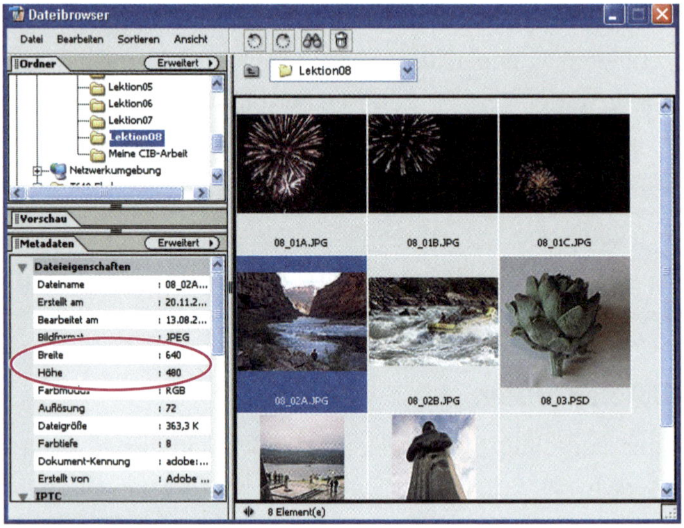

5 Wählen Sie die Datei *08_02b.jpg* (Fluss mit dem Schlauchboot) und notieren Sie sich die Metadaten-Werte für dieses Bild.

Zum Glück haben beide Bilder die gleiche Auflösung, was weniger Arbeit für Sie bedeutet. Die Breite der Bilder ist identisch, doch die Höhe ist unterschiedlich.

6 Klicken Sie mit gedrückter Strg-Taste, um die Miniaturen der beiden Bilder zu wählen. Öffnen Sie dann beide Bilder gleichzeitig über eine der folgenden Aktionen:

- Wählen Sie im Dateibrowser **Datei: Öffnen**.
- Klicken Sie mit der rechten Maustaste auf eine der gewählten Miniaturen und wählen Sie aus dem Kontextmenü den Befehl **Öffnen**. Schließen Sie den Dateibrowser (**Fenster: Dateibrowser**).

Hinweis: *Weitere Informationen über Bildauflösung und Ändern der Bildauflösung finden Sie in der* Photoshop Elements 3.0 Hilfe.

Größen durch Freistellen anpassen

Sie haben festgestellt, dass die beiden Bilder die gleiche Auflösung und Breite besitzen, aber die Höhen unterschiedlich sind. Warum? Das eine Bild entstammt einer digitalen Kamera, während es sich bei dem anderen Bild um einen gescannten Fotoabzug handelt.

Sie können jetzt unter drei Möglichkeiten wählen:
1.) Sie lassen die Bilder so, wie sie sind. 2.) Sie beschneiden das größere Foto auf die Höhe des größeren Bildes. 3.) Sie verkleinern das größere Foto auf die Höhe des kleineren Bildes. Auch hier beschneiden Sie das Foto bzw. stellen es frei auf das Maß 640 x 428 Pixel.

1 Wählen Sie im Fotobereich die Miniatur *08_02a.jpg*.

2 Wählen Sie in der Werkzeug-Palette das Freistellungswerkzeug (⊄).

3 Geben Sie in der Optionsleiste für die Breite **640 Px** und für die Höhe **428 Px** ein (die Maßeinheit *Px* bitte nicht vergessen). Falls eine Fehlermeldung wegen der Maße erscheint, klicken Sie auf OK und tippen Sie die Werte erneut ein.

Hinweis: *Die Maßeinheit für Breite und Höhe ist standardmäßig auf cm eingestellt. Deshalb ist es wichtig, dass Sie jedes Mal* **Px** *zusammen mit dem Wert eingeben. Ansonsten würde Photoshop Elements versuchen, ein über sechs Meter breites Bild zu erzeugen, was zu ernsthaften Speicherproblemen führen bzw. das Programm zum Absturz bringen kann.*

4 Ziehen Sie im Bildfenster das Freistellungswerkzeug diagonal über das Bild.

5 Ziehen Sie die Eckanfasser, um möglichst viel vom Bild in die Begrenzung aufzunehmen (die Begrenzung muss sich jedoch innerhalb des Bildbereichs befinden).

Unabhängig davon, wie Sie ziehen, bleiben die Proportionen des Freistellungsbereichs erhalten. Grund dafür sind die in Schritt 3 eingegebenen Relationen.

6 Weisen Sie die Freistellung mit einem der folgenden Schritte zu:

- Doppelklicken Sie im Bildfenster.
- Klicken Sie in der Optionsleiste auf »Bestätigen« (✔).
- Wählen Sie **Bild: Freistellen**.
- Doppelklicken Sie in der Werkzeug-Palette auf das Freistellungswerkzeug (⌗) und klicken Sie im danach angezeigten Meldungsfenster auf »Freistellen«.

7 Klicken Sie in der Optionsleiste auf »Löschen«.

Klicken auf die Schaltfläche »Löschen« setzt das Freistellungswerkzeug zurück, das heißt, die in Schritt 3 eingegebenen Werte werden entfernt. Ansonsten gelten die Werte auch für nachfolgende Arbeitssitzungen, unabhängig davon, welche Bilddatei aktiv ist.

Konstante Freistellungsmaße sind hilfreich, wenn Sie für bestimmte Arbeiten gleich große Bilder erstellen möchten. Diese feste Einstellung kann aber auch frustrierend sein, wenn Sie nicht daran denken und versuchen, eine Freistellung mit einem anderen Seitenverhältnis zu ziehen.

Bilder kombinieren und Größe der Arbeitsfläche ändern

Die Bilder haben jetzt die gleiche Größe und Auflösung. Damit haben Sie die Voraussetzung geschaffen, um beide Bilder in einer Datei zu platzieren.

1 Ordnen Sie die beiden Bildfenster so an, dass Sie beide Bilder zumindest teilweise sehen.

2 Wählen Sie das Verschieben-Werkzeug (▶✥).

3 Ziehen Sie mit gedrückter Umschalttaste das Bild mit dem Schlauchboot (*08_02b.jpg*) in das Bildfenster mit der Schlucht (*08_02a.jpg*). Lassen Sie anschließend erst die Maustaste und dann die Umschalttaste los. Schließen Sie jetzt die Datei *08_02b.jpg* (Schlauchboot).

Sie erkennen in der Ebenen-Palette, dass die Fotos in eigenen Ebenen gestapelt sind. Dabei ist nur *Ebene 1* mit dem Schlauchboot sichtbar.

4 Wählen Sie **Bild: Skalieren: Arbeitsfläche**.

5 Nehmen Sie im Dialogfeld »Arbeitsfläche« die folgenden Einstellungen vor:

- Wählen Sie im Diagramm »Position« das mittlere Quadrat in der linken Spalte.

- Aktivieren Sie die Option »Relativ« (um die Arbeitsflächengröße entsprechend den von Ihnen eingegebenen Werten für Breite und Höhe zu ändern).
- Geben Sie in das Feld »Breite« den Wert **100** ein und wählen Sie die Maßeinheit »Prozent«.
- Klicken Sie auf OK.

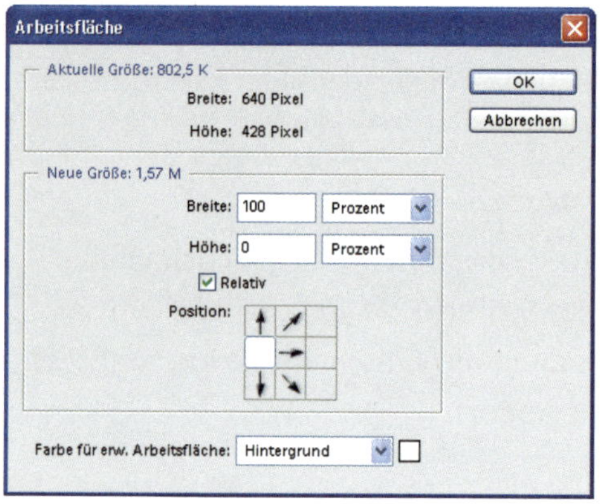

6 Halten Sie die Umschalttaste gedrückt und ziehen Sie *Ebene 1* so weit nach rechts, bis die Ränder an denen der Arbeitsfläche ausgerichtet sind. (Eventuell müssen Sie vorher auszoomen.)

Das Ziehen mit gedrückter Umschalttaste bewirkt, dass die Bewegung eingeschränkt ist, das heißt, die vertikale Position der Ebene kann sich nicht ändern.

7 Wählen Sie **Datei: Speichern unter**. Benennen Sie das Bild mit **08_02_Arbeit** und speichern Sie es im Photoshop-Format im Ordner *Meine CIB-Arbeit*. Lassen Sie die Datei noch geöffnet.

Datei mit JPEG-Komprimierung speichern

JPEG ist die ideale Komprimierungsmethode für Pixelbilder wie Fotos. Die Größe der aktuellen PSD-Datei beträgt fast 3 Mbyte. Deshalb prüfen Sie nun, ob sich Speicherplatz einsparen lässt, indem Sie die Datei im JPEG-Format speichern.

1 Wählen Sie **Datei: Speichern unter**.

2 Wählen Sie im Dialogfeld »Speichern unter« und aus dem Popup-Menü »Format« die Option »JPEG«. (Sie brauchen den Dateinamen und den Speicherort nicht zu ändern.) Klicken Sie auf »Speichern«.

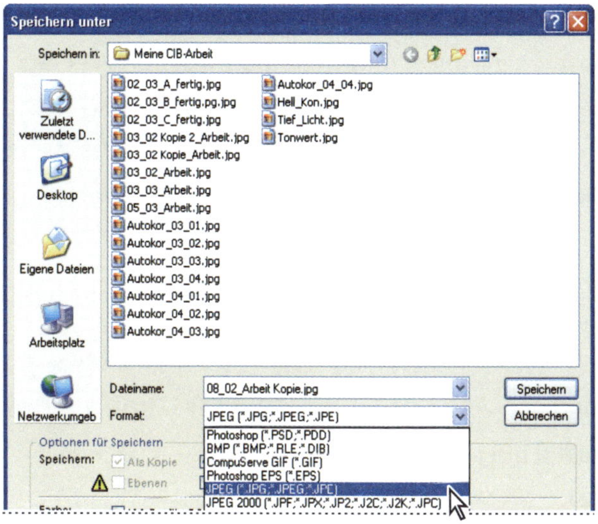

3 Es erscheint das Dialogfeld »JPEG-Optionen«. Stellen Sie die Qualität auf 12 (*Maximal*, *Große Datei*) ein. Beachten Sie die neue Dateigröße, die im Bereich »Größe« zu sehen ist. Klicken Sie noch nicht auf OK.

4 Probieren Sie unterschiedliche Qualitätseinstellungen aus und beachten Sie Änderungen der Dateigröße und der Bildqualität im Bildfenster (die Vorschau-Option ist aktiviert). Klicken Sie auf OK, um die Datei in der von Ihnen gewünschten Qualitätsstufe zu speichern.

Hinweis: *Eventuell lassen sich bei der aktuell eingestellten Vergrößerung die Änderungen der Bildqualität nur schwer erkennen. Klicken Sie im Dialogfeld »JPEG-Optionen« auf »Abbrechen« und vergrößern Sie dann das Bild so, dass auch die feinsten Details zu sehen sind. Beginnen Sie anschließend wieder mit Schritt 1.*

5 Wählen Sie **Datei: Ordner durchsuchen** und wählen Sie in der Ordner-Palette den Ordner *Meine CIB-Arbeit*.

6 Wählen Sie die Miniatur *08_02_Arbeit.psd* (ohne die Datei zu öffnen) und beachten Sie in der Metadaten-Palette die Dateigröße. Wählen Sie anschließend die Miniatur *08_02_Arbeit Kopie.jpg* und vergleichen Sie die Dateigröße mit der PSD-Version der Datei.

7 Wählen Sie **Datei: Schließen** oder **Datei: Alle schließen**, wenn noch mehrere Dateien geöffnet sind.

Selbst mit der höchsten Qualität reduziert die Konvertierung in das JPEG-Format drastisch die Dateigröße, ohne die Bildqualität auf dem Monitor sichtbar zu ändern.

Projekt 3: Bereiche mit Bildebenen löschen

Sie beginnen dieses Projekt mit einer Photoshop-PSD-Datei, die wir bereits für Sie vorbereitet haben. Die Datei enthält vier Ebenen mit Fotos, wobei jede Ebene die Ansicht der darunter liegenden Ebene sperrt. Sie sollen nun in jeder Ebene löschen (bzw. in die Ebene »Löcher« schneiden), um Teile der darunter befindlichen Ebene durchscheinen zu lassen. Am Ende verfügen Sie über eine Collage mit Früchten und Gemüse in einem gleichmäßig unterteilten Bild.

Es gibt unterschiedliche Möglichkeiten, um zu löschen. Eine ist der Radiergummi, bei dem gelöschte Bereiche durch die Hintergrundfarbe ersetzt werden (so, als würden Sie Bleistiftstriche mit einem richtigen Radiergummi entfernen und dann wieder das Papier darunter sehen). Eine andere Möglichkeit ist der Hintergrund-Radiergummi, der die gelöschten Bereiche durch transparente Pixel ersetzt – so, als würden Sie nasse Farbe von einer Glasoberfläche wegwischen. In beiden Fällen müssen Sie mit dem Radiergummi über den Bereich ziehen, den Sie entfernen möchten.

Sie löschen in diesem Projekt, indem Sie komplette Bereiche auf den verschiedenen Ebenen wählen und dann löschen. So lassen sich ganz einfach scharfe und genaue Begrenzungen zwischen den vier Vierteln des fertigen Bildes anlegen.

Raster für genaue Auswahl einrichten

Lineale und Raster sind die grundlegende Voraussetzung für ein genaues Arbeiten.

1 Öffnen Sie im Dateibrowser oder Organizer die Datei *08_03.psd* (eine Artischocke).

2 Wählen Sie **Ansicht: Lineale** und dann **Ansicht: Raster**.

3 Achten Sie im Ansicht-Menü darauf, dass der Befehl »Am Raster ausrichten« gewählt bzw. mit einem Häkchen versehen ist.

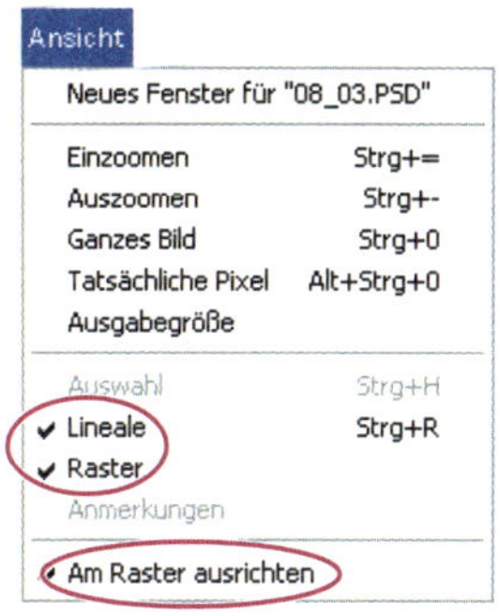

4 Wählen Sie **Bearbeiten: Voreinstellungen: Raster** und wählen Sie Folgendes:

- Geben Sie in das Feld »Abstand« den Wert **25,4** ein und wählen Sie im Popup-Menü die Maßeinheit »mm«. (Der ungerade Wert ergibt sich durch Umrechnen der im Zoll-Format angelegten Originaldatei.)

- Geben Sie in das Feld »Unterteilungen« den Wert **4** ein.
- Klicken Sie auf OK, um das Dialogfeld »Voreinstellungen« zu schließen.

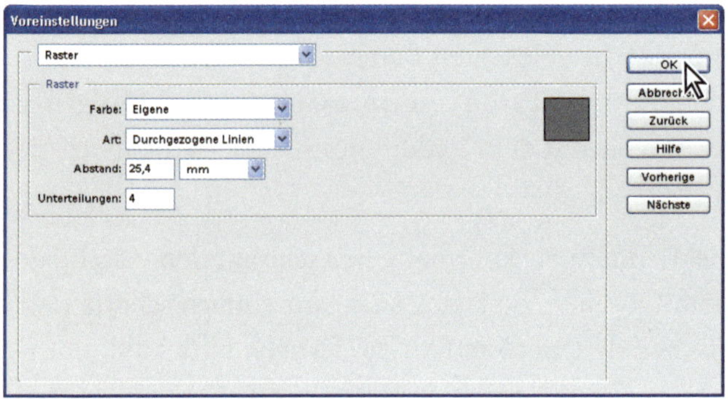

5 Ziehen Sie im Bildfenster den Nullpunkt (das Eckfeld, in dem sich die beiden Lineale schneiden) so in die Bildmitte, dass der Punkt etwa an der 31-mm-Marke auf beiden Linealen einrastet.

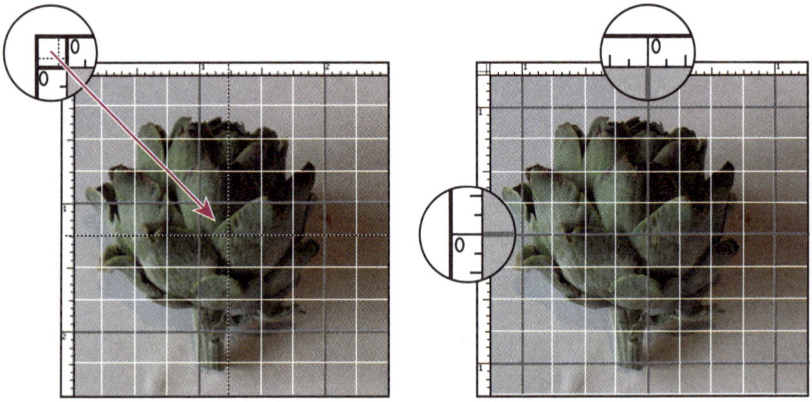

Die Nullposition beider Lineale ist jetzt auf die Bildmitte eingestellt.

6 Wählen Sie **Datei: Speichern unter**. Benennen Sie die Datei mit **08_03_Arbeit.psd** und speichern Sie sie im Ordner *Meine CIB-Arbeit*.

Teil der oberen Ebene löschen

Die PSD-Datei besteht aus vier Ebenen, die durch Ziehen verschiedener Bilder in diese Datei entstanden sind. Da die oberste Ebene über den kompletten Bildbereich geht, sehen Sie nur diese Ebene, es sei denn, Sie wählen eine andere Ebene bzw. Ebenenminiatur.

1 Wählen Sie in der Ebenen-Palette die oberste *Ebene 3* mit der Artischocke.

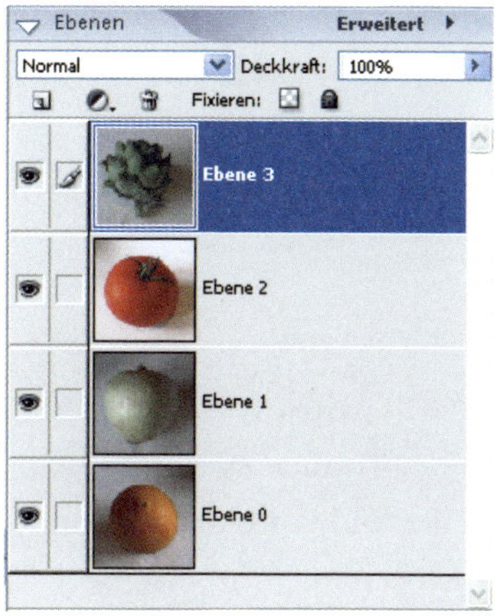

2 Wählen Sie in der Werkzeug-Palette das Auswahlrechteck (⬚).

3 Ziehen Sie von der Bildmitte (vom Nullpunkt) nach oben links, bis die Auswahlbegrenzung an der Bildecke einrastet.

4 Kehren Sie die Auswahl um (wählen Sie **Auswahl: Auswahl umkehren** (oder drücken Sie Strg+Umschalt+I).

Jetzt ist alles gewählt, ausgenommen das zuvor in *Ebene 3* gewählte obere linke Viertel, das damit geschützt ist.

5 Wählen Sie **Bearbeiten: Löschen** oder drücken Sie die Entf.-Taste.

Heben Sie die Auswahl noch nicht auf.

Bildteile in den unteren Ebenen löschen

Indem Sie drei Viertel der Artischocken-Ebene (*Ebene 3*) gelöscht haben, sind jetzt drei Viertel der darunter liegenden *Ebene 2* mit der Tomate zu sehen. Sie legen jetzt noch den Bereich der Ebene mit der Zwiebel und der Orange frei, indem Sie ähnlich wie zuvor bestimmte Bildbereiche löschen.

Achten Sie darauf, dass die Auswahl in der *Ebene 3* weiterhin aktiv ist und dass das Auswahlrechteck (⬚) gewählt ist.

1 Klicken Sie in der Ebenen-Palette auf das Augensymbol (👁) der *Ebene 3* (mit der Artischocke), um diese Ebene auszublenden. Wählen Sie dann *Ebene 2* (mit der Tomate).

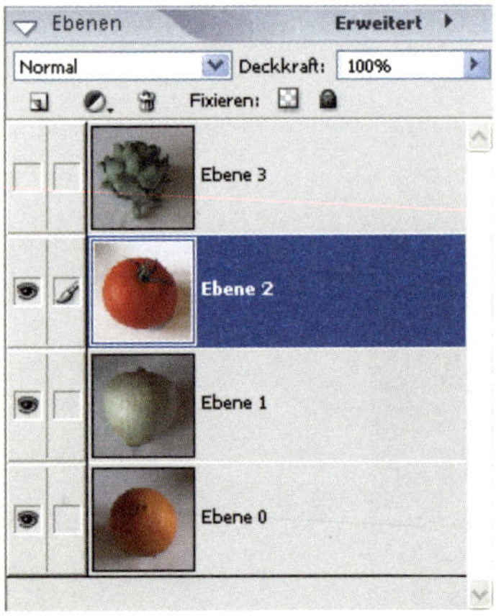

Hinweis: *Ebene 3 muss nicht unbedingt ausgeblendet werden, obwohl dadurch die Ansicht im nächsten Schritt vereinfacht wird.*

2 Wählen Sie **Auswahl: Auswahl umkehren**, so dass nur das obere linke Viertel gewählt ist. Das Auswahlrechteck ist gewählt. Setzen Sie den Zeiger in die Auswahl und ziehen Sie nach rechts, bis der gewählte Bereich an der oberen rechten Ecke des Bildfensters einrastet.

Hinweis: *Der Tastaturbefehl für die Umkehr einer Auswahl ist Strg+Umschalt+I. Da Sie in den folgenden Schritten mehrmals eine Auswahl umkehren müssen, sollten Sie sich diesen Tastaturbefehl einprägen.*

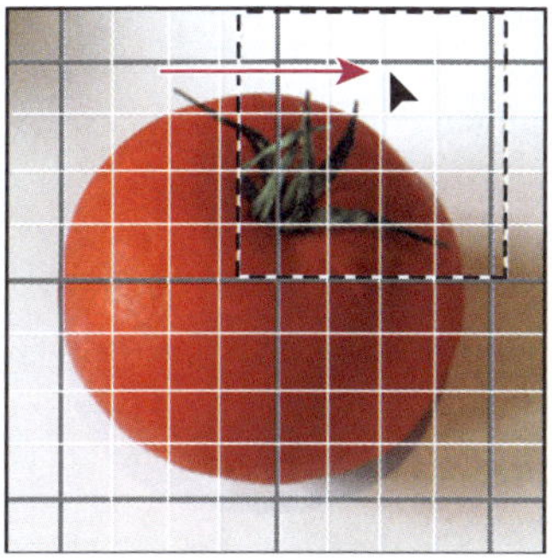

3 Kehren Sie die Auswahl um (**Auswahl: Auswahl umkehren** oder Strg+Umschalt+I), um drei Viertel der Tomate zu wählen. Drücken Sie dann die Entf.-Taste (oder wählen Sie **Bearbeiten: Löschen**), um drei Viertel der darunter liegenden Zwiebel freizulegen.

4 Klicken Sie in der Ebenen-Palette auf das Augensymbol der *Ebene 2* (das Tomatenviertel), um die Ebene auszublenden.

5 Wiederholen Sie diesen Vorgang, um alle Viertel bis auf das untere linke der Ebene mit der Zwiebel zu löschen:

- Wählen Sie *Ebene 1*.
- Kehren Sie die Auswahl um und ziehen Sie sie in das untere linke Viertel. Kehren Sie die Auswahl erneut um.
- Drücken Sie die Entf.-Taste.

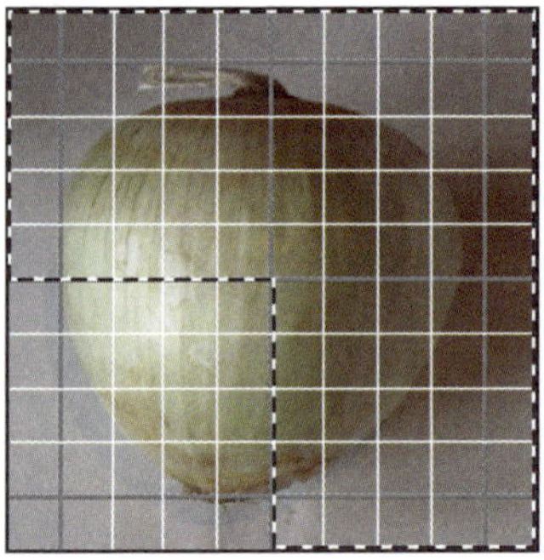

6 Wählen Sie **Ansicht: Am Raster ausrichten**, um diese Option zu deaktivieren.

Hinweis: *Die Option »Am Raster ausrichten« kann bei anderen Arbeiten stören, besonders, wenn Sie Bereiche wählen, die nicht mit dem Raster übereinstimmen.*

Das Projekt fertig stellen und speichern

Damit haben Sie das Löschen abgeschlossen und Sie sollten sich nun das Gesamtergebnis ansehen. Dann speichern Sie Ihre Arbeit zweimal, d.h. als Arbeitsdatei und als JPEG-Datei.

1 Wählen Sie **Ansicht: Lineale** und dann **Ansicht: Raster**, um auch diese Ansichtsoptionen wieder auszuschalten.

2 Klicken Sie in der Ebenen-Palette, um alle vier Ebenen wieder mit einem Augensymbol zu versehen und sie so anzuzeigen.

Da Sie die Auswahlbereiche mit Hilfe des Rasters und den Linealen präzise ausgerichtet hatten, sind im fertigen Bild weder Lücken zwischen den Vierteln noch ungleichmäßige Ränder vorhanden.

3 Wählen Sie **Datei: Speichern**. (Sie speichern so die aktuellsten Änderungen in der Datei *08_03_Arbeit.psd* innerhalb des Ordners *Meine CIB-Arbeit*.)

4 Wählen Sie **Datei: Speichern unter**.

5 Wählen Sie im Dialogfeld »Speichern unter« das Dateiformat *JPEG* und klicken Sie auf »Speichern«. (Sie müssen weder den Dateinamen noch den Speicherort ändern.)

6 Stellen Sie im Dialogfeld »JPEG-Optionen« die Qualität auf **12** ein. (Beachten Sie die Information über die Dateigröße, bevor Sie auf OK klicken.)

7 Schließen Sie die Datei.

Das JPEG-Format unterstützt keine Ebenen, das heißt, in der JPEG-Version des Bildes sind alle Ebenen auf eine Ebene reduziert.

Glückwunsch! Sie haben dieses Projekt erfolgreich fertig gestellt.

Wie könnten Sie dieses Projekt auf andere Weise bewerkstelligen? Wenn Sie dabei an den Ausstecher denken, liegen Sie richtig. Dieses Werkzeug hat die Option für eine quadratische Form, mit der Sie in Verbindung mit dem Raster und den Linealen die Viertel direkt ausschneiden können, anstatt die Auswahlbereiche jedes Mal umkehren und löschen zu müssen. Sie finden ein anderes Beispiel für die Verwendung des Ausstechers unter »Projekt 4: Rahmen mit dem Eigene-Form-Werkzeug anlegen« auf Seite 265.

Projekt 4: Verlaufender Beschneidungspfad

Die Arbeit mit digitaler Grafik fordert ständig das Abwägen zwischen Flexibilität und Dateigröße. Flexibilität heißt, jederzeit zurückgehen und das Werk überarbeiten zu können. Im vorherigen Projekt war eine möglichst geringe Dateigröße die Zielsetzung. Wenn Sie aber in der Datei zurückgehen möchten, um beispielsweise die Positionen der Viertel mit der Artischocke und der Tomate zu verändern, müssten Sie von vorne beginnen, da diese Pixel in der fertigen Arbeitsdatei (auch in der PSD-Datei) nicht mehr vorhanden sind.

In diesem Projekt hat Flexibilität erste Priorität. Sie weisen eine Ebene mit einem Beschneidungspfad zu, um ein Bild mit einem anderen zu kombinieren. Die fertige Arbeitsdatei enthält dann alle ursprünglichen Pixelinformationen, so dass Sie später jederzeit zurückgehen und Änderungen vornehmen können.

Die Bildebenen anordnen

Ein Beschneidungspfad ist eine Ebene, die quasi als Ausschneide-Ebene für eine andere Ebene dient. Text kann beispielsweise ein Beschneidungspfad sein, so als würden Sie ein Bild auf den Text kleben und alle Bildteile, die nicht auf den Buchstaben liegen, ausblenden. Alle transparenten Teile in einer Beschneidungspfad-Ebene erzeugen auch Transparenz in der Bildebene.

Sie kombinieren in diesem Projekt zwei Ansichten eines Denkmals. Dabei lassen Sie das Foto des Denkmals stufenlos in das Bild des Platzes einblenden. Der Platz ist dann eine Art von Rahmen für das Denkmal. Wie erzeugt man einen derartigen Übergang? Indem man mit einem Beschneidungspfad arbeitet, der sich stufenlos von voll deckenden in voll transparente Pixel ändert.

1 Öffnen Sie im Dateibrowser oder Organizer die Dateien *08_04a.jpg* und *08_04b.jpg* mit dem Platz und dem Denkmal.

2 Ordnen Sie die beiden Bildfenster so an, dass beide Bilder zumindest teilweise zu sehen sind (oder wählen Sie **Fenster: Bilder: Nebeneinander**).

3 Wählen Sie das Verschieben-Werkzeug (▸✥). Drücken Sie dann die Umschalttaste und ziehen Sie aus dem Bild mit dem Denkmal (*08_04b.jpg*) in das Bild mit dem Platz (*08_04a.jpg*). Lassen Sie die Maustaste los, sobald das Platz-Bild mit einer dunklen Umrandung versehen ist. Lassen Sie jetzt auch die Umschalttaste los.

4 Schließen Sie die Datei *08_04b.jpg*, ohne sie zu speichern.

5 Wählen Sie in der Ebenen-Palette *Ebene 1* (das Denkmal). Wählen Sie dann **Bild: Skalieren: Skalieren**.

6 Geben Sie in der Optionsleiste **65%** für die Breite (B) ein und klicken Sie auf das Symbol »Seitenverhältnis erhalten« ( ), um auch die Höhe mit dem gleichen Prozentwert zu skalieren.

7 Klicken Sie in der Optionsleiste auf »Bestätigen« (✓), um die Änderungen zu übernehmen.

Arbeitsdateien mit gespeicherter Auswahl einrichten

Sie erstellen zwei Versionen dieses Projekts, die beide die gleiche Auswahl benötigen. Diese Auswahl erzeugen Sie nur einmal und kopieren anschließend die Datei, um Zeit und Mühe zu sparen.

1 Klicken Sie in der Ebenen-Palette auf das Augensymbol ( ) der Hintergrundebene, um sie auszublenden. Lassen Sie *Ebene 1* (mit dem Denkmal) gewählt.

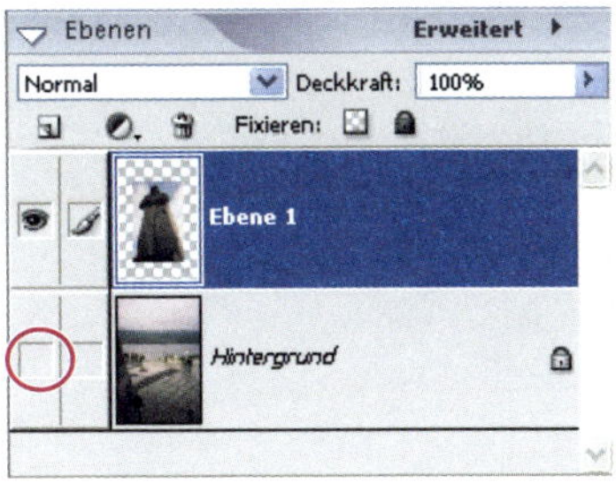

2 Wählen Sie den Zauberstab ( ) und klicken Sie auf den transparenten Bereich (das Schachbrettmuster) im Bild. Wählen Sie anschließend **Auswahl: Auswahl umkehren** oder drücken Sie Strg+Umschalt+I.

Die Auswahl enthält jetzt nur noch den sichtbaren Teil der Ebene.

3 Wählen Sie **Auswahl: Auswahl speichern**, benennen Sie die Auswahl mit **Denkmal** und klicken Sie dann auf OK.

4 Klicken Sie in der Ebenen-Palette auf das Symbol »Neue Ebene erstellen« ( ) für die neue leere *Ebene 2*.

5 Wählen Sie **Datei: Duplizieren** und übernehmen Sie den vorgegebenen Namen (*08_04a Kopie*), indem Sie im Dialogfeld auf OK klicken.

6 Minimieren Sie die Dateikopie (klicken Sie ganz rechts in der Titelleiste des Bildfensters auf die Minimieren-Schaltfläche) und aktivieren Sie die Originaldatei (*08_04a.jpg*).

Sie haben jetzt beide Versionen des Projektes eingerichtet.

Eine Ebene mit Verlauf hinzufügen

Sie haben bereits in früheren Lektionen mit Verläufen gearbeitet, wie bei dem Himmel in Lektion 6. In jenem Fall war die Farbwahl für den Verlauf wichtig. Im vorliegenden Projekt zählt dagegen nur die Transparenz bzw. Deckkraft des Verlaufs.

1 Blenden Sie *Ebene 1* (das Denkmal) durch Klicken auf das Augensymbol ( ) aus. Da die Hintergrundebene ebenfalls ausgeblendet ist, sehen Sie nur die

Auswahlbegrenzung und das Schachbrettmuster als Hinweis auf Transparenz.

***Hinweis:** Falls die Auswahl nicht mehr aktiv ist, wählen Sie **Auswahl: Auswahl laden**. Klicken Sie im Dialogfeld auf OK, um die Auswahl* Denkmal *zu laden.*

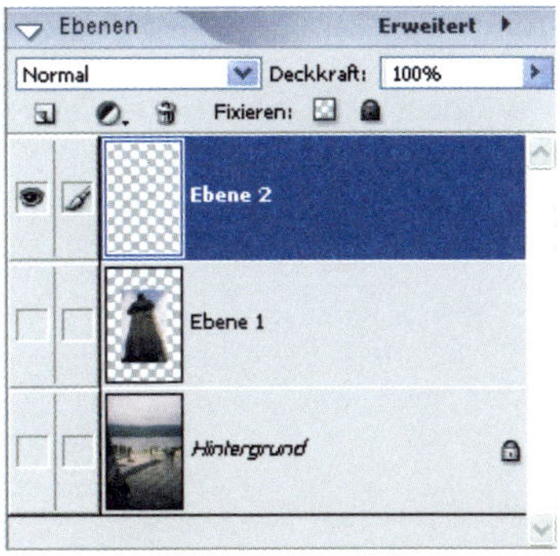

2 Wählen Sie in der Werkzeug-Palette das Verlaufswerkzeug ( ) und klicken Sie dann auf das Symbol »Standardfarben für Vordergrund und Hintergrund« (oder drücken Sie die Taste D).

3 Klicken Sie in der Optionsleiste auf den Pfeil, um die Auswahlliste für Verläufe zu öffnen. Wählen Sie die Miniatur »Vordergrund-Transparent«. Klicken Sie außerhalb der Liste, um sie zu schließen.

4 Achten Sie auf die folgenden anderen Einstellungen in der Optionsleiste:

- Linearer Verlauf (■)
- Normal für »Modus«
- 100% für »Deckkraft«
- Transparenz (aktiviert)

5 Ziehen Sie das Verlaufswerkzeug senkrecht, etwas unterhalb der oberen Auswahlbegrenzung beginnend, mindestens drei Viertel der Strecke bis zur unteren Auswahlbegrenzung.

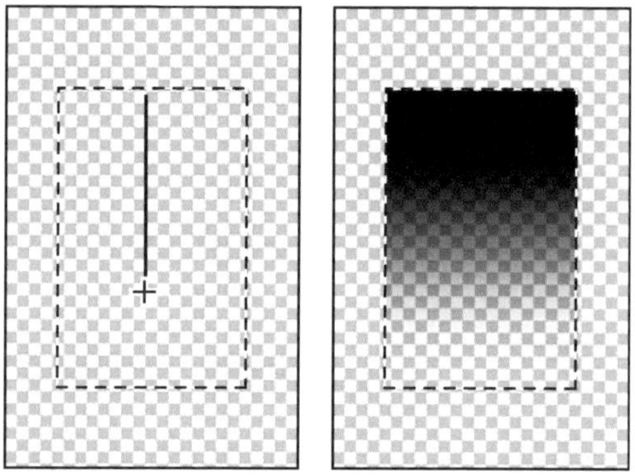

Hinweis: *Ein Verlauf muss nicht oben in der Auswahl beginnen und unten enden. Ein Verlauf kann sogar außerhalb der Bildbegrenzungen anfangen und aufhören.*

6 Wählen Sie **Auswahl: Auswahl aufheben** oder drücken Sie Strg+D, um den Verlaufsbereich abzuwählen.

Wenn Sie einen Beschneidungspfad mit einem Verlauf für eigene Projekte erzeugen, müssen Sie keine Auswahl verwenden. Oder Sie arbeiten mit einer Auswahl, die Sie mit einem der Auswahlwerkzeuge angelegt haben.

Den Beschneidungspfad auf eine Ebene anwenden

Sie arbeiten jetzt mit der fertig gestellten Verlaufsebene.

1 Ziehen Sie in der Ebenen-Palette die neue Verlaufsebene (*Ebene 2*) unter die *Ebene 1* mit dem Denkmal.

2 Klicken Sie, um alle Ebenen mit dem Augensymbol (👁) zu versehen. Alle drei Ebenen sind jetzt sichtbar.

3 Wählen Sie *Ebene 1* (die oberste Ebene im Stapel) und dann den Befehl **Ebene: Mit vorheriger gruppieren**.

Hinweis: *Diese Aktion definiert* Ebene 2 *als Beschneidungspfad für* Ebene 1. *In der Ebenen-Palette ist* Ebene 1 *eingerückt und mit einem Pfeil (↵) versehen, der nach unten auf* Ebene 2 *zeigt.*

4 Wählen Sie **Datei: Speichern unter**.

5 Benennen Sie im Dialogfeld die Datei mit **08_04_Arbeit** und speichern Sie sie im Photoshop-Format im Ordner *Meine CIB-Arbeit*.

💡 *Ebenen lassen sich auch gruppieren, indem Sie die Alt-Taste drücken und den Zeiger zwischen die beiden Ebenen bewegen. Klicken Sie, sobald sich der Zeiger in zwei überlappende Kreise (⊕) ändert.*

Einen gemalten Beschneidungspfad erzeugen

Sie müssen sich nicht nur auf Verläufe als Beschneidungspfad beschränken, sondern können auch Vektorformen wie Text oder Ebenen, die mit einem Formwerkzeug erstellt wurden, verwenden. Oder Sie benutzen freie Formen mit weichen Kanten, wie im nächsten Beispiel.

Sie arbeiten jetzt mit dem Pinsel, um Farbe aufzubringen.

1 Wählen Sie im Fotobereich die Miniatur *08_04a Kopie*, um das entsprechende Bildfenster zu aktivieren.

2 Wählen Sie in der Werkzeug-Palette den Pinsel ( ) und dann in der Optionsleiste den Pinsel *Rund weich 27 Pixel.*

Hinweis: *Wählen Sie den Pinsel und nicht den Auswahlpinsel, der eine andere Funktion hat.*

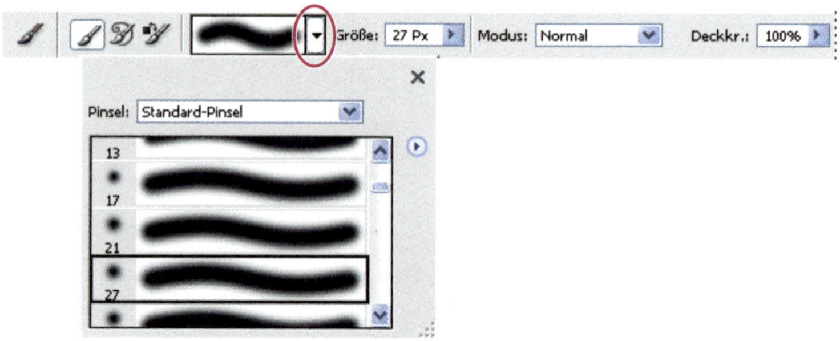

3 Wählen Sie **Auswahl: Auswahl laden** und achten Sie darauf, dass im Dialogfeld die Auswahl *Denkmal* angezeigt wird. Klicken Sie dann auf OK.

4 Wählen Sie in der Ebenen-Palette *Ebene 2* und bemalen Sie dann im Bildfenster den oberen Bereich des Denkmals (siehe folgende Abbildung).

Hinweis: Der Pinsel malt mit der in der Werkzeug-Palette gewählten Vordergrundfarbe. Wenn Sie gemalte Bereiche als Beschneidungspfad verwenden wollen, ist die gewählte Farbe nicht wichtig – jede Farbe mit 100% Deckkraft geht in Ordnung. (Die Abbildungen zeigen als Farbe ein helles Magenta, um die jeweiligen Aktionen besser sichtbar zu machen.)

Hinweis:

5 Ziehen Sie *Ebene 1* (mit dem Denkmal) im Ebenenstapel ganz nach oben und wählen Sie dann **Ebene: Mit vorheriger gruppieren**.

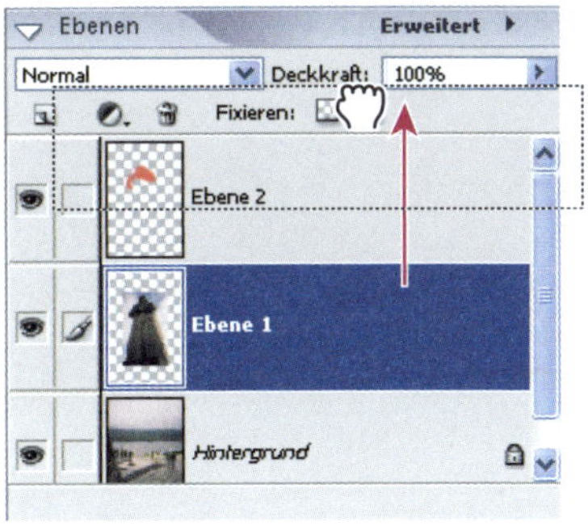

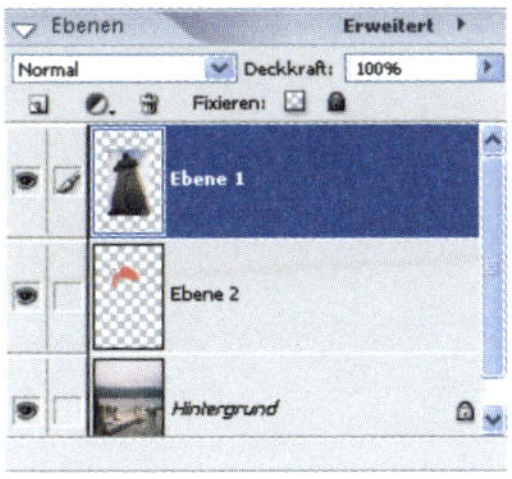

Das Denkmal erscheint jetzt nur mit den Bereichen, die Sie in Schritt 4 bemalt haben.

Die Arbeit verfeinern

Es gibt noch einiges zu tun, um das bis jetzt erreichte Resultat zu verbessern. *Ebene 2* (mit dem gemalten Beschneidungspfad) ist zwar selbst nicht mehr zu sehen, dennoch können Sie weiter in ihr malen, um das Bild mit dem Denkmal zu beeinflussen.

1 Wählen Sie in der Ebenen-Palette *Ebene 2* und achten Sie darauf, dass die Auswahl im Bildfenster weiterhin aktiv ist.

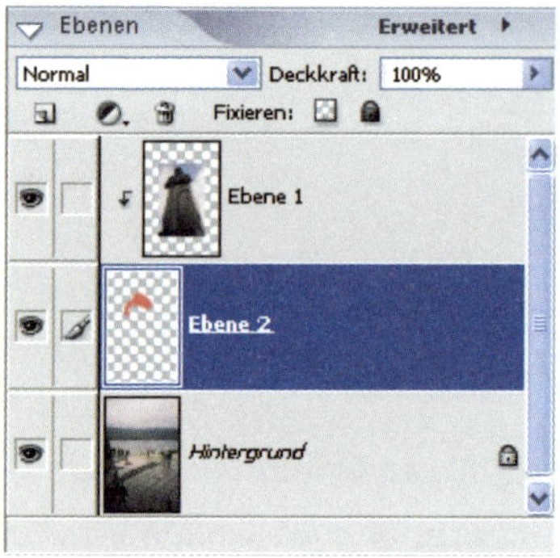

2 Ziehen Sie den Pinsel unter den sichtbaren Teil des Denkmals, um mehr vom Denkmal freizulegen.

3 Verringern Sie in der Optionsleiste die Deckkraft der Farbe auf etwa 30%. Ziehen Sie mit dem Pinsel außerhalb des Denkmals, um diesen Bereich teilweise sichtbar zu machen.

4 Wählen Sie **Auswahl: Auswahl aufheben**.

5 *Ebene 2* ist noch gewählt. Klicken Sie in das leere Feld neben dem Augensymbol für *Ebene 1*, um diese beiden Ebenen zu verbinden. Ein Symbol ( ) weist jetzt darauf hin, dass *Ebene 1* mit der aktuell gewählten Ebene (*Ebene 2*) verbunden ist.

6 Wählen Sie das Verschieben-Werkzeug (▸✥) und ziehen Sie im Bildfenster die Ebene nach oben links. Halten Sie dann die Umschalttaste gedrückt (um die Proportionen zu erhalten) und ziehen Sie an einem Eckpunkt, um die Ebene mit dem Denkmal und die mit dem Beschneidungspfad gleichzeitig zu verkleinern. Wenn Ihnen das Resultat gefällt, klicken Sie in der Optionsleiste auf »Bestätigen« (✓).

7 Wählen Sie **Datei: Speichern unter** und speichern Sie die Datei unter dem Namen **08_04 Kopie_Arbeit.psd** im Ordner *Meine CIB-Arbeit*.

Damit haben Sie ein weiteres Projekt abgeschlossen. Sie haben mit zwei verschiedenen Methoden aus einer leeren Ebene eine mit einem Beschneidungspfad erzeugt: mit dem Verlauf *Vordergrund-Transparent* und durch Malen eines bestimmten Bereichs in einer leeren Ebene. Sie kennen jetzt die Funktion von Beschneidungspfaden bzw. gruppierten Ebenen, in denen die deckenden Pixel einer Ebene nicht im Bild erscheinen, sondern nur bestimmen, welche Pixel einer anderen Ebene sichtbar sind. Außerdem haben Sie jetzt mehr Erfahrung in der Verwaltung von Ebenen und im Anlegen von Auswahlen gewonnen und gelernt, wie Sie Ebenen so verbinden, dass Sie sie ohne Reduzieren wie eine einzige Ebene transformieren können.

Die fertigen Dateien speichern und organisieren

Sie wissen aus den früheren Lektionen dieses Buchs, wie die letzte Phase einer Lektion aussieht. Sie versehen die Arbeitsdateien mit Tags, die bereits während des Speichers der Dateien dem Organizer hinzugefügt wurden (dank der Option »In Organizer aufnehmen« im Dialogfeld »Speichern unter«).

1 Klicken Sie im Photoshop Elements-Editor auf das Symbol »Fotobrowser« ( ), um in den Organizer zu gelangen. Falls über den Miniaturen »Alle Fotos anzeigen« zu sehen ist, klicken Sie auf diese Schaltfläche.

2 Wählen Sie **Suchen: Elemente ohne Tags**.

3 Wählen Sie **Bearbeiten: Alles auswählen** oder drücken Sie Strg+A, um alle Miniaturen auszuwählen.

4 Ziehen Sie das Tag »Arbeitsdateien« und dann das Tag »Lektion 8« auf die Miniaturen.

5 Wählen Sie die beiden Miniaturen für die Arbeitsdateien aus Projekt 4 und dann den Befehl **Bearbeiten: Stapel: Ausgewählte Fotos stapeln**.

6 Wiederholen Sie Schritt 5, um die JPEG- und PSD-Versionen der Collagen mit den Früchten und dem Gemüse zu stapeln. Das Gleiche gilt auch für die Arbeitsdateien mit dem Schlauchboot.

Wählen Sie jetzt wieder »Alle Fotos anzeigen« für den Katalog mit allen Miniaturen.

Kaum zu glauben – Sie haben dieses Projekt, diese Lektion und das komplette Classroom in a Book abgeschlossen. Herzlichen Glückwunsch!

Noch mehr lernen

Sie wissen jetzt, wie Sie Photoshop Elements 3.0 für Ihre digitalen Fotos einsetzen können. Doch dieses Buch ist nur der Anfang. Bis jetzt kennen Sie sich im Arbeitsbereich aus und können mit den wichtigsten Werkzeugen, Befehlen, Paletten und Funktionen umgehen. Doch es gibt noch viel mehr zu entdecken, was über dieses einführende Buch weit hinausgehen würde.

Allerdings sind Sie jetzt in der Lage, ohne Hemmungen neue Techniken auszuprobieren und dabei alle Werkzeuge, Menüs, Paletten und Optionen anzuwenden. Sie erfahren noch mehr in der Photoshop Elements-Hilfe, die Bestandteil des Programmes ist (wählen Sie **Hilfe: Photoshop Elements-Hilfe**). Besuchen Sie außerdem die Lehrgänge, Tipps und Ratschläge auf der Adobe-Website *http://www.adobe.de/products/photoshopelwin/main.html* oder schmöckern Sie in einem weiterführenden Buch, z.B. *Photoshop Elements 3.0 für digitale Fotografie*, von Scott Kelby, ISBN 3-8273-2217-0, erschienen im Verlag Addison Wesley

Fragen

1 Mit welchen visuellen Hilfen lassen sich Elemente präzise im Bildfenster positionieren?

2 Wie passen Sie Raster oder Lineale an eigene Bedürfnisse an?

3 Beschreiben Sie die Unterschiede zwischen dem teilweisen Löschen einer Bildebene mit dem Hintergrund-Radiergummi und mit der Entf.-Taste.

4 Was ist ein Beschneidungspfad und wie erstellen Sie ihn? Was sind gruppierte Ebenen?

5 Wozu dienen die leeren Felder neben den Augensymbolen in der Ebenen-Palette?

Antworten

1 Sie wählen im Ansicht-Menü die Befehle »Raster« und »Lineale«, um diese Hilfsmittel ein- oder auszuschalten. Die Lineale erscheinen an der linken und oberen Seite des Bildfensters. Das Raster wird im Bild eingeblendet. Diese Hilfsmittel sind kein permanenter Bestandteil des Bildes und erscheinen weder beim Druck noch beim Speichern in einem anderen als dem PSD-Format.

2 Sie passen Raster und Lineale im Voreinstellungen-Dialogfeld an (wählen Sie **Bearbeiten: Voreinstellungen: Maßeinheiten und Lineale** oder **Bearbeiten: Voreinstellungen: Raster**. Sie können außerdem **Ansicht: Am Raster ausrichten** wählen. Dieser Befehl lässt Elemente, die Sie mit dem Verschieben-Werkzeug bewegen, an der nächsten Rasterlinie einrasten.

3 Sie erstellen zuerst eine Auswahl im Bildfenster und löschen dann mit der Entf.-Taste den gewählten Bereich in der aktiven Ebene. Das ist beim Hintergrund-Radiergummi nicht notwendig, da dieses Werkzeug alle Elemente innerhalb des gewählten Bereichs komplett löscht. Der Hintergrund-Radiergummi löscht nur die Bereiche, über die Sie ziehen. Größe, Form und Deckkraft dieses Werkzeugs lassen sich so ändern, dass es nur teilweise löscht.

4 *Beschneidungspfad* und *gruppierte Ebenen* sind Synonyme in Photoshop Elements 3.0. Die untere von zwei gruppierten Ebenen muss transparente Bereiche enthalten. Die andere Ebene muss sich direkt darüber befinden und gewählt sein. Wählen Sie dann **Ebene: Mit vorheriger gruppieren**, um einen Beschneidungspfad zu erzeugen. Anschließend gelten die transparenten Bereiche der unteren Ebene auch für die darüber befindliche Ebene. Die Ebene mit Transparenz dient also als Ausschneideform für die andere Ebene.

5 Wenn Sie eine Ebene wählen, erscheint ein Symbol (normalerweise ein Pinsel) im Feld und weist darauf hin, dass diese Ebene aktiv ist. Wenn Sie im leeren Feld einer Ebene klicken, wird diese Ebene mit der aktiven Ebene verbunden. Beide Ebenen lassen sich anschließend gemeinsam bzw. als eine Einheit verschieben und transformieren, ohne vorher auf eine Ebene reduziert werden zu müssen.

Index

A

Abbrechen (Schaltfläche, Schnellkorrektur) 133
Abbrechen (Symbol) 152
Abgeflachte Kanten, für Ebenen 267
Adobe
  FrameMaker 259
  InDesign 259
  PageMaker 259
  Reader 206
Adobe Photoshop Elements starten 21
Alben *Siehe* Fotoalbumseiten
Alle Fotos anzeigen (Schaltfläche) 58
Am Raster ausrichten (Befehl) 273
Animationen erzeugen 104 ff.
Ansichten Bildfenster
  automatisch anordnen 89
  Dateibrowser 161
  Hand-Werkzeug 251
  Lineale 308
  Maximieren-Modus 130
  Mehrfensteransicht 130
  Organizer 44 ff.
  Überblick 222
  überlappend 224
Anzeigen, Lineale und Raster 303
Arbeitsbereich *siehe* Photoshop Elements Hilfe
Arbeitsfläche, Größe 69, 71
Audio 21, 202
Auf Hintergrundebene reduzieren (Befehl) 220
Auflösung 296
Augenfarbe korrigieren 136
Augensymbol 99
Ausblenden
  Ebenen 99
  Lineale und Raster 308
  Palettenbereich 194
Ausrichten am Raster 308
Ausstecher (Werkzeug) 265, 287, 309
Auswahl 140
  Ansicht im Maskieren-Modus 245
  aufheben 141
  Auswahlellipse 140
  Auswahlpinsel 243
  Auswahlrechteck 179
  Begrenzung zeigen und verbergen 276
  erneut wählen 184
  für Muster 279
  gespeicherte laden 184
  kopieren und einfügen 293
  Lasso 143
  Magnetisches Lasso 180
  Polygon-Lasso 181
  Problemlösung 152
  speichern 145
  subtrahieren von 144, 181
  Tastaturbefehl 178
  transparente Pixel 312
  umkehren 184, 305
  Zauberstab 176
Auswahlellipse 140
Auswahlpinsel 154, 243
Auswahlrechteck 179
Auto-Korrektur
  Auto-Schaltflächen (Schnellkorrektur) 130
  intelligent (Organizer) 34
  mehrere Dateien verarbeiten 124

B

Bearbeiten, Text 75
Bereiche
  Fotobereich 132
  Palettenbereich 74 f.
  Sortierbereich 66
Beschneidungspfad 309 ff.
Bestätigen (Symbol)
  Optionsleiste 77
  Schnellkorrektur-Paletten 133
  Problemlösung 152
Bilddateien
  duplizieren 109
  Katalogen hinzufügen 21 f.
  verwalten 21
Bilder
  Ebenen reduzieren 93
  für Web speichern 91
  in andere Bilder einfügen 88
Bildfenster, Ansichten 89, 130
Bildformate
  GIF 112, 268
  JPEG 91
  PDF 195, 206
Bildunterschriften 206
  siehe auch Photoshop Elements Hilfe

C

Copyright, Bilddateien 86 ff.

D

Dateibrowser 161
Dateien
  erstellen 87
  fehlende 69
  für Druckjobs 209
  hinzufügen
    in andere Bilder 219

in Fotoalbumseiten 204
in Katalog 127
Kompatibilität 79
Dateigröße 92
reduzieren 39 ff.
Datum, ändern 37
Datum-Ansicht (Organizer) 46
Kalender 47
Datum und Uhrzeit ändern (Dialogfeld) 38
Deckkraft
Ebenen 241
Farbe 318
Deckkraft-Regler 166
De-Interlace (Befehl) 197
Diashow 202, 211
siehe auch Photoshop Elements Hilfe
Digitalkamera
importieren von 28 ff.
Drehen
Fotos 33
Panorama-Komponenten 199
Text 88
Drucken 151,
siehe auch Photoshop Elements Hilfe
Bildpaket 260
Farbmanagement 151
Kontaktabzüge 208
mehrere Bilder pro Seite 42
mehrere Kopien pro Seite 262
Duplizieren
Bilddateien 109
Ebenen 98

E

Ebene duplizieren (Befehl) 98
Ebenen
abgeflachte Kanten 267
ausblenden 99, 153
Deckkraft 241
duplizieren 98, 189
Ebenenstile 99
einblenden 103
eingezogen in Ebenen-Palette 315
Einstellungsebenen 174, 189
gesperrt 153
hinzufügen aus anderen Bildern 220
in Bilder kopieren 88
reduzieren 93, 109
skalieren 269
Stapelfolge ändern 106, 167
transformieren 225, 282
verbinden 318
Ebenenstil löschen (Befehl) 99
Ebenenstile
auf Ebenen zuweisen 97
löschen 99
zuweisen 221
Editor, umschalten vom Organizer 68
Eigene Muster 279 ff.
Eigene-Form-Werkzeug 82, 265, 287
Einfügen (Befehl) 293
Eingabetaste 73, 85
Einstellungsebene erstellen (Symbol) 174
Einstellungsebenen 174, 189
E-Mail, Fotos 39 ff.
Entfärben 277
Erneut wählen (Befehl) 184
Erstellen
neue Bilddateien 87
Tag-Kategorien 50
Tags 53
Erweitern
Paletten
Dateibrowser 161
Palettenbereich 75, 123
Schnellkorrektur 124
Tag-Kategorien 50
Erweitert (Schaltfläche) 108

F

Falten entfernen 237 ff.
Farbe
ändern für Formebenen 267
aufhellen 161
entfernen 277
ersetzen
mit Farbe-ersetzen-Werkzeug 137
mit Befehl 145
Farbvariationen 134
intensivieren 163
monochrome 275
Sättigung 177
standardmäßige Vorder- und Hintergrundfarben 137
Temperatur einstellen 132
Text 76
Farbe ersetzen (Befehl) 145
Farbe-ersetzen-Werkzeug 137, 142
Farbmanagement 151
Farbton/Sättigung
Einstellungsebene 177
färben 276
Fehlende Dateien 69
Fehlermeldungen
Druckauflösung 260
fehlende Dateien 69
Formatoptionen 79
Freistellungsmaße 297
mehrere Dateien verarbeiten 125
Fenster automatisch anordnen (Symbol) 89, 172
Fixieren, transparente Pixel 101
Flecken entfernen 237 ff.
Fluchtpunkt-setzen-Werkzeug 202
Formatieren, Text 72

Formatoptionen (Fehlermeldung) 79
Formen (Eigene-Form-Werkzeug) 82
Fotoalbumseiten 203 ff.
Fotobereich 132
Fotobrowser-Ansicht 44
Fotos 151
- beschädigte Abzüge 242
- Datum ändern 37
- Digitalkamera 28 ff.
- drehen 33
- Fotoalbumseiten 203
- für Druck 261
- im Editor öffnen 68
- Katalogen hinzufügen 21 ff.
- mehrere
  - Bilder pro Seite drucken 42, 260
  - Kopien pro Seite drucken 262
- per E-Mail 39 ff.
- suchen 27
  - mit Tags 57
- überbelichtet 163
- unterbelichtet 161
- vignettieren 264
- vom Scanner 31 ff.#

Fotos laden (Befehl) 25
Frames
- Animationen 105
- aus Video importieren 196

Freistellen
- Bereich
  - drehen *siehe* Photoshop Elements Hilfe
  - festlegen 36
- genaue Maße einstellen 297
- Mehrfachbilder in Scans 33
- im Organizer 35 f.
- Panorama 201, 236

Freistellungswerkzeug 287
- Arbeitsfläche, Größe 71
- Problemlösung 298

Füllmethoden 162, 165 f.
Füllwerkzeug 285
Für Web speichern (Dialogfeld) 91, 111 f., 268

G

Gehe zum Standardeditor 68
Gescannte Fotos 31 f.
Gescannte Fotos teilen (Befehl) 33
Gespeicherte Auswahl 145
GIF-Dateien 112, 268
Größe
- Arbeitsfläche 69 f.
- ändern (Ebenen) 269

Gruppierte Ebenen *siehe* Beschneidungspfad

H

Hand-Werkzeug 251
Helligkeit/Kontrast
- Dialogfeld 168
- Einstellungsebene 174

Hintergrund
- sperren 105
- umwandeln in Ebene 220

Hintergrundebene in Ebene umwandeln 253
Hinzufügen, Dateien für
- Druck 261
- Druckjobs 209
- Fotoalbumseiten 204
- Kataloge 21 ff.

Horizontales Textwerkzeug 73

I

Importieren
- PDF-Bilder 195
- Videoframes 196

J

JPEG-Dateien 91, 301
JPEG-Optionen (Dialogfeld) 202

K

Kalender, Kreationen *siehe* Photoshop Elements Hilfe
Kamera, Fotos importieren 28 ff.
Kartenleser (für Speicherkarten) 29
Katalog (Dialogfeld) 22
Kataloge
- Beschreibung 21
- erstellen 21
- Fotos hinzufügen 21 ff.
- Suchen von Dateien in 57

Kategorien von Tags 50
Kontaktabzug 208
Kopieren
- Ebenen *siehe* Duplizieren, Ebenen
- Auswahl und einfügen 293

Kopieren (Befehl) 293
Kopierstempel 249
Korrigieren
- mehrere Dateien automatisch 124
- Reflexionen in Augen 136
- in Schnellkorrektur 130

Kreationen 202, 207

L

Laden, Auswahl 184
Lasso 143
Leere Datei erstellen 87
Lichter einstellen 167
Lineale 303
Lineale (Befehl) 303
Löschen, Pixel 266, 303
Löschen (Schaltfläche, Freistellen) 298

M

Magnetisches Lasso 180
Malen, Deckkraft 318
Maskieren-Modus (Auswahlpinsel) 245
Maximieren-Modus (Befehl) 130

Mehrere Bilder
drucken 42, 260
verarbeiten 124
zoomen 90
Mehrfachbilder in Scans freistellen 33
Mehrfensteransicht 130
Mehrfenster-Modus 222
Meine CIB-Arbeit (Ordner) erstellen 78
Menüs
Hauptmenü 21
Palette 82, 108
Metadaten-Palette (im Dateibrowser) 296
Miniaturen
Ansichten im Organizer 44 ff.
Ebenen-Palette 183
Fotobereich 132
Größe im Organizer ändern 45
Kontaktabzüge 208
stapeln im Organizer 150
Minimieren
Bildfenster 23, 312#
Mit darunter liegender auf eine Ebene reduzieren (Befehl) 109
Mit vorheriger gruppieren (Befehl) 315
Monochrome Farben 275
Muster
definieren 279
eigene 279 ff.
Musterpalette 285
Musterwähler 101
Schachbrett (Transparenz) 87
speichern 285
zuweisen 101, 281
Musterstempel 100

N

Nachbelichter 250
Navigator-Palette 138
Neoneffekte 108
Neue Auswahl (Symbol) 176
Neue Ebene (Dialogfeld) 175
Neue Ebene erstellen (Symbol) 162
Nullpunkt 304

O

Oberstes Foto, Stapel im Organizer 151
Optionsleiste 116
Ordner durchsuchen (Befehl) 161
Ordner-Palette (im Dateibrowser) 161
Organizer
Ansichtsoptionen 44 ff.
Dateien erneut verbinden 115
Dateien hinzufügen 21 ff., 115
Datum-Ansicht 46
Fotobrowser-Ansicht 44
Importstapel-Ansicht 44
Pfad-Ansicht 45
starten 21
wechseln
zum Standardeditor 68
zur Schnellkorrektur 129

P

Paletten
Beschreibung 116
Dateibrowser 161
Metadaten, Dateibrowser 296
Ordner, Dateibrowser 161
Palettenbereich 74 f.
Paletten-Optionen 183
Palettenbereich
Paletten hinzufügen und entfernen 74 f.
schließen und öffnen 194, 210
Standardeditor und Schnellkorrektur 123
Palettenmenüs 82, 108
Panorama 198
PDF-Dateien
Bilder importieren 195
Diashow 211
erzeugen 206
Perspektive
in Panorama 202
von Ebenen durch Verzerren 283
Pfeiltasten 85, 197, 206
Pinsel 316
Pipette 253
Pixel
löschen 220, 266, 303
transparente 267
in Verläufen 313
wählen 312
Pixeltext 88
Polygon-Lasso 181
Problemlösung
Freistellungswerkzeug 298
häufige Probleme 152 ff.

R

Radialverlauf 233
Radiergummi 303, *siehe auch* Photoshop Elements Hilfe
Rahmen
Effekte 263
eigene Formen 266
im Fotos-Drucken-Dialogfeld 260
Vignetten 264
Raster 303, 308
ausrichten am 308
Rechteck-Werkzeug 82

Reduzieren
Bilder 93
Ebenen 109 f.
Paletten im Dateibrowser 161
Paletten im Palettenbereich 75, 123
Paletten in der Schnellkorrektur 124
Tag-Kategorien 50
Reflexionen
Augen 136, 140
Blendenfleck 225
Reparatur-Pinsel 238, 240
Retuschieren, Haut 237 ff.
Rollen, Navigator-Palette 139
Rote-Augen-entfernen-Werkzeug 136
Rückg.-Protokoll-Palette 240
Rückgängig machen 273

S

Sampling für Farbe-ersetzen-Werkzeug 142
Sättigung 177
Schachbrettmuster 87, 201
Schleife für Animationen 111
Schließen, Palettenbereich 194
Schnellkorrektur
Auto-Korrekturen zuweisen 130
Mehrere Dateien verarbeiten (Dialogfeld) 125, 159
öffnen 129
Schriften einstellen 72
Scrubben (Werte) 139, 269
Seitenverhältnis erhalten (Symbol) 269
Sepiaton-Drucke *siehe* Färben#gibt es nicht#
Sichtbarkeit
Ebenen 99, 103 *siehe auch* Deckkraft, Transparente Pixel
Skalieren
Arbeitsfläche 299
Bilder 287
Bildfenster 219, 251
Ebenen 269, 287
Formate 84
proportional mit Umschalttaste 319
Skizzenbuch *siehe* Fotoalbumseiten
Sofort-Reparatur-Pinsel *siehe* Photoshop Elements Hilfe
Sofort-Tag 56
Sortierbereich 66
Sperren, Hintergrund 105
Stapeln
Ebenen in Ebenen-Palette (Standardeditor) 167
Miniaturen (Organizer) 150
oberstes Foto ändern (Organizer) 151
Startbildschirm 21
Starten
Adobe Photoshop Elements 21
Organizer 21
Staub und Kratzer (Filter) 243, 247
Stile und Effekte (Palette) 90
Suchen
Dateien ohne Tags (Organizer) 114
Katalogdateien 57
um Fotos hinzuzufügen 27
Symbolleiste 59

T

Tag-Kategorien 50
Tags
bearbeiten 51, 54 f.
entfernen 51
erstellen 53, 113
Kategorien erstellen 50
Sofort-Tag (Symbol) 56
umwandeln in und aus Kategorien 54
zum Suchen nach Fotos 57
zuweisen 49
Temperatur 132
Text
bearbeiten 75
Farbe 76
formatieren 72
hinzufügen 72
vereinfachen 99
verkrümmen 96
verschieben 73
Zeilenumbruch 73, 85
Text-Werkzeug 75
Tiefen/Lichter 167
Toleranz, Zauberstab 219
Ton 202
Tontrennung 266
Tonwerte (hell und dunkel) 169
Transformieren
individuelle Ebenen 225
mehrere Ebenen gleichzeitig 318
Transparente Pixel 201
auswählen 312
fixieren 101
in Verläufen 313
Schachbrett 87
Trefferfelder (Suche, Organizer) 58

U

Überbelichtete Fotos 163
Umschalttaste
Auswahlformen proportional verändern 280
Ebenen proportional skalieren 319
Ebenenimport 224
proportionales Ziehen 299
Unterbelichtete Fotos 161

V

Vektorformen 88
Verbinden von Ebenen 318
Vereinfachen, Text 99
Vergrößern
    Hand-Werkzeug 251
    Zoom-Werkzeug 71
Verkrümmen, Text 96
Verlauf
    linear 312
    radial 233
    Vordergrund-Transparent 313
Verschieben 85
    Formebenen 84
    Text 73
Versionssätze 34, 79
Verzerren
    Ebenen *siehe* Transformieren
    Panorama, Perspektive 202
Video 21, 196 ff.
    Kreationen *siehe* Photoshop Elements Hilfe
Vignetten 264
Von Auswahl subtrahieren (Symbol) 144, 181
Vorder- und Hintergrundfarben zurückstellen 137
Vordergrund-Transparent (Verlauf) 313
Voreinstellungen 79, 303

W

Weiche Kanten 265
Weichzeichner 241
Weichzeichnungsfilter 275
Werkzeuge zurücksetzen 249
Werkzeug-Palette 116

Z

Zauberstab 154, 176, 219
Zeilenumbruch in Text 73, 85
Zentrieren
    importierte Ebenen 224
    Text 84
Zoomen
    mehrere Bilder 90
    Navigator-Palette 138
    Tastaturbefehl 144
Zoom-Werkzeug 71, 136
Zurücksetzen, Werkzeuge 249
Zusammenfügen, Panorama 198